六点学术

古今之争与文明自觉

中国语境中的施特劳斯

—— 徐戬 选编

华东师范大学出版社

华东师范大学出版社六点分社　策划

中山大学古典学中心 · 985 二期项目

目　录

徐　戬
　　编者说明　/1

徐　戬
　　高贵的竞赛(代序)　/1

刘小枫
　　刺猬的温顺(2001)　/34

甘　阳
　　《政治哲人施特劳斯》后记(2003)　/98

张　旭
　　施特劳斯在中国——施特劳斯研究和论争综述(2003)　/120

邓正来、曼斯菲尔德　等
　　与施特劳斯学派相关的若干问题——与曼斯菲尔德教授的
　　　　对话(2008)　/130

马恺之

　　哲人的自由，哲人的沉默——施特劳斯与中国哲学（2008）

　　　　/152

刘小枫

　　施特劳斯与中国——古典心性的相逢（2009）　/169

张志扬

　　启蒙：落日前的凭吊——为"五四"九十周年而作（2009）

　　　　/189

包利民

　　"《罗尔斯篇》"与古今之争的得失（2009）　/203

陈建洪

　　张皇失措的哲学（2009）　/219

张文涛

　　施特劳斯、古典学与中国问题（2009）　/233

韩　潮

　　天人之际·古今之变·中西之会——施特劳斯西来意

　　　　（2009）　/264

附　录

施志高

　　通识教育——通俗化还是教化（2009）　/285

徐　戬

　　斯言之玷——审视一个中国的施特劳斯门人（2008）　/293

每当火焰熄灭的时候，对于只见过这种火光的人来说，他们以为现在消逝的是太阳。

　　　　　　　　　　　　　——施特劳斯

编 者 说 明

　　施特劳斯在中国学界引起巨大反响,其言述已然参与重述中国问题的多元格局。有鉴于此,编者深感有必要搜集晚近学界有代表性的相关论文,为研究施特劳斯对当代中国的意义和影响提供基本文献。对于身临其境者来说,回顾十年来的艰难步履不免令人感叹。

　　文集标题已经显明,古今之争同文明自觉有着深刻关联。编选这样一本文集,旨在关注当代学人如何面对施特劳斯对现代各种"主义"的根本挑战。摆脱种种"主义"制造的影像,有助于我们逐渐认清自己脚下的根基。不言而喻,这是我们分内的事情。至于未来学人是否能够承负起天下文明的历史使命,仍须拭目以待——古人云:其难其慎,惟和惟一。

　　由于篇幅所限,对诸多为学界所熟识的文章只好忍痛割爱,因此,文集选目难免挂一漏万,敬请读者体谅。入选文章大多曾发表于国内正式刊物,收入本书时部分作者进行了修润。对于各位作者、首发期刊及本书编辑的热情支持,在此谨致谢忱。

编者

2009 年 10 月 1 日

高贵的竞赛(代序)

徐　戬

> 当谈到人性的时候,人们通常基于如下的观念,亦
> 即人性可能是这样的东西,它使人从自然中分离出来,
> 并使人出类拔萃,但实际上这种分离并不存在:"自然
> 的"品性与被称为真正"人性的"品性并生为一。
>
> ——尼采

世纪之交以来,施特劳斯的思想和著述逐渐进入中国学界的视域。西方思想家进入中国语境,是改革开放以来司空见惯的学术现象。与以往颇为不同的是,施特劳斯不但唤起相当广泛的关注,同时也引发巨大的疑虑。当然,施特劳斯在西方学界本身就极具争议,值得注意的是,在中国并未爆发类似的激烈论争。如何理解这种疑虑与沉默?

众所周知,改革开放以来的思想论争不绝于耳。尽管对西学的引进突飞猛进,学界对"中国问题"仍然存在着不容忽视的分歧。① 同过度的政治化一样,过度的非政治化同样不是社会常态。思想论争的一个积极成果在于,各种立场超逾了因早前社会过度政治化而滋生的逆反心态,开始正视改革开放以来社会所发生的急剧变迁。不但诸多学科在大学中迅速取得建制地位,而且均在深入西方学术的基础上从不同知识领域推进了对

---

① 参许纪霖(编),《启蒙的自我瓦解:1990 年代以来中国思想文化界重大论争研究》,长春:吉林出版集团,2007。

"中国问题"的理解。各个领域的学者从自身专业背景出发,形成了纷然杂陈的问题意识,自由主义、新左派、保守主义以及种种"后学"(包括解构主义、后殖民主义、新马克思主义乃至女性主义等等)构成了多元化的学术文化格局。这不禁让人想起 80 年代的思想繁荣,无论是对康德、海德格尔抑或韦伯的引介,都在相当程度上深化了既有的历史意识——今天的几乎所有学术成就都归功于当时的个性解放思潮。有理由相信,迄今所取得的进步必将有助于破除真正的教条主义。

当然,在大学建制乃至学问论说中推进现代化,并未摆脱"中国问题"背后所隐藏的焦虑。当前,"文明复兴"逐渐成为社会共识,但关于中国文明的实质内涵的理解却莫衷一是。近来关于"普世价值"的论争表明,如何安顿中西政教思想之间的张力仍是令中国思想无法释怀的负担。[1] 尽管学界的知识言述呈现多元态势,然而各种立场均在不同程度上分享了现代思想的基本前提。施特劳斯引起疑虑的原因或许在于,他看上去质疑了现代政治的主流信仰:我们耳熟能详的种种观念——诸如文化多元、开放社会、价值中立、个体优先等等基本价值——显得不再那么理所当然。甚至有论者认为,施特劳斯是现代价值的敌人。

上述论调不难反驳:面对希特勒和丘吉尔,施特劳斯的思想抉择不言而喻。只要阅读过"德意志虚无主义"的讲稿,很难会产生施特劳斯反对现代社会的印象。[2] 曼斯菲尔德认为,恰恰

---

[1]　在中西二元框架下,中国学人的知识反应或可大略分为四种类型:1)去政治化的地方主义;2)去政治化的普世主义;3)政治化的地方主义;4)政治化的普世主义。

[2]　施特劳斯,〈德意志虚无主义〉,载刘小枫(编),《苏格拉底问题与现代性——施特劳斯讲演与论文集:卷二》,丁耘译文,北京:华夏出版社,2008,页 101-130。

是施特劳斯在挽救自由主义。回顾思想史，现代性向来是在经受批判的过程中不断推进的——没有卢梭对现代文明的批判，根本不会有德国古典哲学的辉煌成就；没有柏克对法国大革命的反思，很难产生历史学派的丰硕成果；没有尼采对启蒙传统的攻击，今天的生活世界就全然无法想象……以为凭靠施特劳斯一人之力就可以阻断现代性的车轮，无论如何都过于夸张。几乎可以断言，施特劳斯反对的仅仅是那种"堕落的自由主义"，这种自由主义曲解了自由的原初含义，为虚无主义敞开方便之门。对施特劳斯最大的误解往往在于，把反对"堕落的自由主义"同反对"自由"等同起来。按照潘戈的说法，施特劳斯是在为古典共和主义重新奠基。这种古典共和主义不但有别于辛亥革命所承接的现代共和主义，与阿伦特以及剑桥学派所主张的"共和传统"也有着深刻的差异。[①] 施特劳斯对"古今之争"进行了艰苦卓绝的思考，正是这种彻底性有助于深化我们对百年来"中国问题"的认识。在某种程度上，晚清知识人所面临的古今问题重新突入当下的学术视域，使以往的中西二元格局变得更加微妙和复杂。只要尚未经过"古今之争"的洗礼，"普世价值"对于中国思想来说就始终是遥不可及的。

施特劳斯的学术影响首先体现在两个方面：对西方经典及其诠释的译介和关于素质教育的广泛讨论。刘小枫等学人主持的学刊《经典与解释》受到普遍欢迎，所编、译的丛书也引起广泛关注。经过编者和众多译者的努力，在西方经典及其诠释的译介方面已经有了可观的积累。众所周知，施特劳斯是所谓"自由教育"的积极倡导者，其主张不可避免地影响到素质教育的设计

---

① 关于古今共和政制的品质差异，参施特劳斯，〈自由教育与责任〉，载刘小枫、陈少明（编），《古典传统与自由教育》，北京：华夏出版社版，2005。

原则。近年来，各大高校借鉴美国大学素质教育的成功经验，在本科课程设计上逐步推行通识课程。甘阳发表了多篇介绍美国素质教育的文章，强调美国崛起时期大学人文教育所肩负的文明使命。与此同时，不同背景的学人热情参与了关于素质教育的讨论。

文明的底蕴植根于历久弥新的传世经典，数典忘祖的民族没有资格承载伟大的文明。自由教育的核心是对人之天性的完善——只有通过博学笃志、切问近思，莘莘学子才能暂时忘却俗世的喧嚣，借助经典的阶梯使灵魂通向高贵、正义和美好，从而理解并恢复自由的原初含义。唯制度主义和唯法律主义是中立化技术理性的必然结果，任何现成的制度和法律都无法取代自由教育对品德的潜移默化——对人性的过低理解与对政治的过高期望往往是一体两面。作为文明传承的载体，大学必须肩负起人文使命：对文明传统的自觉承负理应成为大学素质教育的主导原则。

可以想见，施特劳斯的影响将会促成年轻一代学人对传统文化的普遍尊重。尽管如此，受到施特劳斯启发的学人仍在不断分化。不但远未形成所谓"中国的施特劳斯学派"，恐怕今后也不会有这样的事情。原因不难理解：他山之石，可以攻玉——施特劳斯毕竟仅仅代表西学中的一家之言，只有将其置于现代中国救亡图存、奋发图强的语境之中，施特劳斯现象才会成为值得严肃对待的思想问题。可以接受的说法也许是，施特劳斯对历史主义和实证主义的不懈批判为重新审理中国问题提供了独到视角。其意义无非在于，进一步深化我们的问题意识，并在此基础上切实推进百年来思想前辈们的艰辛努力。在此必须指出，任何学术现象都难免鱼龙混杂乃至流俗化（无论是卢梭、尼采抑或施米特，在进入中国语境时都难以避免这种现象）。对于施特劳斯的某些说法,无论是做牵强附会式的主观臆测,抑或做削足适履式的简单比附,均无助于健康的学术探讨。有论者以为,施特劳斯著作中存在着某种"隐微教诲",甚至同美国新保守派的帝国主义外交政策一脉相承——这显然是没有文本根据的传言。对此我们应持慎重的心态,避免把施特劳斯本人同"施特劳斯学派"混为一谈。施特劳斯对隐微写作的揭示本身实际上是显白的,对其文本不宜做过于字面化的理解。过度夸大作为思想史现象的隐微写作,只会形成新的教条主义。

伴随着中国崛起的一个基本社会现象是,中国人逐渐形成了强烈的文明认同感(参人文纪录片《汉字五千年》)。与上个世纪大部分时间的历史处境相当不同,粗暴对待中国的历史和文化的行为很难再取得社会的广泛认同。这种心态转变当然值得积极肯定,否则文明自觉就永远是海市蜃楼。尽管如此,仍有必要一再强调:只有深刻了解西方的底蕴,才能切实推进我们对自身的理解。2008 年 11 月底,云南大学承办了第 6 届"开放论坛",会议焦点是"中国古典学"的重建问题。在西方大学中,古典学系始终占据着文明传承的担纲位置。令人叹息的是,这样的古典学系在秉有悠久文明传统的中国尚付阙如。论坛达成基本共识:在全球化时代,中国面临诸多前所未有的问题与挑战,必须站在文明的高度来应对这些问题和挑战。① 因此,有必要重新修饬中国学术的古典家园,为真正的全球性文明对话铺设学术地基。就当下的思想现实而言,借助古典视域更能鉴照出现代性问题的本相。在这个意义上,在中国大学建制中补设古典学专业刻不容缓。

---

① 对全球化的初步讨论,参见庞朴,〈全球化与化全球〉,载《二十一世纪》,2000 年 10 月号,总第 61 期。

一、文明的概念

施特劳斯毕生学问宗旨或可一言以蔽之:站在虚无主义面前捍卫文明原则。在他笔下,文明是"有意识的理性文化",有着至深的根基:

> 文明有一个自然基础,这是它发现而非创造的,它依赖于这个基础,对这个基础它只有十分有限的影响。征服自然,如果不被看成高度诗意的夸张,就是个荒谬的说法。[①]

在他看来,虚无主义堪称文明的最大威胁。然而,必须把文明同文化区分开来,因为许多虚无主义者都是"文化爱好者"。文明胸襟同民族主义判若云泥:

> 如果虚无主义是对文明本身的原则的拒斥,如果文明的基础是认可这样一个事实:文明的主体是人之为人本身,严格地说,凡根据种族、民族或者文化来解释科学与道德的,都是虚无主义……对科学或哲学的民族主义解释意味着,我们无法真正从我们的民族或文化之外的人学到任何有价值的东西。[②]

施特劳斯对虚无主义的探讨相当复杂,在此无法具体展开。回到中国语境,我们首先来关注文明和文化的区别。随着急剧

---

① 施特劳斯,〈德意志虚无主义〉,前揭,页 118—119。
② 同上,页 119。

的社会变迁,纷然杂陈的文化现象足令文化学者目眩。毫不夸张地说,只有把当代的思想格局同以五四传统为代表的个性解放联系起来,才能恰切理解我们今天的文化处境。按照通常的看法,五四传统可以分为两个层面:政治上的爱国主义和文化上的启蒙运动。不可否认的是,"科学"和"民主"迄今仍是现代文明的核心。①

改革开放以来,由海外学者发动的对五四传统的批判不绝于耳。然而,中西历史表明,对启蒙传统的简单批判是相当危险的。对自然正确的抛弃往往会导致历史主义——个性原则不过扩散为民族、文化、语言的独特性而已。如此一来,"普世价值"的问题就被消解掉了。真正的文明必然具有强烈的普世诉求,任何形式的地方主义都会与"普世价值"背道而驰。恰恰是保守主义立场与更为传统的天下观格格不入,从而违背了自身立场的初衷。当今新兴的知识门类层出不穷,旨在解构"普世价值"的各种后现代学术在社会科学中不断扩散。通过解构"普世价值"来获得文化平等的努力无异于文化自杀,最终更为彻底地否定了真正的文明的普世意义。实际上,这相当于默认了既有的全球性权力格局。知识工具的日趋繁复也可能掩盖真正的问题意识——为了进一步深化改革开放以来的思想解放,首先需要反省社会科学的基本问题。

对于多元化的文化现象及其学问,值得提出两个初步的问题。首先,各个学科及其知识领域切割了社会现象,却没有针对社会整体问题的学科。各个学问领域的进步并不必然会推进对整体问题的理解,而是必须由整体问题所引导。那么,

---

① 施特劳斯,〈什么是政治哲学?〉,载施特劳斯,《什么是政治哲学? ——以及余论》(Leo Strauss, *What Is Political Philosophy? And Other Studies*), The University of Chicago Press, 1988。

是否存在着超逾各种文化领域的更为基本的知识对象？其次，社会现实表明，价值分歧不仅会促进公民权利，也可能造成伦理空虚，而道德沦落恰恰足以威胁到社会正义。起码可以肯定，价值共识的重要性并不低于价值分歧，成熟的公民社会恰恰需要两者之间的平衡。按照现代社会科学的方法论，多元文化论基于事实和价值的区分，根据这一前提，理性只能审理关于事实的问题。那么，社会科学如何能够提供调和价值分歧的知识基础？

冷战之后，亨廷顿率先使用"文明"的范畴来研究国际冲突。如果文明具有冲突的潜在可能，那么从各种文化领域——无论是经济的、审美的、法律的抑或社会的"领域"——出发就无法把握这种冲突的实质。文明冲突论所提出的挑战在于，文明的概念无法化约为各种自主的文化领域。文明冲突的核心必然是使文明共同体休戚与共的根本原则，亦即这种文明所代表的生活方式及其制度理想。政治社会的合法性最终来源于正当性，而正当性取决于这一社会的首要部分的信念。无疑，正当性更加贴近文明的核心。① 相对于社会科学中习以为常的"国家"、"社会"、"文化"乃至"民族"的概念而言，"文明"的概念能够更为恰切地描述中华民族的历史和命运的共同体。

显而易见，世界上存在着诸多的文化现象，但并非每种文化现象都符合文明标准。人们或许可以研究西藏农奴制度的"社会文化"，研究日本的切腹自杀现象的"美学文化"，研究十字军东征的"宗教文化"，研究法国拍卖圆明园文物的"法律文化"——然而，上述经济的、审美的、宗教的乃至法律的种种文化

---

① 施特劳斯，〈政治哲学的危机〉，载刘小枫（编），《苏格拉底问题与现代性——施特劳斯讲演与论文集：卷二》，李永晶译文，前揭，页27。

现象绝不符合文明的标准。由于用以衡量自身的价值尺标来自自身之外,这些"文化领域"必然是不自足的。如果社会科学不愿停留在价值盲目状态,就必须正视文化和文明之间的区别,而不是把价值分歧本身视为唯一价值。"价值中立"作为原则无法应用于自身,实际上仍然是隐蔽的绝对主义。最终,文明共同体必然通过如下问题定义自身:什么是正确的生活方式?

　　和而不同的文明秩序能够涵化多元的文化,却并不等于建立在价值中立基础上的"多元主义",只有"自然正确"才能超逾多元文化论的相对主义。文明的概念凌驾于各个文化领域之上,具有实质性的价值内涵。作为文明共同体自我认识的场所,政治哲学具有"跨学科"的性质,其研究对象是至关重要的问题,亦即文明之为文明的核心问题。如果文明不是一个空洞的概念的话,我们就必须超逾文化哲学所划定的相对主义景观,把文明同 80 年代以来学界所熟稔的文化的理念区分开来。换句话说,政治哲学与文明自觉有着深刻的关联——施特劳斯现象的首要意义莫过于:砥砺了中国百年沧桑中被不断耽搁的文明自觉。

　　反观晚清时期,儒家士人仍然拥有理解现代性根本问题的原初视域。如今,作为在多元文化格局中偏安一隅的"地方知识",儒家思想实际上丧失了应对现代性挑战的思想担纲位置。[1]　自由主义去政治化趋向的表征之一就是所谓文化哲学,亦即文化领域的自主性:各种自主的文化领域切割了对文明底蕴的原初理解。为了重新赢得理解现代性的原初视域,无疑需要一种"真正儒家式的尖锐化"。如此一来,势必提出如下问题:儒家思想为什么必须重审自由主义? 儒家传统与这种重审有着

---

① 列文森,《儒教中国及其现代命运》,郑大华、任菁译,北京:中国社会科学出版社,2000,页 344—368。

怎样的关系？儒家能够提供"超逾自由主义的视域"吗？

只有对现代性的基本预设进行通盘反思，儒家传统才有可能绝处逢生。列文森对现代儒家的评述似乎表明，上述问题根本无需再问。① 相当明显的事实是，无论是在施特劳斯之前还是之后，西方学界重审自由主义的思想家都不乏其人。关键在于这种重审的性质：在自由主义视域之内所进行的重审只会推进"堕落的自由主义"。尽管反自由主义的立场相当有吸引力，然而施特劳斯拒绝了这种诱惑。"超逾自由主义的视域"的提法来自他早年的一次精神转向。施特劳斯在"自传性序言"中曾这样回顾自己的转向：

> 目前的研究以这样的一个前提为基础，回归到前现代的哲学是不可能的，而且这种偏见得到了有力的支持。方向的改变迫使我进行了一系列的研究，在研究的过程中，我开始比以往更为注意早期异教思想家的写作方式，而方向的第一次改变就并非完全偶然地体现在本卷的结尾所出版的文章中。②

这里提到的文章就是对施米特的《政治的概念》的评注。他并没有简单站到与自由主义相对立的立场，而是力图对反自由主义的立场进行彻底清理。施特劳斯的洞见在于：尽管施米特对自由主义进行了猛烈抨击，实际上不过是一种颠倒过来的自由主义。出于论战性的意图，施米特暗中接受了对手的预设。

---

① 列文森断言："从那个时候起，就没有一个真正的儒家像斯威夫特那样，为了古代而向现代宣战。"见列文森，《儒教中国及其现代命运》，前揭，页368。
② 施特劳斯，《〈斯宾诺莎宗教批判〉英译本导言》，载贺照田（编），《学术思想评论》第6辑，长春：吉林人民出版社，2002，页272。

施特劳斯将"自然状态"的古今理解进行对峙,从而点中了施米特的死穴:

> 对于"什么是正确的?"这一问题,两种根本对立的回答最终相互对峙,均不允许任何调解和中立。最终,对施米特至关重要的事情并非反对自由主义的斗争。正因如此,对政治本身的肯定并不是他的最终结论。他的最终结论乃是"人类事物的秩序"。①

施特劳斯重审自由主义的重要结论在于,手段的同质性无法取消目的的异质性。"超逾自由主义的视域"的真正含义是:通过"纯然的知识"(这种知识绝不能是论战性的)为人类的文明秩序奠基。只有返回到"未经损害和败坏的自然",才能重新赢得这种"纯然的知识"。除非重新赢得这种自然的视域,否则没有指望能看清虚无主义的本相。他后来指出,德意志虚无主义反对现代文明的动机基于一种道德义愤:

> 这种异议出自这样一个确信:国际主义是现代文明固有的;或者说得更确切些,建立一个完美的开放社会(这种社会可以说是现代文明的目标),从而还有对这个目标的一切渴望,这些与道德生活的基本要求都格格不入。对现代文明的那种异议出自这样一种确信:一切道德生活的根基本质上都是(因之永远都是)封闭社会……只有其基础为时刻意识到牺牲(此乃生命之所归)、意识到牺牲生命与一切身外

---

① 施特劳斯,〈施米特《政治的概念》评注〉,载迈尔(著),《隐匿的对话:施米特与施特劳斯》,刘宗坤译文,北京:华夏出版社,2002,页 209。

之物的必要与责任的生活才是真正人类的生活；崇高之事
非开放社会所能知。声称渴望开放社会的西方诸社会，实
际上是些处于分崩离析状态下的封闭社会：它们的道德价
值与可敬之处，完全有赖于他们仍是封闭社会。①

　　施特劳斯其实是在告诫自由社会：纳粹的失败未必意味着
德意志虚无主义的终结，其根基远比纳粹运动更为深远。忽视
自由主义所面临的思想挑战，对于维系现代文明有着致命的后
果。只有从古典视域出发，才能为批判虚无主义找到坚实的地
基。继 1932 年的"评注"之后，他一方面继续深入研究霍布斯，
另一方面则把目光转向了"早期异教思想家"。从 1929 年到
1938 年的十年是施特劳斯走向成熟的关键十年，"苏格拉底问
题"成为其思想转向的决定性标志。在 1931 年的讲稿"柯亨与
迈蒙尼德"中，他以启蒙运动所引发的"犹太问题"起笔，通过深
化柯亨对迈蒙尼德的理解，最终寻回了理解现代性的古典视
域——柏拉图的视域。要想理解施特劳斯的"柏拉图式的政治
哲学"，首先要回溯到所谓"犹太问题"。

二、问题与主义

　　施特劳斯毕生都在同虚无主义搏斗，他在这种搏斗中所表
现出来的坚毅尤为令人感叹。在这种坚毅的背后，深深隐藏着
一种作为犹太人的尊严。在纳粹执政期间，施特劳斯有不少亲
人不幸罹难。然而，施特劳斯并没有把矛头指向"反犹主义"，更
没有去控诉"极权主义"。在施特劳斯看来，真正有自尊的犹太

---

① 施特劳斯，〈德意志虚无主义〉，前揭，页 104—105。

人绝不会在乎敌人对犹太人的看法。

　　在战火纷飞的岁月,施特劳斯默默地专注于思想问题,为后人留下一系列意蕴深远的讲稿。他看重的是思想的内在价值,绝不仅仅凭借"政治正确"就作出思想取舍——即便这位思想家是不折不扣的民族敌人。

　　在他看来,真正的大敌仍是虚无主义:纳粹运动不过是德意志虚无主义的大众形式。后来,他在《自然正确与历史》的导论中援引特洛尔奇时进一步指出:

　　　　27年前对于德国思想所作的大致准确的描述,现在似乎适用于西方思想的普遍状况了。一个国家倘若是在战场上失败了,作为政治体遭受了猛烈的打击,她就通过给征服者们套上她自身思想的羁绊,而剥夺了征服者们最崇高的胜利果实,这在历史上已不是第一次了。①

　　作为思想问题,虚无主义不会随着一场政治运动的失败而烟消云散。纠缠于纳粹事件只会模糊真相:德意志虚无主义就其动机而言并非是虚无主义的。真正的问题在于,德国哲学对前现代理想和现代理想的综合是失败的:

　　　　德国现在看到了,它的哲人们搞的那个前现代理想与现代理想的综合并未收效;她没有看到出路,除非完全清除现代文明观念对德国思想的影响,返回前现代的理想。纳粹主义是这一返转的最著名的例子,因为它是最下里巴人的例子。其最高水准则是返回哲学的所谓前文献记载时

---

① 施特劳斯,《自然权利与历史》,彭刚译,北京:三联书店,2003,页2。

期,返回前苏格拉底哲学。不管在什么水准上返转,前现代
理想都不是真实的前现代理想,而是德国观念论所解释的
前现代理想(这种解释带着针对 17 和 18 世纪哲学的论战意图),
因而是个被歪曲了的理想。①

从德意志虚无主义者本身的视角出发,现代理想并非无可
指责,况且,"始于 1517 年左右的时代"的终结并不意味着世界
末日。② 恰恰相反——我们应该提出这样的疑虑:究竟魏玛政
制有着怎样的缺陷,以致德国的年轻一代会被虚无主义所打动?
对于崇敬德国哲学的我们来说,怎样才能"抵御塞壬歌声的诱
惑"呢? 在研究哲人著述的同时,如何确保这些著述不会成为某
种"特洛伊木马"呢?

对于德意志虚无主义,仅仅满足于政治评判还远远不够,因
为人们无法真正克服自己并不理解的思想。为了理解德意志虚
无主义,我们不得不转向魏玛的政制危机。与俾斯麦时代相比,
魏玛共和国无疑是政治虚弱的,正是这种"没有剑的正义"加速
了自身的崩溃。透过"犹太问题"的特殊视角,我们可以更为清
晰地看到,魏玛的自由民主为什么竟然无力抵御虚无主义。

众所周知,魏玛共和国赋予了犹太人完整的政治权利,这一
历史进步完全是启蒙运动的功绩,这种政治局面一度是斯宾诺
莎之后犹太人的精神寄托。当时的犹太人相信,自由民主政制
在原则上已经提供了对"犹太问题"的最终解决,在宪政框架下,
犹太人的特殊身份已经不再成为问题。历史事实证明,犹太问
题并未因此而得到解决,恰恰相反,犹太人的生存处境空前恶

---

① 施特劳斯,〈德意志虚无主义〉,前揭,页 128。
② 同上,前揭,页 114—115。

化,甚至比俾斯麦的帝制时期更为险恶。

面对"神学"和"政治"的严峻现实,施特劳斯没有去拥抱任何幻想,反而把目光出人意料地投向了"反犹主义",他甚至认为,反犹主义者拉迦德的思想水准要远远高于复国主义的思想水准。拉迦德挑明了犹太问题的"非此即彼":要么被同化,要么被消灭。他认为,"宗教"是民族认同的核心,同时也是决定各个民族之间自然差异的决定性要素——尽管自由主义宣布了各种价值之间的停战状态,诸神之间的斗争却从未止歇。暂时的停火协议并不意味着终止斗争,而是意味着另一种形式的斗争,以为自动放下武器就能换来敌人的仁慈是荒谬的。诸神之间不存在真正的中立者,停战协议未必不是一种瓦解对手的诡计。在残酷的斗争面前闭上眼睛不等于从世界上赶走了政治,即便是自由主义本身也难免沦为一种斗争工具。对于指望宪政制度的犹太人来说,拉迦德的立场说明:同化于德国社会的运动相当于在"诸神之争"的严峻现实面前闭上眼睛,或者更干脆地说,相当于文化自杀。把拉迦德简单视为种族主义分子,未免看轻了对手的份量,在施特劳斯眼里,拉迦德之所以值得重视,是因为拉迦德关注作为原初事实的"神学—政治问题"。

现代的自然权利论在 1789 年达到顶峰,法国大革命给犹太人的解放带来福音。现代政制基于个体优先的政治原则,其思想根源是霍布斯、洛克以及卢梭在不同程度上所主张的自然状态论。考察欧洲政治思想史,政治要么是自然的,要么是人为的。按照亚里士多德所代表的古典立场,人依其自然就是政治性的。现代观念抹除了自然和技艺的区分,把政治视为一种人为建构,从而推导出个体优先于社会的结论。在此基础上,个体的自由权利成了最高的政治价值,国家不过是实现这一目的的手段。于是,现代政治预设了国家和社会的分野,私人领域是去政治化的自主地带,国家面对私人领域中的价值分歧必须保持中立。结果,"价值中立"反倒成为掩盖实质性价值冲突的政治修辞:"价值中立"的原则相当于默认了既有的社会歧视,犹太人无法通过加入"开放社会"而获得尊严。事实上也是如此,一方面,对于德国社会的种族仇恨,国家不得不袖手旁观,另一方面,对犹太人政治归属的决定权取决于德国社会,正是"沉默的大多数"拒绝了犹太人的德国身份。宪政原则的抽象法理至多解决了法律意义上的平等,却无法碰触私人领域实质性的社会歧视。在宪法权利的基础上,犹太人没有任何伸张民族利益的正当性。政治现实表明,同化于德国国家的政治渴望不过是犹太人的一厢情愿。由此可见,国家和社会的分离根本无法保证政治的中立性,去政治化的理想未免过于天真。同化运动使政治诉求和传统血脉相互分离,无异于在身份认同上自欺欺人,从根本上取消了"犹太问题"。

现代方案的失败促使了犹太复国主义的兴起,复国主义拒绝同化运动对"犹太问题"的否认,犹太人的尊严问题成了核心诉求。年轻的施特劳斯曾一度热情参与这场运动,却在"文化复国主义"和"政治复国主义"之间艰难挣扎。政治复国主义的解决方案在于,通过建立起现代民族国家来恢复犹太人的尊严:犹太国家必须融入世界,取得同其他国家的同等地位,只有通过捍卫犹太国家的尊严,犹太人的个体尊严才能得到保障。文化复国主义则认为,单纯通过政治手段无法解决犹太问题,如果缺乏对自身传统的血脉相承,民族凝聚力就必然是空洞的。然而,文化复国主义把犹太教视为与其他传统并列的"文化",无异于放弃了对自身传统的忠诚。施特劳斯看到,在现代前提下恢复传统的种种努力绝不可能成功,对这种"掺假"的犹太教他实在无法苟同。

我们还是先回到魏玛的政制危机，以便深入到犹太问题的深层困境。个体优先的原则可以推导出这样的结论：言论自由等等个体权利才是政治的首要问题。自由主义的价值宽容通常体现为言论自由——对错、好坏的问题可以先放到一边，首先需要问的是言论是否自由。既然言论自由具有优先性，这显然已经预设言论自由是"对的"或者"好的"，对此无法做到价值中立。这种预设意味着，"对、错"和"好、坏"才是首要问题。从根本上说，"价值中立"作为政治原则自相矛盾，因为这一原则本身是无法中立化的。"价值中立"基于事实和价值的区分，这种区分使价值问题无法建立在理性的基础之上，必然会导致相对主义。自由主义以"价值中立"架空了实质价值，最终取消了实质性的是非、好坏的标准。从实践角度来看，过度的宽容不但没能达到抑恶扬善，反而造成了对恶的纵容。毋宁说，自由主义的本质仍然是一种绝对主义，只不过是把相对主义作为绝对价值。自由主义企图通过去政治化来掩盖各种价值之间的"诸神之争"，无非是在以非政治的手段来搞政治。

魏玛政制是基于人民主权的大众民主，既然自由主义取消了实质价值，人民的意志必然失去了实质价值的规约。现代国家虽然可以保障个体的权利，却无法规定个体的义务，事实上，没有任何规范可以制约对自由权利的滥用。最终，"价值中立"使民意变成可以任意形塑的质料，民主制度成了滋生激进政治的温床。民主的激进化要么走向政治专制，要么导致社会失序——事实上，纳粹政权恰恰是大众民主的后果。

犹太教具有实质性的核心价值，这是犹太群族的凝聚力所在。犹太教的本质同基督教的本质本来就是"非此即彼"，如果贯彻"价值中立"的原则，犹太人必然无法在基督教的既有强势地位面前捍卫本己的民族价值。这种相对主义显然会涣散犹太群族的主导价值,最终使之无法达成有效的价值共识,并进而威胁到犹太传统的正当性与连续性。一旦丧失了判断是非、好坏的独立标准,犹太族群就会面临价值解体的危险。而价值共识的瓦解则意味着,面对德国社会的反犹主义丧失了抵抗能力。对于这种"神学—政治困境",根本没有直接的解决方案。

施特劳斯极为重视反犹主义的内在线索,尤其关注这种"文明冲突论"背后的思想底蕴。他没有做出民族主义式的反应,并不表明民族感觉迟钝。为了超逾单纯与对手论战的水平,决不能停留在对手的视域之内。正是由于这种毫不妥协的坚毅,他同各种立场——政治复国主义、文化复国主义、宗教复国主义乃至新正统派——保持了冷静的距离。

德国的犹太人发现,除了形式上的平等权利之外,现代方案根本无法兑现成实质性的生存尊严。于是,回归自身的文化共同体就成了唯一出路。然而——这可能吗?启蒙思想不是已经彻底摧毁犹太信仰了吗?不可回避的是,犹太知识人必须首先面对知性诚实的考验。施特劳斯看到,正是在这个关键问题上,历史主义成了保持传统信念的无法逾越的障碍。

纳粹当政期间,充满敌意的生存环境反而激发了施特劳斯作为犹太人的尊严感。在"德意志虚无主义"的结尾,他明白无误地传达出一种身为犹太人的气节:

> 目前的盎格鲁—日耳曼之战有着象征意义。英国人在德意志虚无主义面前捍卫现代文明,这就是在捍卫文明的永恒原则。谁也无法断言战争的结果会怎样。可明白无疑的是:由于在紧要关头选择了希特勒做领袖,德国人的正当诉求也就到"成为一个地区性民族"为止了;应当是、应当仍是一个帝国性民族的是英国人,而非德国人;因为只有英国

人(而不是德国人)才懂得,才应当实行帝国统治,regere im-
perio populos,这得花相当长的时间学会宽赦被征服者、制
服傲慢自大者:parcere subjectis et debellare superbos。

后来,施特劳斯致力于恢复自由主义的古典含义,力图区分
讲究德性的古典自由主义和肆无忌惮的现代自由主义,这一思
想立场无疑应该追溯到他在魏玛时期的亲身经历。政治的自然
根基并非在于划分敌友,而是在于重新提出"苏格拉底问题"。
为古典共和主义重新奠基,就是施特劳斯回应德意志虚无主义
的思想行动。对于魏玛时期的沉痛一页,我们实在没有理由轻
轻翻过——毕竟,施特劳斯是带着刻骨铭心的犹太问题走向"政
治哲学"的。

三、共和理念的古今之变

19 世纪晚期,不可一世的现代性方案遭遇到深刻危机,乱
象纷呈的西方思想正值世纪性反思的转折关头。恰好在这一关
键的历史时刻,西学大举进入中国,西方哲学的危机直接促发了
中国思想的危机。当时的"中西之争"同时就是"古今之争":古
学同新学的对抗。随着中国步入现代,既定的知识格局逐渐发
生了深刻位移——"古今之争"让位给中西的现代化竞争。西方
哲学进入中国是重大的现代性事件,原本异在于中国文明肌体
的现代西方哲学术语逐渐成为中国学术的思想质料。倘若离开
西方哲学概念的语义支撑,现代中国思想必然会面目难辨。中
国思想所纠缠的西方哲学是哲学的派生形态(实为对启示宗教的
反动),并非西方哲学的本然形态。尽管国族危难一度耽搁了对
文明原则的彻底追问,诸多思想前辈仍在颠沛流离中勉力维系

着中国的文明命脉。

　　作为史无前例的历史性变局,西学的入侵不但架空了中国文明的正当性,同时也切割了中国文明的连续性。中国学人所引介的西学相当驳杂,其中最为深刻的思想资源恰恰是德国哲学。受制于对手的视域,中国学人无论是依托西学对传统大肆攻讦,还是借助传统对西学负隅顽抗,都没有意识到这种对传统的理解已然是一种历史主义的理解。出于针对西学的论战性意识,中国学人批判地继承了现代思想的基本预设。在当代语境中重启"古今之争"的初衷无非在于:恢复理解中西之争的原初视域。施特劳斯把现代性喻为历史洞穴,无异于揭示了贫乏时代的思想困窘:在回返自然洞穴之前,真正的思想尚未开始。现代理性主义的自我瓦解让人不禁想起,密涅瓦的猫头鹰在黄昏时分才会起飞。

　　在施特劳斯那里,"耶路撒冷与雅典"乃是重大主题,这一主题在临终文集中处于核心位置。在《自然正确与历史》中,这一主题悄然出现在论述韦伯的第 2 章,并不引人注目。在第 2 章,韦伯最著名的说法是事实与价值的分离,施特劳斯把韦伯的逻辑进一步推进,最终的世界图景乃是"诸神之争"。当然,这并非施特劳斯的最终结论,他的"更为精确的"说法是,诸神之争最终是哲学与神学之间的世俗斗争,是两种生活方式的争执。读者期待施特劳斯对此进行深入解释,可他并未进一步阐述这一主题,而是建议我们"迅速从可怖的深处返回到表层"。通过对诸神之争的深化,施特劳斯顺理成章地把我们带回前哲学的古代世界。

　　从《自然正确与历史》的论述结构来看,更为明显的主题是"古今之争"。在全书结尾,施特劳斯指出,"古今之争"的关键在于"个体性"的地位问题——简单说来,取决于"个体优先"还是

"德性优先"。纵观全书,"自然正确"经历了古今之变。我们必须面临两种根本抉择:要么是古典的"自然正确",亦即"自然正当";要么是现代的"自然正确",亦即"自然权利"。这一论题的展开或可概括如下:我们需要区分两种共和思想——古典共和主义基于自然正当,持守德性优先的原则,现代共和主义基于自然权利,持守个体优先的原则。就制度层面而言,古典德政落实为中和政制,现代宪政落实为民主政制。从表面上看,《自然正确与历史》的论述结构并没有按照线性的历史顺序。中间的两章处理古代部分,现代部分却前后一共四章。最后一章提到柏克为历史学派铺平了道路,而开始的一章虽然提到了历史学派,却没有提到柏克。对于施特劳斯相当复杂的论证而言,任何谨慎的读者都不得不承认,真正把握其内在思路是极为困难的事情。

　　按照施特劳斯在"什么是政治哲学?"中的总结,哲学在于两类知识的联结:同质性知识和异质性知识。同质性知识以数学为代表,涵盖类似数学的知识,在派生的意义上还包含创造性的技艺。异质性的知识意味着目的的异质性,其最高形式是政治家和教育家的技艺。[1]　这两类知识之间存在着无法克服的根本紧张,古典哲人的高明之处在于力图保持两者之间的张力。现代性危机的根源在于"尚同",亦即同质化倾向失去了古典制约,最终通向了历史主义。简单地说,现代原则在哲学上体现为"形而上学的中立性",而在政治哲学上则体现为"个体性"。

　　在古典思想中,中和原则对尚同理念起到了制衡的作用。这种德政原则由柏拉图奠基,经过亚里士多德推进,最终由西塞

----

[1]　施特劳斯,〈什么是政治哲学?〉,前揭,页39-40。

罗发扬光大。按照古典政治哲学,哲人德性和政治德性之间存
在着根本紧张,如何安顿两种德性之间的张力,是古典共和主义
的关键问题。古典哲人探究了各种政体,对于君主制、贵族制乃
至民主制等等政体的优劣有着深刻洞察,在此基础之上提出了
中和政制的审慎主张。就政治史而言,雅典有中和的灵魂,却没
有中和的身体,罗马有中和的身体,却没能挽留中和的灵魂。既
然中和原则基于人的自然理性,启示宗教的兴起必然会使古典
社会发生根本变迁。

　　基督教是同质化的宗教,罗马采用基督教作为政教统一的
基础,已然背离了古典的中和原则。基于此岸和彼岸的分裂,这
种政教统一是脆弱的——不仅没能制衡诸神之争,反而使宗教
残杀愈演愈烈。后来罗马帝国衰微,大一统的局面终归土崩瓦
解。现代政治哲学的奠基人马基雅维利重释了德性的含义,使
文艺复兴成了现代性的起点。

　　马基雅维利引进"新的模式和秩序",开启了征服自然的现
代运动。他站在习俗主义立场上反对自然正当,使个体优先成
了现代性的基石。从表面上看,《君主论》和《论李维》的教诲相
互矛盾,实际上,他以一种前所未有的方式将专制和共和融为一
炉,从而为后来的宪政取代德政铺平了道路。在这个意义上,马
基雅维利或许称得上是第一位尚同哲人。此后,现代政治哲学
的发展几乎可以视为"西方思想的马基雅维利化"。

　　施特劳斯注意到,色诺芬对马基雅维利有着非同寻常的重
要性。在《君主论》和《论李维》中,色诺芬被提及的次数比柏拉
图、亚里士多德和西塞罗加起来还多。将马基雅维利和色诺芬
加以对比,最能体现马基雅维利同古典传统的决裂:

　　　　毋庸置疑,色诺芬并不是一位马基雅维利之前的马基

> 雅维利：色诺芬的道德世界有两端,伟大的政治人物居鲁士指向其中一端,色诺芬的老师苏格拉底则指向另一端。但在马基雅维利的道德世界里,并没有苏格拉底的位置。要从色诺芬横渡到马基雅维利的思想,就必须与苏格拉底的思想一刀两断,必须发现一块道德的新大陆。[①]

无论任何时代,对"新的模式和秩序"的发现都是危险的：即便是声称"重新发现"也会冒犯当代的宗教。这种宗教教导人们,现代人效仿古典德性是不可能的,在道德上是不可能的,因为异教德性不过是一种"绚丽的邪恶"。这就迫使马基雅维利转而确立古代的权威：李维的史书成了马基雅维利的《圣经》。对于敌人的阵地而言,获得恰切理解的古学残余是居高临下的"要塞"。攻占这一战略高地,是颠覆现存秩序的战争的关键。为了看清马基雅维利的"精神战争",有必要了解他为什么要进行"隐秘的渎神"：

> 如果有人公然表达或吐出渎神言论,所有好人都会不寒而栗并掉头而去,或者会使他罪有应得；他一人承担所有罪恶。可是,一种隐秘的渎神言论之所以如此阴险,不仅在于它使渎神者逃避了根据相应法律程序所作的惩罚,而且尤其在于它实际上迫使听众或读者自己去想渎神言论,从而迫使他们变成渎神者的同谋。[②]

---

① 施特劳斯,〈马基雅维利与古典文学〉,载刘小枫(编),《苏格拉底问题与现代性——施特劳斯讲演与论文集：卷二》,前揭,页 53。
② 施特劳斯,〈马基雅维利〉,载施特劳斯、克罗波西(主编),《政治哲学史》,李天然等译,石家庄：河北人民出版社,1998,页 337—338 及 344—345。

　　基督教的胜利归功于宣传,马基雅维利则试图用基督教所发明的手段来摧毁基督教。作为"没有武装的先知",他继承了基督教所运用的手段。为了保证身后的成功,他在现代思想家中第一个指望通过启蒙来建立"新的模式和秩序"。启蒙的终极目标是普世同质国家,为了达成这种尚同取向,政治哲学首先要颠覆德性和制度之间的关系,使目的的异质性被手段的同质性彻底抹平。马基雅维利取得了"令人惊异的成功",可以从现代共和理念的经典论述中得到证实:

　　　　建立国家这个问题不管听起来是多么艰难,即使是一个魔鬼的民族也能解决的(只要他们有此理智);那就是这样说:"一群有理性的生物为了保存自己而在一起要求普遍的法律,但是他们每一个人又秘密地倾向于把自己除外;他们应该是这样地安排并建立他们的体制,以致于尽管他们自己私下的心愿是彼此极力相反的,却又如此之彼此互相防止了这一点,从而在他们的公开行为中其结果又恰好正像他们并没有任何这类恶劣的心愿是一样的。"

　　与中和政制不同,现代共和政制是一种混合政制。倘若囿于马基雅维利所开辟的现代新统,当然无法看清中和政制同混合政制的品质差异。这种混合政制有着诸如大众选举、分权制衡乃至政党轮替等等制度设计,实际上无不首先基于对中和政制核心问题的误识。① 古典政制的初衷在启蒙之后蔽而不明,这是现代政治失序的主要根源。尚同政治基于统

――――――――――
① 这种误识仍然源于马基雅维利的共和教诲,参曼斯菲尔德,〈导论〉,载马基雅维利,《论李维》,冯克利译,上海人民出版社,2005。

治者和被统治者的同质性，从根本上颠覆了"以德和民"的古
典教诲——早在 1903 年，共和理论大师梁启超已然勘破尚同
之弊：

> 波氏曰：国也者，何也？以平衡正义，调和社会上各种
> 利害冲突之一团体也。而在彼共和国，则其统治之主体
> （按：即国家）与其统治之客体（按：即国民）同为一物。舍人民
> 以外，则国家之要素，他无复存（按：君主之国亦非不以人民为
> 要素也，而人民之外，尚有他要素。若英国，则合君主、贵族、平民三
> 要素而成国者也。原文词简意赅，翻译殊窘，读者谅之）。夫无论
> 何国，其社会上、宗教上、民族上及其他种种关系，莫不错综
> 分歧。此之所利，或彼之所害。利害抵触，而必有冲突。此
> 等冲突，即由人民本体而发生者也。以本体所发生之冲突，
> 而还欲以本体调和之，是无异使两造之斗讼者，而自理曲直
> 也。天下困难之事，孰过于此？君主者，则超然于此等种种
> 利害关系之外，而代表大团体之国家，以调和之者也。所贵
> 乎有国家者？其目的莫大于是。而君主国之达此目的，与
> 民主国之达此目的，其难易判然矣（按：古今政治学者论国家之
> 目的，言人人殊。波氏谓国家之正义，平衡之源泉，以调和国内种种
> 利害而融合之为目的，是其创见，亦笃论也。学者不可不深察）。以
> 是之故，凡共和之国家，大率革命相寻，使法制失其永续之
> 性，而几于不国，殆非无故。[1]

回顾现代历史，尽管欧洲大国相继崛起，却始终无法长

---

[1]　参梁启超，〈政治学大家伯伦知理之学说〉，载《梁启超全集》，北京出版社，1999，
　　页 1072。

治久安,即便是施特劳斯似乎相当推崇的大英帝国也在劫难逃(这不免让人想起古训:和实生物,同则不继)。晚清之际,欧洲已然乱象纷呈,尼采早有预言,20 世纪将是世界大战的时代……这是否意味着"始于 1517 年左右的时代"的终结? 也许,世界大战仅仅是这一终结的肇端。施特劳斯后来作出这样的总结:

> 自由民主制的理论,还有共产主义的理论,源于现代性之第一、第二次浪潮;第三次浪潮的政治含义已经被证实为法西斯主义。然而,这个无可否认的事实并不足以使我们回归现代思想的较早形态:不可忽略或遗忘尼采对现代理性主义或对理性之现代信仰的批判。这是自由民主制之危机的最深刻原由。总而言之,与法西斯主义相反,自由民主制的有力支持来自一种决不能被称为现代的思之方式:我们西方传统之前现代思想。①

纵观两千余年的欧洲历史,犹太民族的沧桑命运尤其令人感叹。是什么原因导致犹太人悠悠千载竟无容身之所? 人类文明真的无法克服尚同理念吗? 无论是政治民族主义抑或文化民族主义,难道不仍旧是一种现代方案? 犹太问题是现代性危机的样板,逼迫我们反省尚同理念。② 施特劳斯看到,犹太复国主义的正当性决不能基于现代原则:政治复国主义通过权力政治建立一个国家,而这样的国家却不必然的是"犹太的";而文化复国主义不得不面对的是,犹太信仰至多是个同政治、经济、法

---

① 施特劳斯,〈现代性的三次浪潮〉,载刘小枫(编),《苏格拉底问题与现代性——施特劳斯讲演与论文集:卷二》,前揭,页 46。
② 哥尔维策尔,《黄祸论》,北京:商务印书馆,1964,内部读物。

律、审美同等重要的"文化省份"。

处于全球化时代,"普世价值"注定是中国思想无法回避的问题。[①]　反省现代思想中的尚同理念,是认识真正的文明原则的前提,决不能把对尚同理念的彻底批判视为虚无主义——尚同哲学本身即为虚无主义的根源。现代政治不惜一切代价求同,实质上仍是一种特别的绝对主义,亦即把相对主义当作绝对价值。我们必须深思:尚同理念是否有资格成为社会的价值基础? 人类文明难道应该被迫接受这种以普世价值面目出现的虚无主义? 全球化究竟应该基于怎样的"文明原则"? 随着中国社会的加速转型,改革过程中不断积聚的各类社会矛盾必然日益突显。如何在新的历史条件下面对不同阶层、族群、宗教和地域之间的裂痕,已经成为社会科学刻不容缓的课题。值得关切的问题始终是:如何才能建立起和而不同的文明秩序。与作为知识手段的工具性学科不同,政治哲学以目的的异质性作为知识基础。当我们谈到共和理念的时候,起码要清楚古典共和与现代共和之间的本质差异——"和""同"之辩是理解共和国的歧义性的关键。

四、全球性历史重任

如果说《自然正确与历史》旨在引领读者走出历史洞穴,那么 1964 年发表的《城邦与人》就具体呈现了政治的自然根基。通过依次解读亚里士多德的《政治学》、柏拉图的《王制》和修昔

---

① 从一种"古老的神学……观点"出发,顾彬力图使中国和欧洲"相互对峙"。他反对而且仅仅反对美国式的汉学,却没有深思自己的历史主义前提是否同样是一种偏见。他所提到的"美国汉学与欧洲汉学的决斗",不过证明了欧洲汉学是颠倒过来的美国汉学。参顾彬,〈略谈波恩学派〉,载《读书》,2006 年第 12 期。

底德的《伯罗奔尼撒战争史》，施特劳斯对"神学—政治问题"作
出了含义深远的回应。似乎可以断定，"未经损害和败坏的自
然"就是他对现代境遇中的诸神之争的冷峻回应——对我们来
说，堪称榜样的则是那种施特劳斯式的忠诚：对大地的自然根基
的忠诚。

　　进入美国语境后，施特劳斯在大多数时间里对犹太问题
不愿多言。与某些学术同胞迥然不同，他并不认为控诉"反犹
主义"或"极权主义"是捍卫尊严的恰当方式。当受到不公待
遇的时候，正义诉求必须根据自身传统的正义原则。在敌人
的十字架前下跪，无异于承认敌人才是裁决正义的法官。犹
太教和基督教扞格难通，除非欧洲同化于犹太人的生活方式，
否则"犹太问题"就不可能获得解决——这种"同化"显然超出
了任何人的想象。所以，他在多处讲过，"犹太问题"是无法解
决的。

　　当然，施特劳斯并未因此抛开对"做犹太人"的关切，当晚年
再次提起同化的问题时，他把尼采关于犹太人的说法视为对同
化问题的最高表达。[①]　尽管施特劳斯将尼采视为现代性第三
次浪潮的代表，但同时认为从未有人像尼采那样"将哲人之所是
说得如此伟大和高贵"。在尚同道德已然造成全球僭政的时代，
尼采的抗争行动无疑是一种"高贵的虚无主义"。[②]　在临终文
集中，施特劳斯最终承认，《善恶的彼岸》中的权力意志学说其实
是一种"对上帝的辩护"。[③]

①　尼采，《朝霞》，田立年译，上海：华东师范大学出版社，2007，页251—254。
②　施特劳斯，〈重述色诺芬的《希耶罗》〉，载古热维奇、罗兹（编），《论僭政——色诺
　　芬希耶罗义疏》，北京：华夏出版社，2006。
③　施特劳斯，《柏拉图式的政治哲学研究》(Leo Strauss, *Studies in Platonic Polit-
　　ical Philosophy*)，Chicago，1983，页178。

对于犹太哲学,施特劳斯最经常提到的思想前辈除了迈蒙尼德和斯宾诺莎,显然还有罗森茨威格和柯亨,他们对施特劳斯的影响不言而喻。在"自传性前言"中,他提到罗森茨威格对斯宾诺莎的批评:

也许可以把罗森茨威格的观点总结如下,柯亨是比斯宾诺莎更为深刻的思想家,因为和斯宾诺莎不同的是,柯亨并不认为哲学脱离或免于他自己民族的传统是理所当然的。这种脱离是"非自然的",不是原有的,而是从原有的附着中解放出来的结果,是疏远、破裂和背叛的结果;忠诚,以及与忠诚携手并进的同情和爱才是原有的。对传统的真正忠诚并不等同于泥古的传统主义,两者水火不相容。忠诚于传统并不在于单纯地保持传统,而是在于维护传统的连续性。①

施特劳斯始终在跟踪犹太思想前辈的思路,恰恰在启蒙运动的背后发现了一条极为隐秘的思想线索。他很早就置身"泛神论之争"这一思想事件的漩涡之中,后来坦言自己从莱辛身上洞悉到"古今之争"的关键。施特劳斯穷尽毕生精力解读西方经典,带着身为犹太人的尊严坚定地返回前现代的"自然正当",用实际行动作出了"进步"还是"返回"的抉择,并为后学留下了令人瞩目的解经著作。

返回传统绝不意味着通常意义上的保守主义,他在《古今自由主义》的前言中指出:就"古今之争"而言,保守主义同自由主

---

① 施特劳斯,《〈斯宾诺莎宗教批判〉英译本导言》,前揭,页262—263。

义乃至共产主义有着"共同的根源"。[①] 古典政治哲学绝非单纯地保守传统,而是崇尚"原初意义上的自由",因为人依其自然所寻求的乃是"正确的",而非"传统的"。

希腊哲学假定,大全本身即可被理知的大全,这就为自然哲人僭越诸神提供了条件。[②] 施特劳斯强调说,犹太传统有助于限制希腊的理性主义,可谓"西方内部的东方"。如果说,犹太民族的命运就是流亡,那么苏格拉底问题所昭示的哲人命运则是一种"内在的流亡"。在施特劳斯笔下,苏格拉底和犹太先知都是人类最高类型的典范,两大传统的共同基础在于,苏格拉底和众先知都具有使命感。这种使命感出于对人类所依赖的共同体生活的关切,须臾不曾忘怀在私人的善和公共的善之间践履人之为人的最高职责。

施特劳斯认为,理性主义来自希腊哲学对存在的一种特别的理解,只有通过向东方尤其是中国学习,才能对希腊哲学进行"实质性的限制",从而超逾"技术性大众社会"。言外之意似乎是,犹太传统对希腊哲学的限制并不究竟。至于如何对希腊哲学进行"实质性的限制",施特劳斯语焉不详。他清楚地看到,如今中国正"屈服于西方式的理性主义":

> 在当今思想的水准上,不可能有东西方之间的真正的交会;也就是说,当今思想是在东西方最浮躁浅薄的时

---

① 蒋庆出于论战性的意图,用"讲政治"的道德观反对"不讲政治"的道德观。他仍然依赖于对方的道德观,并未深究这种道德观的正当理据。由于最终诉诸"超越神圣之价值信仰与是非善恶之道德抉择",蒋庆并未超逾他所反对的立场。参蒋庆,〈政治的孔子与孔子的政治〉,载陈来、甘阳(主编),《孔子与当代中国》,北京:三联书店,2008,页321-327。
② 施特劳斯,《自然权利与历史》,前揭,页32。

期,在最夸夸其谈、最浮躁浅薄的代表者之间进行交会的。东西方之间的真正交会只能是两造之至深根源的交会。①

这话说得发人深省,俨然在提醒我们,只要继续徜徉于现代的种种"主义"之中,中西对话就难免言不及义。无论各种"主义"之间存在着怎样的对立,其实无不基于现代性的尚同信仰。为了摆脱这种世俗化的政治神学,必须首先超逾"中西之争"的论战意识,重新提出亘古不移的切身问题:"什么是正确的生活方式?"唯有如此,我们才能重新赢得政治的自然根基。在这个意义上,"古今之争"是真正意义上的文明对话的必要前提。

在苏格拉底—柏拉图那里,追求真理意味着超逾所有的偏见。尚同哲学源于针对偏见的斗争,但是这一斗争仅仅针对其他偏见,唯独无视自身的偏见,无疑丧失了古典哲学的彻底性。启蒙之后,更具历史意识的思想大家——孟德斯鸠、黑格尔、赫尔德——对中国文明极力诋毁,不过反映了欧洲在历史洞穴中越陷越深。20世纪以来,中国学人对西方的了解始终在步历史主义后尘,透过历史洞穴中的影像反观自己。②人们不禁开始怀疑,这种历史意识是否仅仅是某一历史事件的最后回声。只有在自然的视域中,中西思想才能以一种原初的方式相遇。

海德格尔对西方根基进行了解构性回溯,中国学人指望从中窥见西学的根柢。问题的复杂之处在于,海德格尔对古典经

---

① 施特劳斯,〈海德格尔式生存主义导言〉,载贺照田(编),《学术思想评论》,第6辑,吉林人民出版社,2002,页131。

② 参梁启超:〈开明专制论〉,载《梁启超全集》,前揭,页1451−1486。

学的恢复仍未摆脱历史主义的预设。潘戈教授为《古典政治理性主义的重生》的中文版撰写了前言,他在谈到海德格尔所忽视的"古今之争"时讲,只有"苏格拉底式的政治哲学"才能使我们抵御现代技术对人类精神的毁灭性威胁。这无异于在说,海德格尔所谓"另一个开端"并非真正的哲学开端。在收尾的时候,他忽然意味深长地说:

> 在我们的时代,东方和西方之间亟需在最深的层次上进行对话,在某种意义上可以说,施特劳斯的毕生著述都是自觉为此进行准备的典范。但是施特劳斯已然逝去。他把这种典范和庄严职责遗留给我们生者来继承。面对这种典范和职责,在西方的我们尚未很好地恪职尽责。我们需要你们的帮助。我们需要一种高贵的竞赛:你们告诉我们施特劳斯的引领和典范如何能够照亮东方至深的根基,明确地说,这是一种对西方的挑战和一种同西方乃至西方至深根基的对话。这可能会刺激并砥砺我们把自己份内的事情做得更好,并通过施特劳斯所不言而喻地指派给我们双方的全球性历史重任来验证自己的能力。

潘戈教授的意思不太容易琢磨,似乎可以这样理解:全球化时代的重大挑战在于,技术理性已然把人类精神领向衰颓,只有潜沉到自身文明的至深根基,才能挽回这种精神颓势,从而使文明共同体"其命维新"。

施特劳斯的文体有如一面特别的镜子,我们从中至少可以看到这样的异象:古典学问和现代学问在图书馆中正在进行一场没有硝烟的战争……恍惚之间,笔者不由得生出一个惶恐的疑问:在美国的潘戈教授有幸凭靠"苏格拉底式的政治哲学"指引迷津,在中国的我们应该凭靠什么呢? 表面上看不可能的事情,也许只是非常艰难的事情。可以肯定的是,作为对更高理性的粗劣的复制和缩略,理性主义发明了全球化和所谓的"普世主义"。

　　谨以此文献给我的祖母徐鲁瑞芝,祝她老人家康宁祥泰。

2009 年 4 月 19 日

刺猬的温顺

刘小枫

[题记]　1996年,萌萌要编《1999独白》告别20世纪,希望我写篇随笔。

我没有理会。萌萌很有耐性,整整一年不断晓以大义,终于没有说动我。

我不觉得1999这年头特别,也无法"告别"20世纪。不是不愿意告别,而是没法告别。在20世纪生活了半辈子,困惑太多,可以用一篇随笔"告别"?

日历上毕竟有1999年最后那一天。这是一个催人思索的时限,就像一个人知道自己在某一天必死。如果设想真的如此,我对生活最后想说点什么呢?

想说的当然是思想的事情,因为想的仅是思想的事情。虽然我没有理睬萌萌的邀请,其实心里一直在想:1999年最后一天前,我最想说点什么?

1998年底,想要说的论题明确了:哲学与不可解决的问题。

这个题目的感觉来自读施特劳斯和伯林为政治哲学辩护的文章。这两位当代政治哲学的要人都以为:人类的根本问题——价值冲突——无法解决,政治哲学为这无法解决的问题而在。我感到困惑:如果哲学是为根本就无解的问题而活,哲学何为? 停止哲学思考算了。

1994 年我第一次读到施特劳斯。施特劳斯主编的《政治哲学史》中译本 1993 年问世,译者之一黄炎平兄送了我一套(此前我自己买了一套),那篇短短几千字的"绪论"令我惊讶。西方各类哲学史书我读过不少,这"绪论"绝然不同凡响。我马上读了书末所附施特劳斯的所闻世弟子写的"施特劳斯与政治哲学史"。

困惑马上来了。施特劳斯与价值相对主义和虚无主义的不懈斗争,不就是《拯救与逍遥》的立场吗? 我怎么会与这个人那么相近呢?

这自然不是真正的困惑所在。当时,我正在写《现代性社会理论绪论》。思想的问题,如果不理解自己的对立面,没有可能推进。《拯救与逍遥》以后,在舍勒价值现象学的绝对主义支撑下,我向基督教神学推进,坚硬的绝对价值论立场显得更为坚毅。随后,从舍勒的知识社会学入手,我转入韦伯、曼海姆的社会理论,想要搞清楚价值相对主义的理由,于是就有了《现代性社会理论绪论》。

读到施特劳斯时,我还在韦伯、曼海姆的价值相对主义中没有回头。无论如何,这条路我必须走到尽头、看个究竟。完成《现代性社会理论绪论》(1996)后,我才把《政治哲学史》中施特劳斯所写的章节挑出来读,也找来《自然权利与历史》、《什么是政治哲学?》来读,读得一头雾水,不知所云:施特劳斯不过老学究,一边去罢。

1997 年,因为偶然的原因,我开始研究施米特。研究西方思想与研究中国思想一样,仅仅读原著是不够的,必须借助过去和当今慧眼之士的疏解。西方学界对某位思想大家的解释并非个个精到,浮惑、肤浅之论比比皆是。但如果运气好,还是可以

碰到天眼般的理解。迈尔(Heinrich Meier)的《施米特、施特劳斯
与〈政治的概念〉》就是一例。此书在已经堪称浩瀚的施米特研
究文献中鹤立鸡群,对我理解施米特大有裨益不说,意外的收获
是:原来施特劳斯确大有名堂。

　　重读〈什么是政治哲学?〉,而且与伯林的〈政治理论还存在
吗?〉对照读,"告别1999独白"的感觉就这么出现了。

　　《现代性社会理论绪论》中,《拯救与逍遥》的绝对价值论立
场并没有完全放弃,而是借助舍勒的价值绝对论与韦伯的价值
相对论构成一种紧张,以至于有明眼人责我立场含混。施特劳
斯在价值绝对论上明显与舍勒一致。固然,舍勒采用现象学的
思想方式,施特劳斯采用注经学的思想方式,这两种不同的方式
在海德格尔那里已经结合起来,《拯救与逍遥》熟悉这种思想方
式。施特劳斯求学时,舍勒的名声已如雷贯耳,施特劳斯不可能
没有读过舍勒。为什么施特劳斯几乎从来不提这位前辈?表面
原因不难找到:舍勒热情站在奥古斯丁的基督教信仰立场,施特
劳斯对基督教始终敬而远之。为什么?施特劳斯靠什么支撑他
的价值绝对论?我搞不懂……

　　悉心研读施特劳斯从此开始了。海德格尔使我沉迷、舍斯
托夫让我感动、舍勒令我尖锐、维特根斯坦给我明晰、韦伯劝我
沉静。施特劳斯呢?令我震惊和坚毅。

　　何以如此?这就说来话长,本稿也不可能说清楚。

　　本稿1998年底动笔,原想赶在1999年的年终前定稿,却被
其他有时限的研究任务和到欧洲及美国出差把时间借走了。

　　幸好现在告别20世纪还来得及。

2000年6月于深圳

两位犹太裔哲人的不和

伯林和施特劳斯都是英美哲学界的犹太裔流亡者,一来自俄国,一来自德国,尽管伯林的犹太人身份不如施特劳斯地道:伯林的父母辈已经不是犹太教徒。他们还是同行,都以通常所谓思想史研究著称,通过解释历史上的哲学思想来表达自己的哲学信念。[①]　如果要说到在知识界的声望,施特劳斯就不是可以与伯林相比的了——至少在汉语知识界如此(伯林去逝时,大陆、港、台的知名文化思想杂志如《读书》、《万象译事》、《公共论丛》、《二十一世纪》、《当代》都举办了追悼仪式)。

伯林文章潇洒,广为知识大众所知,有自由主义价值捍卫者的美誉。施特劳斯似乎从不对知识大众说话,据说是保守主义思想最深刻的教父。不过,这类"主义"标签往往引人卷入流俗、浮惑的意识形态之争,不可轻信。重要的还是关注事情本身。

1958 年,伯林发表了使他声誉卓著的〈两种自由的概念〉,没过多久,施特劳斯就在〈相对主义〉(1961)一文中首先纠弹伯林的观点。[②]　伯林自诩英国经验理性传统中人,其思想逻辑明晰有力、咄咄逼人,施特劳斯却偏偏纠弹伯林"自由"论的逻辑矛盾:伯林将消极自由看作一种绝对的价值,论证却是如下宣称:所有价值都是相对的。施特劳斯并没有就消极自由的观念本身

---

① 关于施特劳斯和伯林思想的概述,分别见德鲁里,《施特劳斯的政治理念》(*The Political Ideals of Leo Strauss*),New York,1988;John Gray,《伯林》,马俊峰、杨彩霞译,北京:昆仑出版社,1999。

② 参施特劳斯,〈相对主义〉(Relativism),见氏著,《古典政治理性的重生》(*The Rebirth of Classical Political Rationalism*),潘戈选编,芝加哥大学出版社,1989,页 13—26。伯林的〈两种自由的概念〉,见氏著,《自由四论》,陈晓林译,台北:联经出版社,1986,页 225—96。

说三道四,仅指出,伯林用来支撑消极自由概念的相对主义价值观,恰恰是一种绝对主义。既然所有价值都是相对的,何以可能将消极自由作为一种绝对的政治价值来捍卫?

这一再明显不过的自相矛盾相当奇妙,也意味深长。伯林看到这样的纠弹,心里一定不舒服。

伯林访问芝加哥时,曾与施特劳斯促膝长谈。伯林晚年对采访记者说,施特劳斯"很有学问,是一位真正的犹太教法典学者……一位谨慎、诚实而且深切关心世界的思想家"。说过这些同行客套话后,伯林马上申明,自己与施特劳斯"存在着不可逾越的鸿沟",根本谈不拢:施特劳斯竟然还"相信世界上存在着永恒不变的绝对价值"——超越时间、地域、民族的真理,简直是在侮辱现代哲人的智慧。[1]　伯林打心眼里不屑地把施特劳斯当老派学究,没有经过启蒙精神洗礼似的:都20世纪了,竟然还谈什么"上帝赐予的自然法则"。

从中古到近现代,西方思想史上一再出现犹太裔思想大家——从迈蒙尼德、斯宾诺莎、马克思、西美尔、列维纳斯到德里达。[2]　这是偶然的吗? 如果不是,意味着什么呢? 意味着散居欧洲各国的犹太裔文化人在思想文化上完全被希腊—基督教的欧洲文化同化了,抑或刚好相反? 犹太人在欧洲的处境,不仅是政治存在问题,也是精神文化问题。所谓犹太—希腊—基督教融贯一体的欧洲精神,会不会是文化假象? 犹太文化与希腊—基督教的欧洲文化的冲突,也许从来没有真正了结。

---

[1]　参 Isaiah Berlin/Ramin Jahanbegloo,《伯林对话录》,杨孝明译,台北:正中书局,1994,页39—42。(以下随文注页码)

[2]　参 Kenneth Seeskin,《世俗时代的犹太哲学》(*Jewish Philosophy in a Secular Age*),State Uni. of NewYork,1990;傅有德编,《现代犹太哲学》,山东大学出版社,1999。

伯林就说过，"世界上所有的犹太人在社会中都有某种程度的不安"，即便他们受到礼遇，在各行业地位高，真正"融合"在其他民族之中，仍然如此（参〈伯林对话录〉，页 109）。伯林说海涅即便成了德语大诗人，仍然对自己的犹太血统心存芥蒂。有欧洲文化教养的犹太人往往下意识地有对欧洲文化非要作出贡献的心愿，在伯林看来，这种心态是一种扭曲。要改变这种扭曲心态，只有彻底改变犹太人的生存处境，也就是重新建立有自己的国土的犹太国。如果犹太人有了自己的家园，才不会扭曲自己，非要对寄居国的文化作出什么贡献。

施特劳斯出生并生长在德国的犹太人社群，他的体会与伯林刚刚相反：犹太人在帝制德国生活得很好。恰恰因为自由主义的魏玛民国，德国的犹太人才丧失了自己的家园，犹太人问题才成为政治—文化甚至"神学—政治"问题。

为什么这样讲呢？事情是这样的：魏玛民国结束了传统的君主统治，向现代自由民主政治制度"靠拢"，但这个自由民主政体很"软弱"，依靠的是"手中没有剑的正义"。自由民主政制划分公共领域和私人领域，将宗教和道德逐至私人领域，以保障个人自由的政治权利，恰恰为极权主义、放纵种族歧视的自我中心主义提供了政治条件。

在自由民主政制的背景下，犹太人问题才真正成了需要解决的问题。解决方案之一，就是回到封闭的犹太共同体、拒绝文化融合，坚持犹太教的原始教旨及其政治形式。这必然导致与欧洲精神传统中超越任何"种族"习传伦理的普遍理性相冲突。另一种解决方案是：融入西方社会及其文化，成为真正欧洲文化中的一员。于是，出现了为推动近代自由主义现代性而奋斗的犹太裔大思想家。然而，这样一来，犹太人处境问题不是解决了，而是变得更危险。

对于施特劳斯来说,犹太人问题是不可解决的,即便有了自己的国土,与欧洲文化在生活理想方面的冲突依然存在。犹太人问题是人的问题的样板:人的存在依群而分,群与群之间总是相互对抗,不同的生活理想难免相互抵触。面对这样的生存事实,青年施特劳斯虽然在柏林的犹太教学院任教,"主要兴趣是神学"和犹太教中的正教问题,但与当时的犹太教大思想家罗森茨维格不同,并不关心如何在启蒙后的西方哲学处境中保守纯正的犹太教神学,也与当时已经成为新康德主义大师的犹太裔哲人柯亨不同,并不关心如何进入当时的西方哲学主流,而是关心"上帝"与"政治"的关系。[1]

"上帝"与"政治"有什么关系?

在施特劳斯看来,自由主义的失败在于想掩盖人类的不同生活理想不可调和、价值冲突不可能解决这一存在事实。伯林的自由主义不恰恰以强调这一存在事实而著称? 两位犹太裔哲人在根本上难道不是一致的?

可是,伯林与施特劳斯在犹太人处境问题上的分歧,又是明摆着的。两人的不和尤其尖锐地体现在对纳粹政治的看法。作为犹太后裔,两人当然都对纳粹没有好感。对于伯林来说,纳粹政治是绝对主义价值观的结果;相反,在施特劳斯看来,正是由于蔑视某种绝对的价值,彻底拜倒在历史相对主义脚下的德国哲人们,才在 1933 年没有能力对德国的政治命运作出道德裁决。伯林既然宣称,自由主义就是要放弃为"什么是美好的生活"寻求最终答案这一千年幻想,他告诫人们希特勒的失败"实在侥幸得很",是不是废话呢?

---

[1] 参施特劳斯,〈《斯宾诺莎宗教批判》英译本导言〉,见《斯宾诺莎宗教批判》(*Spinoza's Critique of Religion*),芝加哥大学出版社,1997,页 1—31。

伯林与施特劳斯在根本问题上显得相当一致（比如认为人类的价值冲突不可解决），在诸多具体问题上又尖锐对立。这究竟是怎么回事？

伯林在晚年对记者说与施特劳斯根本谈不拢，事出有因。

20世纪50年代末，英美政治理论界发生过一场政治哲学反击政治学的斗争。政治学属于现代社会科学，19世纪以来日益取得支配地位，与其他人文—社会学科一起瓜分了传统哲学的地盘。哲学瓦解、衰落了。二战结束十年后、正当社会科学在英美气象如虹之时，学术锋芒刚刚显出来的伯林和施特劳斯发起了对社会科学及其政治学的讨伐，企图重新夺回哲学对政治问题的思考权。施特劳斯的〈什么是政治哲学?〉发表于1957年。几年后，伯林发表了〈政治理论还存在吗?〉（所谓"政治理论"其实就是"政治哲学"）。① 两位哲人在抵抗社会科学原则排斥哲学的斗争中，显得站到了一起。可是，正如即将看到的那样，这种一致完全是假象。相反，在维护政治哲学的意义的斗争中，伯林与施特劳斯打了一场精彩的遭遇战，堪称20世纪思想史上的奇观。伯林和施特劳斯显得既相当一致、又尖锐对立，会不会有一个搞错了，抑或哲人间的歧见是自然的事？无论哪种情形，都得搞清楚才是。

需要关注的事情本身出现了：什么叫哲学？施特劳斯和伯林俩人都明确将政治哲学理解为哲学本身，或者说将哲学看作本质上是政治的，事情也就包含着这样的问题：何谓政治？由于俩人都是思想史大家，事情本身还与历史、传统、现代性、古典性

---

① 施特劳斯,〈什么是政治哲学?〉,杨淮生译;伯林,〈政治理论还存在吗?〉,周琪译,均见 James A. Gould/Vincent V. Thurshy 编,《现代政治思想:关于领域、价值和趋向的问题》,杨淮生等译,北京:商务印书馆,1985,页58—86和页404—441。(以下随文注页码)

等扯在一起。

苏格拉底变成了狐狸

〈政治理论还存在吗?〉一开始就问:现代的社会科学可以代替古老的哲学吗?

回答是否定的。理由是,社会科学——包括其中的政治学,没有能力解决令人困惑、"棘手"的价值问题。社会科学及其理论的基础是近代自然科学知识的推延,它基于两种类型的知识:归纳(通过从观察所得数据作出推论)和演绎(通过设立公理命题推论衍生命题)。判断前一种知识是否正确,复核对经验世界的观察,问题就解决了;判断后一种知识是否正确,检察一下是否正确运用演绎规则、是否在推演过程中犯逻辑错误,问题就解决了。以这两类知识原则为基础,自然—社会科学知识的长处是:"即便我们不知道一个既定问题的答案,也知道哪一种方法适用于探求其答案"(〈政治理论还存在吗?〉,页407)。人们对事情的看法总是不同的,生活中出现争议是难免的,自然—社会科学好就好在:只要复核经验事实、检察是否正确运用演绎规则,通常就可以平息争端。在以经验理性为基础的社会科学范围内,原则上没有不可解决的问题。但社会科学方法的经验理性的性质,注定了它无法触及人类生活的价值目的及其正确与否的问题。

最令人类困惑的是价值意义问题——什么是应该(比如自由、平等)的、更美好(比如幸福、公义)的生活。人类在生活的价值目的问题上从来就有深刻的歧见,价值冲突不可能通过复核对经验世界的观察、检察是否正确运用演绎规则而得到解决,所以社会科学的政治学应该知趣,知道自己根本没有碰触到真正的政治问题。

哲学偏偏是为对付这样的问题而存在的:对这些问题,人们不仅不知道答案,甚至不知道如何去寻求解答、什么可以成为证明答案正确的证据。这是不是说,哲学本质上就不是经验理性的呢?并非如此。哲学以不可解决的问题为存在的可能性,恰恰因为,哲学本质上是经验理性的:人们从来没有一种"普遍认可的专门知识","一旦我们明确了应当怎样着手解决这些问题,这些问题似乎就不是这些性质的了"(《政治理论还存在吗?》,页409)。这不就等于说,无论对于社会科学、还是哲学,价值问题都是不可解决的?

既然如此,我们就要问:为什么哲学就可以、甚至应该来对付这些问题?

这里就碰到了何谓哲学的问题。对伯林来说,哲学本质上是政治的,其含义是:人类不可能避免价值评价这回事情,政治问题就是对善与恶、正当与不正当、应该与不应该作出决定。这是不是说,虽然哲学除了归纳和演绎的知识外同样一无所有,并没有可能建立一种超逾经验理性的知识,从而凭借这种知识裁决人类在价值问题上的深刻歧见,但哲学的命运就是得与价值问题打交道?

的确如此。就不能解决价值歧见而言,社会科学与哲学是相同的,不同仅在于,社会科学可以幸运地置身价值问题之外,只关心经验事实问题。哲学就没有这种幸运。哲学的无能来自于政治问题——价值问题本身的不可解决,但哲学又无法(而社会科学可以)摆脱这类问题的纠缠。

这种说法究竟有什么意义呢?如果必须区分人类面对的两类问题:事实问题和价值问题,人们就得问,价值问题为什么不可解决?

伯林解释说,人类的价值多种多样,而且有不同层次。实现某一价值的手段，与需要实现的这种价值本身相比，就是次要价值。然而，两种价值究竟何者为目的、何者为手段，人类常常无法找到公认更高的价值标准来裁决。比如，个体与社群何者是目的、何者是手段？再有，人类社会视为最高的价值的东西常常并非一种、而是多种——比如真、善、美或者爱情与生命，当它们相互冲突时，人类社会也没有可能达成一致意见。原因有两个：各种终极价值最终都不是绝对的、神圣的，况且，不同的人对于终极价值的理解是不同的。

这两个宣称反映了伯林哲学观念的两个来源：经验主义和浪漫主义。对经验主义来说，人所有的知识不可能超出经验范围，价值是人所有的，因而都不是神圣的，亦即不是绝对的。对浪漫主义来说，人所有的价值（说真理也一样）不可能超出历史、民族共同体范围，价值是人所有的，而人是历史的、依群而生的，因而价值（说真理也一样）不可能是相同的。依据这两种"主义"原则，伯林推演出自己的政治信念，其名曰"价值的多元论"。它针对两种伯林所反对的政治立场："专家治国"论或权威主义的价值一元论。

表面看来，所谓"专家治国"论指那些以为可以靠社会科学（专家）化解价值冲突问题的观点，权威主义的价值一元论指传统的形而上学观点。但伯林说，其实两者是一回事情。"专家治国"论的意思是，"专家"有能力、也有使命指导人类到达沙漠的绿洲。这些"专家"在古代被称为形而上学家、神学专家，在现代被称为自然科学家和以经验的历史科学为基础的社会科学家（《政治理论还存在吗?》，页 428）。伯林攻击的，根本上是价值一元论的信念。

价值多元论者是否什么价值都不相信？

不可以这么说。不相信有一种绝对的价值，就是价值多元论者的价值信念：价值多元论者仍然"相信某种形式的原罪，或认为人类不可能尽善尽美。因此，他们趋向于怀疑经验能否最终解决最基本的人类问题"（《政治理论还存在吗?》，页 418）。伯林还清楚道出，价值多元论的经验理性最终基于浪漫主义"伟大的活力论"：人类的价值不是依靠形式理性或神圣的上帝赋予的普遍客观真理推导出来的，而是有如生物机体那样生长出来的。就历史、经济、地理、心理的因素来看，人类的价值必定是多元的，乃因为价值实质上是创生性的。德国浪漫主义的历史理性与英国经验主义这两个看似不相干的思想传统，在伯林那里奇妙地结合起来。据说，"我们应该做什么?"这样的问题，只有在承认有永恒的、超人类的、普遍客观的真理这一前提下，才是一个问题，才有可能回答。对于怀疑论者、相对论者，尤其浪漫主义者及其 20 世纪的继承人存在主义者来说，这样的问题根本无法、也无需回答。对于伯林来说，这一信念乃是自由主义信念的精髓（参伯林，〈穆勒与人生的目的〉）。①

问题骤然紧张起来：既然哲学本质上是政治的，这意味着哲学不可能避免就善与恶、当与不当、应该与不应该作出价值评价，我们又被告之，"应该做什么"不仅不得指望哲学来回答，甚至这类问题对于哲学根本就是错误、虚构的，哲学自身的必要性和可能性不都成问题了?

伯林说，能想到这一步真太好了!

但伯林又说，他自己的价值多元论的哲学避免了这一麻烦。后浪漫主义哲学是可能的，古典哲学不仅不可能，而且是残忍的。伯林用了一个颇为得意的比喻：如果用古老形而上学的先验自然法则或神圣的上帝来回答"我们应该如何生活"，有如让

① 见伯林，《自由四论》，前揭，页 297—340。

真实的人性躺到普罗克鲁斯忒床（Procrustean bed）上接受裁决，哲学必然成为"集权主义政权推行的一种策略"。伯林既拒绝古典的哲学和现代的政治科学，又要捍卫哲学的正当存在。于是，他让自己进入了一个自己设计的两难处境：一种名之为价值多元论的政治哲学可能吗？或者：必须回答"我们应该如何生活"的政治哲学，可以无需回答这个问题而仍然是政治哲学吗？

第欧根尼的《著名哲学家生平与学说》中记载：色诺芬有一天在赶路，撞上苏格拉底，被他拦住问卖各种生活用品的地方。色诺芬知道得清清楚楚，逐一道来。末了，苏格拉底问，人在哪里可以变得美好？色诺芬一下愣住，张口结舌，只好承认自己不晓得。

"来跟我学习罢"，苏格拉底对色诺芬说。"变得美好"是人的幸福，色诺芬跟苏格拉底学，是要知道人生"应该如何生活"。按色诺芬对苏格拉底的"回忆"，苏格拉底并没有简单地告诉色诺芬，人生"应该如何生活"需要甲乙丙丁诸项条件，而是同他一起探讨人生变得美好的可能性。这意味着，人生"应该如何生活"的知识，并不是哲人已经拥有的，而是需要哲人关切和追问的。如此关切和追问已经预设了有永恒的、超人类的、普遍客观的真理（苏格拉底所谓的自然法则），虽然哲人还没有占有它，但哲人起码是为了这种真理而活的。根本不相信有普遍客观的真理，哲人的沉思生活的理由是什么呢？新的哲人如何为自己的生活方式辩护呢？

我设想自己就是现代的色诺芬，被伯林拦住问卖各种生活用品的地方，我举出社会学、政治学、人类学、历史学家乃至时髦的文化研究开的各种店铺，伯林却问，在哪里可以学到关于美好生活的知识？鲁钝的我当然被问得什么也说不上来，于是愿意跟伯林去学习。

在伯林学园的院长楼上,这位"具有一种休谟气质——关心尘世、不为感情所动、性情沉静"的哲人打开面向校园的窗户,转身劈头对我说:他是一只狐狸。①　随后,他就对我讲授了一番追问何为美好生活是一个历史错误的话。

的确,哲人天生就要为思考人类"应该如何生活"受折磨,但是,你看,从古至今有那么多哲人——不同历史时期、不同民族的哲人,他们根本没有就"应该如何生活"达成一致意见:"只要人类还是老样子,争论就仍然会在这一观点和类似的其他观念的形式下继续下去"(〈政治理论还存在吗?〉,页438-439)。对苏格拉底来说,美好生活与公义相关。所谓公义,并非如今所谓基于个体权利的理性秩序,而是正确生活的方式。可是,人类对于公义的看法,不是依民族体质历史地不同的吗?哲人的知识的确应以无知为起点,但根本没有普遍客观的真理这回事,苏格拉底老问"什么是……"的问题,实在荒谬!所有关于美好生活的说法都是相对的,而且相互冲突,永远不可能达成一致。你如果多研究思想史,就可以发现,历史上不同形式的绝对主义相互否定、辩驳,争吵不休。

的确,哲学本质上是政治的,价值多元论本身就是一种政治哲学主张、关于人性和世界的一种看法,也"建立在一种对人类的永恒属性的生动想象之上"。价值多元论其实并无意、实际上也不可能取消价值一元论的形而上学,而只是说,价值一元论不过与价值多元论一样,是一种相对的观点。但价值多元论胜过或者比价值一元论明智的是,其信念"睿智而肝胆照人"(这话是从一位伯林崇拜者那里听来的),懂得没有任何价值观点是绝对的。

① 参依格纳狄耶夫等,〈纪念伯林〉,见《万象译事》,卷一,辽宁教育出版社,1998,页176。

用逻辑语言来表达：人类根本没有什么绝对的价值，唯有这一观点是绝对的。哲人成为一只狐狸，就是成为有这种信念的人。依据这一信念来思虑"应该如何生活"的问题，就是哲人生活的理由，也是哲人成为狐狸的含义。苏格拉底已经不再是哲人的楷模。

离开伯林学园时，我明白了这位现代休谟"睿智而肝胆照人"的使命：用狐狸哲人取代西方古典的苏格拉底式刺猬哲人。

我想不明白：伯林肯定地说集权主义、法西斯主义要不得，又肯定地说没有绝对价值、所有价值主张都是相对的，按狐狸哲人的观点来看，集权主义和法西斯主义不也是一种价值观点？法西斯主义的价值主张不也有其历史正当性——所谓"扭曲的民族主义"？它们如果不把自身搞成普世的绝对价值、仅宣称是本民族（因为也是相对）的绝对价值诉求，是不是就正当了呢？

刺猬揪住狐狸

施特劳斯在攻击社会科学之前也宣称：只有政治哲学才能触及人类生活中不可解决的问题。施特劳斯同样以为，人类的价值冲突无法解决：比如启示真理与理性真理的冲突、哲人理性与民众信仰的冲突、哲人与诗人的冲突等等。不过，与伯林从来不涉足价值冲突的河流不同，施特劳斯相当具体、深入地进入到人类价值冲突的实际情形之中，在阐述政治哲学的意义时，须臾没有离开人类的价值冲突。这样一来，所谓哲学在本质上是政治的，含义就与狐狸哲人的理解不同了。

〈什么是政治哲学？〉一开始提出，所有政治行为都带有寻求正确知识的目的，政治哲学是人类为了获知何为"美好生活"而产生的。但施特劳斯马上接着说,"哲学实际上并不占有、而是寻求真理",即便哲学思考得不到最终答案、思考的问题得不到解答,并不等于哲学一无用处。哲学意味着关切人类的基本问题,即便这些问题显得已经被论争了好几千年也没有取得进展、得到解决(伯林将此看作价值多元论的前提)。伯林喋喋不休讲的事情,施特劳斯几句话就打发了。换句话说,对于一个思考政治哲学问题的人来说,这些是常识。

施特劳斯随即对以现代历史—社会科学为基础的政治学发起了攻击:"今天,政治哲学已处于衰落、甚至也许腐朽的状态。"情形的严峻性并非首先在于,传统政治哲学被如今的经济学、社会学、心理学肢解,被历史哲学家和"自称用信念来取乐的人蹂躏",而在于,科学实证主义和历史相对主义切除了传统政治哲学的神经——对什么是"美好的生活"的价值关切。"实证主义的目标已不像神学和形而上学那样针对'为什么'的绝对知识,而是只针对'怎样'的相对知识"(《什么是政治哲学?》,页 63)。社会科学实证主义主张在价值冲突中保持"价值中立",要求不要在"崇高的目的和卑鄙的目的之间划定一条界限",如果要划定这样一条界限,社会科学也"会宣称这里有各种各样崇高的目的或理想,而与其他理想相一致的理想是不存在的"(《什么是政治哲学?》,页 64—65)。这种"价值中立"的主张本身就是一种价值原则、甚至政治原则,所以,施特劳斯断言,"道德上的迟钝是科学分析的必要条件"。这不是在说,伯林用来抨击社会科学的价值多元论,与社会科学实证主义恰恰是一丘之貉?

伯林与施特劳斯攻击社会科学实证主义的理由截然相反:对于伯林来说,它是传统形而上学自然法原则和神学的上帝原则的翻版,仍然是价值一元论。在施特劳斯看来,社会科学实证主义原则是与传统形而上学原则决裂的后果,不是什么价值一元论,而是根本放弃了对价值问题的关切。

两人都是思想史大师,哪个说得对? 抑或各有各的道理?

如果按伯林提供的解决经验事实纷争的方法,复核思想史的事实,可以说,伯林错了。韦伯学问论已经宣称价值的"诸神之争"无法解决,这是一个文本事实。伯林至多可以辩解,他攻击的实证主义是 17、18 世纪甚至 19 世纪的,而非 20世纪或韦伯以后的。19 世纪以前,科学主义的确主张形而上学式的客观普遍性、历史的总体进步性及其合理性。然而,浪漫主义的历史理性以后的社会科学大师如韦伯者,不是已经摧毁了这种论断,重新提出"价值中立"的历史社会学原则?[①]伯林只有在拒绝截然将价值与事实分开这一点上,显得与韦伯不同,然而,韦伯本人也没有截然把价值问题排除在社会科学之外。伯林在〈政治理论还存在吗?〉中攻击韦伯,要么是他自己把韦伯搞错了,要么辨称仅仅是在攻击 19 世纪以前的科学实证主义,就是对思想史还不熟悉。无论哪种情形,对伯林都十分不利。

没有看到浪漫主义以后的科学实证主义已经变成了一种历史相对主义,至少是据说目光锐利的伯林的一个疏忽。为什么疏忽? 因为伯林自己接受了浪漫主义、自己就是历史相对主义者——眼睛看不到眼睛。历史的理解方法、而非近代形而上学,是韦伯以后的科学实证主义的基础,一旦人类摆脱了"永恒的价值"一类观念、接受"上帝死了"的宣称,就只有依靠社会科学来为"什么是美好的生活"提供指导。既然社会科学以历史的理解为前提,所有价值观念都是历史的产物——伯林所谓浪漫主义

---

① 参韦伯,《社会科学方法论》,杨富斌译,北京:华夏出版社,1999;韦伯,《学术与政治》,钱永祥编译,台北:远流出版社,1991。

思想的伟大贡献,价值的历史相对化原则就成了获知何为"美好的生活"的指导原则。

伯林说,社会科学的经验理性原则触及不到真正的政治问题——善与恶的选择问题,与此相反,施特劳斯认为,社会科学不是触及不到价值问题,而是用历史相对的价值原则勾销了善与恶的道德选择,关于政治的学问(政治学或冒充的政治哲学)才变得"腐朽"。历史相对主义和科学实证主义都极端蔑视永恒人性、永恒价值一类观念,正因为如此,才会有"什么是美好的生活"的答案不可能的信念。伯林了不起的是,把这种蔑视说成哲人的美德——所谓清醒的"现实感",绝不再上绝对价值观念的当。①

〈什么是政治哲学?〉发表在伯林的〈政治理论还存在吗?〉之前,要么伯林对施特劳斯的针砭装聋作哑,要么真的没有读到施特劳斯的文章。无论哪种情形,在施特劳斯作古多年后的访谈中,伯林调侃说:施特劳斯"已经进了坟墓",所以"无法反驳他",都是典型的狐狸说辞。施特劳斯指名道姓批评伯林的文章〈相对主义〉1961 年发表,离施特劳斯去世至少还有 12 年,伯林没有时间反驳?狐狸哲人不过对施特劳斯哲学嗤之以鼻:"先验论的幻想"、"形而上学的观点"、"柏拉图式的推论方式"。

认真说来,施特劳斯也没有太把伯林放在眼里。伯林固然是英国经验理性主义和德国浪漫主义哲学的传人,但就这两种"主义"而言,伯林都算不上思想深刻的代表。施特劳斯从来不因哲学和政治歧见而看不起什么人,只要思想有深度、学问功夫到家,无论哲学和政治歧见多大,施特劳斯都十分敬重,极为认真对待其思想。在施特劳斯看来,韦伯和海德格尔

① 参伯林,〈现实感〉,冯克利译,见《学术思想评论》(5),辽宁大学出版社,1999,页299—332。

才分别是实证主义社会科学和历史主义哲学思想深刻的代表,对此施特劳斯都有专文讨论。[1] 对于伯林,施特劳斯不过顺便纠弹而已。

哲学和政治见解虽然不同、但深得施特劳斯敬重的思想家,除了实证主义社会科学和历史主义哲学的思想代表,还有黑格尔右派的传人施米特和黑格尔左派——马克思主义的传人科耶夫。[2] 青年施特劳斯在柏林犹太学院任教时,与曾因在黑市倒卖肥皂被捕、从莫斯科逃出来的科耶夫结为知交,其时科耶夫正从雅斯贝尔斯写博士论文。这两位哲人一开始所想的就不是一个路子,政治见解也南辕北辙:虽被肃反委员会拘押过,科耶夫却自称斯大林分子,施特劳斯对共产主义运动从来没有好感,那时还是犹太正统思想的信徒。以后俩人各自越走越远,施特劳斯是古典的——坚守哲学学园的自由地盘,科耶夫是现代的——不屑于在学园讲授哲学,相信马克思所谓哲学在于改变世界的信条。然而,这两位哲人终身在对话。施特劳斯完成一篇重要著述,通常要寄给科耶夫,似乎是专为反驳科耶夫写的。[3]

〈什么是政治哲学?〉讲稿(打字稿)照例寄给了科耶夫,科耶

---

[1] 施特劳斯对韦伯学问论、政治社会学及宗教社会学的尖锐批判,见氏著《自然权利与历史》(*Natural Right and History*),芝加哥大学出版社,1953/1965,页35—80(以下随文注页码)。对海德格尔的批判,参〈海德格尔存在主义导论〉(An Introduction to Heideggerian Existentialism),见氏著,《古典政治理性主义的重生》,前揭。

[2] 关于科耶夫的政治思想,参德鲁里,《科耶夫:后现代政治的根源》(*Alexandre Kojeve: The Roots of Postmodern Politics*),St. Martin's Press/New York,1994。

[3] 俩人关于哲学与政治之关系著名的、也是20世纪相当重要的政治哲学对话,参施特劳斯,《论僭主》(*On Tyranny*),Victor Gourevitch/Michael S. Roth 编,Free Press/New York,1991。关于俩人对话的评论,参罗森,《作为政治的解释学》(*Hermeneutics as Politics*),Oxford Uni. Press,1988,页87—140;Victor Gourevitch,〈哲学与政治〉(Philosophy and Politics),见 *Review of Metaphysicsc*,Vol. 22,No. 1—2 期,尤其该文下篇。

夫读后在稿子上写下："施特劳斯＝神学"。[1]　科耶夫并非不晓得，施特劳斯根本不是传统意义上的神学家，甚至连犹太教思想家也算不上。施特劳斯早年是正统犹太教徒，据说后来放弃了自己祖传的信仰，转而信服希腊的古典哲学。至于基督教，施特劳斯骨子里有一种尼采式的反感。既然如此，为什么科耶夫将施特劳斯看作神学家？ 20 世纪凡与科耶夫有过接触的哲人，无不赞叹其哲学智慧过人——精明有如伯林者就是其中之一。如此看来，科耶夫说施特劳斯的"政治哲学"实质上是一种"神学"，不能视为随随便便的看法。

自然权利抑或自然正当

〈政治理论还存在吗？〉文分九节，转折起伏、弯来绕去，最终不过要说：政治哲学乃永恒的诸神之争。〈什么是政治哲学？〉分三个部分，显得刻板。[2]　为何如此安排篇章结构？施特劳斯生性刻板得很？

〈什么是政治哲学？〉第一部分讲现代政治哲学如何"腐朽"，第二部分解释古典政治哲学的微言和大义，第三部分考究现代哲学如何一步步背离古典哲学智慧。如此谋篇布局似乎在勾划整个西方思想史的楚汉之争格局：就政治哲学的智慧而言，现代

---

[1]　参 Michael S. Roth,《认知与历史：20 世纪法兰西人对黑格尔的擅用》(*Knowing and History: Appropriations of Hegel in Twentieth — Century France*),Cornell Uni. Press,1988,页 134。

[2]　〈什么是政治哲学？〉原文共三部分,James A. Gould/Vincent V. Thurshy 编的《现代政治思想》仅选了前两部分,故现有中译缺第三部分。完整的文本见 Leo Strauss, *What is Political Philosophy and Other Studies* (The Free Press, 1959)或 *An Introduction to Political Philosophy: Ten Essays* (Wayne State Uni. Press, 1989)。

哲学(等于"腐朽")与古典哲学判然有别、断然对立。第一部分结尾时,施特劳斯特别指出:纳粹事件证明,哲人不能摈弃对回答"什么是美好的生活"这一问题的关切。最终是否真能找到满意的回答,是另外一回事,重要的在于,必须关切这一问题的回答。既然在实证主义社会科学和历史主义哲学那里都找不到对这一问题的关切,也就不可能从它们那里得知何谓"政治哲学",回到政治哲学的古典形式、从中学习如何应对"诸神之争",就是必须的,而非在不可解决、又无从逃避的"诸神之争"中变成狐狸算了。

〈什么是政治哲学?〉的第二部分,显得是一篇精心的柏拉图论——通过注解柏拉图来解释政治哲学的古典形式。搞清了政治哲学的古典形式,就等于回答了何为政治哲学。

解释柏拉图之前,施特劳斯讲了一段让人不知所云的话:政治思想的古典形式具有"自然的"特征(the"natural"character of classical thought)。"自然的"是什么意思? 施特劳斯并没有给出清楚的说明。从字面意思来看,"自然的"与"传统的"相对:不能说古典政治哲学是"传统的",那个时候还谈不上有"某种政治哲学传统"。相反,西方政治哲学的某种"传统"倒恰恰是从这种"自然的"哲学中产生出来的。"这种传统在哲学家与政治事务之间起着类似于屏障的作用",因为传统的政治哲学家"讲公民的或政治家的语言,几乎从不运用市场上不熟悉的术语"(〈什么是政治哲学?〉,页73)。由此来看,所谓"自然的"似乎指某种哲学传统的基础。

但施特劳斯又说道:"如果一个人受自然而非习俗、习传的见解和传统支配,遑论受一时兴致支配,这个人就被认为是自然的人"(〈什么是政治哲学?〉,页72)。这里所谓"自然的",又好像在说与传统作对的人——哲人。历史上的哲人很多,这种哲人的

"自然"特征,指他们"摆脱了一切狂热,懂得邪恶最终无法根除,从而主张人对政治的期望必须温和"。

即便不理会这段令人费解的说辞,仍然有两件事情需要先想一想,不然可能整个这一部分读来都不知所云。

首先,施特劳斯为什么选择柏拉图,而不是亚里士多德、圣托马斯(这两位麦金泰尔所看重的古典大师)或西塞罗? 再有,为什么施特劳斯采用解经方式展开论述? 柏拉图的对话当然是西方思想的古代经典,施特劳斯的论述方式,显得是西方哲学传统中的经学方式(国朝有学人曾扬言,西方思想传统中没有经学,唯敝国才有)。这种方式不是已经过时了吗?

〈什么是政治哲学?〉的演讲之前,施特劳斯刚刚发表了《自然权利与历史》(1953)。〈什么是政治哲学?〉中所谓"自然的"政治哲学或哲人,难免令人联想到"自然权利"。

从谋篇布局来看,〈什么是政治哲学?〉与《自然权利与历史》几乎完全相同:该书头两章分别攻击历史主义哲学和实证主义社会学,随后两章解释古典的自然权利观念,后两章讨论近代哲学的自然权利观念。看起来,〈什么是政治哲学?〉就像《自然权利与历史》的缩写本(〈什么是政治哲学?〉第二部分可与《自然权利与历史》第三、尤其第四章"古典的自然权利"对勘)。

何谓政治哲学的问题等于何谓"自然权利"及其历史演化的问题? 古典哲人何曾讲什么"自然权利",这不是典型现代的自由主义概念吗?

《自然权利与历史》导言一上来就祭出美国的"独立宣言",并马上据此抨击美国的社会科学状况:虽然美国的主流学人信奉"独立宣言"中作为国家的政治正当性原则的"自然权利",实际上却像魏玛民国的学人那样,信奉的不过是历史相对主义,仅仅将这一原则视为"一种意识形态或神话"。"独立宣言"遵奉的

"不可转让"的"生命权、自由权和追求幸福的权利",被看作自然的权利。所谓"自然的",在这里显得是与"实在的权利"(positive right)相对的。"实在的"这个词,既让人联想到实证主义法学,又难免令人想到历史主义法学(导言中仅三个脚注,一个提到凯尔森、一个提到基尔克)。业内人士都晓得,这两种主流的法学理论,都讲究"自然权利",而且这两种不同的"自然权利"可以用来支撑不同的政治制度:自由主义的或民族主义的国家。但在施特劳斯看来,这两种不同的"自然权利"实际上与真正的"自然权利"毫不相干、甚至相反:"摒弃自然权利,无异于承认所有权利都是实在的权利,而这意味着,何谓权利仅仅取决于各国的立法者和法庭"(《自然权利与历史》,页2)。

任何实在的权利都基于"正义"与"非正义"的区分。"不可转让"的"生命权、自由权和追求幸福的权利"如果要具有实在的效力,自身就得有区分"正义"与"非正义"的能力——或者说拥有对何谓正确与错误、应该与不应该的决定权。如此决定权使得这一"自然权利"具有强制、甚至可以说专制的权力,以为"自然权利"就是对抗专制,恐怕搞错了。凯尔森以实在的法律秩序取代传统的自然法,以便勾消自然法具有的价值决断(等于专制)权,不过使得法律秩序成了拒绝作出价值区分的专制者。恶法非法。"实在的权利"的合法性必须基于"一种不依赖于、且高于实在权利的正当标准(a standard of right)"。实证主义法学何以可能以"价值中立"的法律规范系统为"实在的权利"的合法性辩护?

寻求可以用来支撑人们判定"实在的权利"的善恶的"正当标准",因此是必须的。按历史主义法学的观点,这种"正当标准"就是人类诸社会"天生"所有的"理想"——体现在我们习传的生活方式或社会制度之中的"理想"。人类社会的组织方式和制度是自然形成的,其"理想"据说就等于"自然的"正当。倘若如此,"自相残杀的原则就会像文明生活的原则一样,是说得通或合理的",因为,"任何社会都有自己的理想,人人相残的社会所拥有的理想,不会少于文明社会"(《自然权利与历史》,页3)。如果"自然的"等于社会习传或民族传统的"观念",无异于承认纳粹的理想是合理的。纳粹自认为所代表的德意志民族,同样有自己"自然的"(等同民族习传的)"生命权、自由权和追求幸福的权利"。

在以"自然权利"作为国家的政治正当性原则的美国,支配知识界的却是实证主义(以后又有历史主义①),无论如何是一个讽刺。施特劳斯在当时的美国说这样的话,并非耸人听闻。那个时候,极右的麦卡锡主义正挟持民族—国家的"理想"摒弃"自然权利"。与此相反,自由主义将"宽容"、"尊重多样性"视为最高的政治价值,承认所有民族文化机体的伦理"理想"都有价值,无异于"承认了每一种价值偏好的理性权利或自然权利"(《自然权利与历史》,页5)。一个自由的国家并非没有可能变成受某种一时所兴的价值偏好支配的极权国家,当年的魏玛民国就是历史的实例。施特劳斯怎么可能忘记自由主义的魏玛民国?"一个在战场上被打败、作为政治实体似乎已被摧毁的民族,可以将其思想的枷锁施予其征服者,从而剥夺它最辉煌的胜利果实,历史上不乏先例"(《自然权利与历史》,页2)。依据社会事实——无论法律实证主义的规范秩序还是历史主义的民族机体——来解释"自然权利",以"自然权利"的名义摒弃价值"绝对主义",是现代哲人高度近视的表现。"自然的权利"与"社会的

---

① 施特劳斯的传人布鲁姆(Allan Bloom)在其80年代名噪一时的《走向封闭的美国精神》(缪青译,北京:中国社会科学出版社,1994)中,集中攻击了美国学界对历史主义哲学的迷拜。

权利"相对,是高于"社会权利"的"自然的正当"。

"自然"不等于传统、习惯法、历史—民族—地域的"自然"机体,真正的"自然"毋宁说是一种"超自然",所谓"自然权利",实际上是高于历史—民族—地域的文化传统的"自然正确"(natural right):"古典形式的自然权利是与一种宇宙的目的论联系在一起的"(《自然权利与历史》,页7)。可是,这种可以确立"自然正当"的宇宙目的论,似乎已经被现代实证主义的科学理论摧毁了,其结果是,人们不得不接受种种历史主义哲学、法学和社会学提供的"自然正当"的解释。浪漫—历史主义的多元文化价值论尽管攻击规范理性的普遍主义,两者其实是孪生兄弟。

通过对希腊—罗马哲学的考察,施特劳斯力图说明,"自然正当"是整个古典哲学的关注重心所在,这种关注来自生活世界的严峻性。这是否就是政治思想的古典形式具有的"自然"特征的含义呢?

古典的自然权利观源于苏格拉底—柏拉图,经亚里士多德发展,成形于廊下派和教父哲学——托马斯主义尽管仍属于古典自然权利观,已经有所变化(参《自然权利与历史》,第三章)。[1]选择柏拉图,首先因为,只有在苏格拉底—柏拉图那里,才可能触及政治哲学的原初问题——何谓真正的"自然正当"。

施特劳斯采用了解经的思想方式来揭示苏格拉底—柏拉图的"自然正确"观。与现代哲人通常断章摘句、"六经注我"地引用先哲言论不同,解经的思想方式首先要维护古典文本中思想的完整性,而非以所谓"现代理解"解构原本的思绪,从而尽可能

---

[1] 参施特劳斯,〈政治哲学史绪论〉,见 Leo Strauss/Joseph Cropsey 主编,《政治哲学史》,前揭,页2。以下随文注页码。

与伟大的古典智慧一起思想，而非自以为比先哲"思想进步"。施特劳斯如何解释柏拉图，绝非单纯所谓方法问题。

政治思想的古典形式的所谓"自然性"特征，实际上是"超自然的"。后来所谓"超自然的"，在希腊人那里，恰恰是"自然的"。何谓"自然"？古典哲人作为"自然人"（natural being）又是什么意思？政治哲学的本质与这"自然"及其"正确"，究竟是什么关系？

要搞清楚这些问题，施特劳斯说，就得用心听柏拉图如何讲苏格拉底的故事。

雅典哲人与民众的政治—神学冲突

在说过古典哲学的所谓"自然性"后，施特劳斯从柏拉图最后的著作《法义》开始解经。

《法义》记叙的是，一位雅典哲人跑到克里特岛，与两位当地长老（一为克里特人、一为斯巴达人）讨论法律的起源：谁是"立法者"。克里特和斯巴达的法律是神法——神赐的法，与雅典政制不同，那里根本没有什么"立法"的事情。可想而知，雅典哲人与两位长老在法的正当性（立法抑或神赐的法）这一问题上，难免产生价值冲突。施特劳斯解释说，雅典哲人跑去克里特岛的实际目的，很可能是想向他们引进雅典式的立法——这等于向他们灌输自己的"应该如何生活"的道理。

奇怪的是，雅典哲人很快将话题一转，同两位长老大谈起宴饮伦理——统治者是否应该管束民众狂饮烂醉一类事情。施特劳斯问，"为什么柏拉图要把如此广泛地谈论饮酒作为他的政治和法律的对话的开端？"

要理解这个问题，首先得了解：何为雅典哲人。

按照苏格拉底的榜样，在雅典做一个哲人意味着"怀疑祖先的神圣性"——凡事不是诉诸祖先的权威,而是诉诸"自然"。在希腊,哲人最早被称为"自然的传喻者"(those who discourse on nature),有别于"诸神的传喻者"(those who discourse on gods)。什么叫 physis[自然]?古希腊最早的诗人说,是事物的特征、形式,总之不是神和人创造的东西,而是自然生长的东西。圣经中就没有表示希腊人的"自然"的词,与此相应的希伯莱词 mishpat 的意思是"上主的话"或"习俗"。

"自然"不能被"自然"认识,只能被发现,而"上主的话"是以约的形式通过先知传达给人的、"习俗"是群体生活约定而成的。"自然"与"约定"的区别,"对于古典政治哲学乃至大部分政治哲学来说十分重要"(〈政治哲学史绪论〉,页 3)。因为这引出了如下问题:应该或者"美好的生活"方式,是神传喻的或习传约定的,还是自然而然的。如果是前者,人们顺从神传喻的或习俗的律法规定的应该或"美好的生活"方式就可以了;如果是后者,就得有人去不断探究,习传的"应该"或"美好"观念是否符合"自然"。哲人遵循自然,所以,作为政治哲学的创始人,苏格拉底对任何事情都要问个究竟:什么是正义、虔敬、美好、政治、高尚、好人……,"这种提问方式意味着要阐明所问事物的自然(本性),即事物的形式或特征"(〈政治哲学史绪论〉,页 5)。

诉诸自然的人——哲人,无异于脱离、甚至挑战祖先、习俗或神的权威。对于哲人来说,生活在祖传的神圣法律中,等于生活在昏暗洞穴中。哲人依据"自然"生活,但又与民众生活在一起,就像见过阳光后回到昏暗的洞穴。对于民众来说,顺从祖先的法律是美德,但在哲人眼里,顺从却是恶习。与民众的顺从德性相对照,哲人的德性就是疯狂——无畏神圣的法律。"雅典哲人"因此意味着与神对立的人。民众敬拜神、赖习俗为生,哲人与神和习俗对立,等于与民众对立。接下来,施特劳斯说了一段意味深长的话：

> 《法义》以"神"这个词开端,这是柏拉图唯一以这种方
> 式开头的对话,以"神"这个词作结的柏拉图唯一的对话是
> 《苏格拉底的申辩》。在《苏格拉底的申辩》中,雅典老哲人
> 苏格拉底驳斥了对他不虔敬和不敬拜雅典城邦崇拜的神的
> 指控。看来,在哲学与承认城邦之神之间,存在着冲突。
> (〈什么是政治哲学?〉,页78)

哲人与民众敬拜的神相冲突,与"什么是政治哲学"有何相
干? 固然,神学——关于民众所敬拜的神的知识因此与哲学发
生了关系。然而,如此关系怎么又是政治的呢?

苏格拉底研究自然的事物的方法是,通过对话检察人们普
遍认为的意见,使意见转变成认识,这是一种理性的美德——依
循自然的德性。然而,民众意见虽然不一定是理性的,却通常最
具政治权威性,因为这些意见"是城邦及其法律——最庄严的约
定——批准或认可的"。为了求得真正的认识,"苏格拉底甚至
不得不超越法律或约定而追溯到自然"(〈政治哲学史绪论〉,页4-
5)。这样一来,苏格拉底的理性难免与现存法律或习俗作对,在
政治上处境危险;倘若这法律或习俗还声称自己敬神,苏格拉底
就成了渎神的人。苏格拉底被控渎神和蛊惑青年后,在去法院
聆讯的路上撞见分管宗教事务的全国人大代表游叙弗伦,竟然
缠住人家问:"什么是敬神",何为"虔敬的本质,一切虔敬的事之
所以为虔敬的特性本身"。[1] 与苏格拉底说过一阵子后,游叙

---

[1] 参柏拉图,《游叙弗伦、苏格拉底的申辩、克力同》,严群译,北京:商务印书馆,
1983,页17-35。(以下随文注页码)

弗伦终于发现这人是疯子，不理苏格拉底还要继续问"什么是……"，称有急事走了。

《法义》以提到"神"开头，《苏格拉底的申辩》以提到"神"结束，这本身就是特别需要解释的要点。施特劳斯没有解释，却转而问：苏格拉底被人民法庭判死刑后，为什么不逃跑？苏格拉底没有被关押，不是没有机会逃，也不是没有地方可逃。施特劳斯设想，如果要逃，苏格拉底一定只会选择逃去克里特。

如果苏格拉底逃到克里特，必然会把自己身上哲学的"疯狂"带到克里特，与那里的民众敬拜的神又发生冲突。《法义》中出现的那位"雅典哲人"，很可能就是苏格拉底，于是才会有《法义》中"雅典哲人"与当地长老讨论法律正当性的情形。

苏格拉底事实上没有逃去克里特，而是选择了接受人民法庭的宣判死在雅典。施特劳斯解释说，苏格拉底的这一选择经过了审慎考虑，是"最高尚的政治选择"："苏格拉底宁愿在雅典保护哲学而牺牲自己的生命，也不愿意为保全自己的性命把哲学引进克里特"（〈什么是政治哲学?〉，页79）。

问题来了。为什么要假设苏格拉底逃到克里特？如果这种设想不是毫无意义的，含义是什么？

得看清楚：不是施特劳斯在假设，而是苏格拉底的所闻世弟子在假设（施特劳斯提到亚里士多德的提示）。假设不仅表明，苏格拉底曾经面临自己个人生命的生死抉择，而且表明，起码直到苏格拉底的所闻世弟子，希腊哲人都还在为哲人自己的生死抉择费神。苏格拉底的生死抉择，不是像存在主义者萨特所推荐的那样，无论选择逃生还是赴死，都证明了自己的个人意志自由；或者反过来说，无论选择什么都行，只要显明自己的自由能力。苏格拉底经过审慎考虑的抉择，不是基于"我的自由"、而是基于"我应该如何生活"的考虑。这种考虑基于如下信念："我应该如何生活"的问题,应该会有一个正确的答案,而非逃去克里特或死在雅典都同样正确。

苏格拉底是刺猬哲人,其含义并非如伯林描绘的那样,仅是信守先验法则、价值的绝对一元论,而是相信,在不同的价值面前,应该作出经过理性思考的正确选择。

施特劳斯为什么选取柏拉图、而非亚里士多德来说明政治哲学的古典形式,现在才清楚了。柏拉图的对话记载了西方政治哲学创始人苏格拉底自己亲身的生死抉择。政治哲学——或者干脆说哲学的起源,就在于哲人的美德——疯狂与民众信仰相冲突时引出的政治(等于价值选择)问题。

为什么施特劳斯说苏格拉底作出了"最高尚的政治选择"?仅仅因为他的选择是出于理性的审慎考虑?

苏格拉底临终前让友人宰了一只公鸡,周围的人都搞不明白,此举在表达什么最后的遗愿。历史学家们根据社会学、人类学法则解释说:毒酒慢慢开始起作用,苏格拉底脑子已经稀里糊涂,失去理智了。黑格尔在当中学生时就想过,恐怕并非如此。他在日记中不那么有把握地写道:苏格拉底"当时或许还在想风俗如此,因而以此来作为祭品,免得激怒那帮乌合之众"。[①]

黑格尔是哲人,他的猜测应该更符合哲人苏格拉底的想法。倘若他猜得对,刺猬哲人的疯狂美德哪里去了?

神主政制与民主政制

仅仅看到两个国家都有法制,是不够的。《法义》一开始就提到:如果法律不是神赐立的、就是人创立的。人立法,意味着设立

---

① 黑格尔,《早期著作集》,上卷,贺麟等译,北京:商务印书馆,1997,页 4。

政治制度。制度衍生法律规范及其效力，而不是相反。法律的合法性来源不是法律规范的形式体系本身，而是政治制度。当今的社会科学试图用法学取代政治哲学，实在肤浅得可怕。

政治制度是一种生活方式——美好、应然的生活形式。说政治制度是人设立的，无异于说是哲人设立的，因为只有雅典哲人在思考"什么是美好、公义、虔敬、高尚、好人⋯⋯"。但哲人们对什么是美好、应然的生活意见分歧，难免会为何种政治制度更好而产生争执——在雅典就发生了民主政制、寡头政制、君主政制何者更好的论争，激烈起来，非常可怕。

政治哲学必须关切人立法的政治制度，何以可能不对什么是"更好"的价值作出判断。在这里，施特劳斯顺带说了一句不起眼、却相当重要的话：

> 认识了法律的派生或不确定的特征，政治制度就成为政治思想的指导主题。圣经中的许多话可以适当地转化为"法律"，却没有相应的话与"政治制度"对应。（《什么是政治哲学?》，页79）

还有一种法律秩序不是从"政治制度"衍生出来的，而是神通过民族的祖先传下来的，这种法律秩序称为神律或习俗。对于按圣经来生活的民族，没有何种"政治制度"更好这类问题，因为根本没有需要人设立政治制度这回事情。什么是美好、应然的生活方式，根本不是一个问题，上帝已经安排了"美好的生活"，人无需选择。一旦将神的立法(神主政制)①变成人的立法(原义上的民主政

---

① 关于"神主政制"，参 Jacob Taubes 主编的内容极为丰富的文集，《神主政制》(*Theokratie*)，Wilhelm Fink/München，1987。

制),何种政制更好、亦即何种生活更"美好"的问题及其争执就来了。所以,在神立法的地方没有政治哲学——周天子还在时,中国就没有政治哲学。"政令自诸侯出",政治哲学才出现。

在神主政制中,什么是"美好的生活"不是问题,并非是说:邪恶被根除了,在这样的政治形式中生活,不会遭遇不义和不幸。相反,在这里,生活仍然充满恶的严酷性,《创世记》头两章已经把"邪恶最终无法根除"的原因讲得再清楚不过了。

在伊甸园时期,上帝与人的关系相当随便,对人没有任何法律约束,只禁止人吃知识树上的果子。施特劳斯解释说,上帝希望人与自己一起过俭朴生活,用不着知道善恶,善恶之事上帝替人承负了。上帝晓得,分辨善恶的知识太沉重,人担负不起。人偏不听话,非要吃知识树的果子,结果,虽然人有了善恶的知识,恶的恐怖就与人间生活难解难分了。

人吃了知识树的果子,就得自食其果,走出伊甸园生活状态。即便在这一上帝与人的关系已经变得松弛的生存处境中,上帝仍然指望人能自己管好自己,没有颁布种种律法细则来约束人。

伊甸园之外的状态,颇像近代人文—理性主义向往的伊甸园:人脱离与上帝的关系自主地生活,相信人的天性良善、理性,不需要任何权威的管束。可是,按《创世记》的描述,人在这样的生存状态——近代契约论所谓的"自然状态"中,却发生兄弟相残的事情(霍布斯所谓"人与人像豺狼"源出于此)。即便如此,上帝也还没有惩罚人类,而是一再给人类自主地生活的机会,仅仅阻止犯有杀人罪的人被杀(阻止人人相残继续下去)。

在这人性的伊甸园状态中,人变得越来越邪恶。上帝一怒之下,干脆发洪水淹掉大地,仅留下善良的人种。随后,上帝马上与人立约。这是上帝首次给人颁布法律:大洪水是上帝意识到人的生活必须以律法来约束而采取的行动,从而,上帝与人类有了新的关系:"以洪水清洗大地,某种程度上使人类重新回到原初状态,可以说是第二次创世"(〈耶路撒冷与雅典〉,页77)。①

通过大洪水重新立约之后,谋杀被禁止了。上帝还采取一系列措施,把人类分散成不同民族,划分遭诅咒与受赐福的,以此防微杜渐整个人类再变得邪恶、败坏,免得他要用大洪水灭掉全人类那样不得已的办法来清除普遍的恶。上帝希望,总有一些民族不至受到恶的浸蚀。随后,上帝按人类的生活状态与信守其公义的人不断进一步立约(立法)——亚伯拉罕、以撒、雅各。上帝这一连串与人立约的行为,意在把人从自主状态拉回与上帝的关系中,用生命树的果子平衡知识树的果子:上帝颁布的诫命(律法)中也有上帝的应许。知识树转变成了先知树:人要认识上主,只有通过上帝亲自拣选的人——先知。人分辨善恶的知识,被规范为顺从上帝通过先知给人类颁布的律法,这也意味着美好生活问题的永恒解答(〈耶路撒冷与雅典〉,页79—81)。

这位上帝为什么又让自己显得神秘兮兮、深不可测?为什么只要世人顺从他、而不是认识他?

施特劳斯解释说,上帝始终关切大地,而且要人也关切大地,而不是关切自然(天),遑论自然背后的什么(Meta-physis 形而上学)。知天(自然),是哲人才有的疯狂,上帝的子民中没有这号人。然而,需要关切的大地,已经永劫般地伴随着人类的不义、杀戮、不幸、邪恶,这一大地境况是人自己造成的。上帝通过立约给人类律法和应许,表明即便人类到了这番地步,上帝仍然没有放弃人类。在邪恶已经无法根除的大地境况中,人的美好生活仍然有指望,这就是信靠上帝的应许、恪守上帝的律法,而不是追问什么才是"美好的生活"。

---

① 参施特劳斯,〈耶路撒冷与雅典〉,何子建译,见《道风》,14 (2001)。

为什么哲人信靠自然、而不能接受上帝安排的美好生活？

原因很简单，《创世记》一类的叙述说明，神的启示完全是建立在某些特定且偶然的事件上的，"对于一个哲人或一种哲学来说，绝对不会有什么特定或偶然的事件的绝对神圣性"（〈神学与哲学的相互影响〉，页102）。① 希腊哲人从诗人荷马和悲剧诗人那里晓得，人间邪恶和不幸是无法根除的（诗人称为"命运"）。诗人靠什么承负生活中恶的生存事实？信靠神话。所谓神话，施特劳斯指希腊诗人的诸神及其由诸神掌管的人无法想象的命运力量。依靠神话来承负生活中无法根除的恶，意味着根本无需法律秩序，将美好生活的可能性交给不可知的命运。哲人同样意识到，人间生活需要权威的管束，法律秩序是必须的。无论哲学和圣经对生活中恶的严峻性的来源的解释如何不同，无法根除的恶都是哲学或圣经面对的基本生存事实。哲人和圣经中的先知都拒绝依靠神话来承负恶，意味着都不认为人类生活可以无需法律秩序的约束来抑制恶。拒绝神话意味着拒绝没有法律秩序的生活方式，是哲学和圣经的共同之处。

哲学用理性的知识，而不是靠对上帝垂怜的信靠承负恶，哲学就抛开了上帝给人类的律法和应许。哲人要世人靠什么来承负欠缺美好、公义的生活本身，或者说承负恶这一生存事实？用什么超现实的力量来弥补人类生活的道德欠缺？撇开了上帝和神话，哲人就只能求助于万物的始基——自然及其法则，为法律秩序奠定约束的正当性。立法的正当性问题就来了：依据自然的正当建立法律秩序。这就是《法义》一开始提到的问题：法律的立法者是谁。

---

① 参施特劳斯，〈神学与哲学的相互影响〉，林国荣译；〈显白的教诲〉，陈建洪译，均见《道风》，14（2001）。

立法问题一开始就面临两种可能性：要么诉诸自然的法则——按自然法则立约，要么诉诸人与人之间的约定。前一种可能性类似于圣经的解决方式，后一种可能性，如我们所知，正是现代社会契约论所主张的。

尽管诉诸自然的法则看起来像是圣经的立约方式，仍然是一种人约论、而非神约论。人间法律秩序的正当性即便来自作为万物始基的自然，其法则也得靠人的理知去认识、把握、发现。施特劳斯由此解释了，为什么圣经和希腊哲学经书的书写方式根本不同：希腊哲人的经书都出自个人之名，与自然的约定是个人理知认识的结果，希伯莱圣经的作者是含糊的集体，与神的约定是一种民族性的集体传统。"关键在于，这里没有出自个人的起始点，说到底，没有人为的起始点，……个人并不营造开端"（〈神学与哲学的相互影响〉，页104－105；〈耶路撒冷与雅典〉，页83）。

一种政治制度的设立，因此带有一种关于生活价值的决断，表明对人类理想的价值冲突作出了裁决。价值决定是政治及制度问题的本质："是政治制度本身，而非我们这些旁观者的偏见迫使我们想知道哪些政治制度更好"（〈什么是政治哲学?〉，页80）。伯林所谓政治哲学必得坚守"何为美好的生活"无法作出最终裁决这一处境，无异于说政治制度无需决定价值。政治哲学放弃了价值裁决，等于主张政治制度对恶"中立"。某些自由主义者主张，自由民主政制的正当性原则是价值中立或多元价值的宽容，根本就是自相矛盾。设立自由的民主政制，无异于肯定了自由是生活中更美好、甚至最美好的价值。甚至可以说：自由的民主政制同样是一种专制——价值的专制：强制人们"自由"。这种强制基于哲人的价值决定：自由是美好的价值。正是在这样意义上说：专制并非等于暴政，"专制君主的统治本身并非是反自然的"，"有的人因统治的权力而腐败，有的人因这样的权力而上进"(《自然权利与历史》，页133)。

一个具有绝对权威的统治对于抑制生活中恶的严峻性是必须的，问题不在于权威是否绝对——没有绝对性，谈何真正的权威? 对于依靠圣经生活的民族，上帝无疑有至上的绝对权威。问题仅在于，统治的绝对权威本身是否是"好的"。所谓"好的"权威，不仅指它应该代表自然的正当，还要有能力规导生活走向"美好"。人间生活需要约束、压制、臣服，不仅因为人身上有恶的冲动本性，也因为、甚至首先因为，民众需要被规导成为"好人"。恶不仅来自人的自由意志，也出于人生性的道德欠缺和软弱。古典政治哲学主张精英主义和反平民主义，不是基于弱者与强者的区分，而是基于这样的生理学事实：并非所有人都有平等的成为"好人"的能力。

可是，许多社会都以自己的完美理想为其专制统治提供正当性，这就需要审查社会的理想是否真的完美、高贵。一般而言，专制统治实现了社会秩序的稳定，就实现了正义。然而，有正义，不一定有高贵(《自然权利与历史》，页139-140)。正义与高贵的区分，表明建立秩序的统治(正义的体现)必须诉诸更高的自然的正当。为了寻求维护秩序，即便在某些因经济、地缘政治冲突引致的混乱情况下，限制追求高贵所要求的精神自由，统治就偏离了自然的正当。统治和权威的支配，只有当它是符合自然的正确时，才值得赞扬。

因此可以理解，对于古典政治哲学来说，何为"好的政治制度"与什么叫"好公民"相关，正如对于按圣经来安排生活的民族，美好生活与是否虔敬神相关。

公民是人在某种政治制度中的身份，没有政治制度问题，也就没有所谓"公民"身份问题——如依从神法生活的人就没有这一问题,遑论好坏。既然"公民"身份是随政治制度出现的,"好公民"的意思就是依政治制度来确定的。这样一来,政治制度就可能以"好公民"美德取代"好人"美德,取消自然的好人、坏人的区分。倘若如此,前面说到的那种有正义、没有高贵的统治就出现了。

政治制度中的公民身份勾销自然的好人、坏人之分,十分危险。"希特勒德国的一个好公民,在别处就会是个坏公民,⋯⋯好人的意义在任何时候、任何地方都是同样的"(《什么是政治哲学?》,页80)。所谓"自然的"好人意味着,"好"、"善良"的价值应该是在任何时候(超历史)、任何地方(超民族、超地域)都不变的价值(德性)。"好公民"与"好人"的区分意味深长:好人不等于好公民、反之亦然,除非政治制度也是"好的"。如果政治制度放弃对高贵价值的关切和决定,就可能制造出一帮邪恶的"好公民"(《自然权利与历史》,页133)。

圣经的生活方式只注重什么是"好人",不存在何谓"好公民"这回事。苏格拉底问何为"好公民",最终追问到何为"好人",这意味着:爱"自然"高于爱祖国,"美好"的价值(善)本身比自己所属(国家)或为自己所有的东西(习俗)的价值更高。

现代自由民主的社会科学及其由此建立起来的教育制度恰恰相反,要求在设想政治制度和教育制度时,放弃考虑和决定何为"好人"这回事情——是否做一个"好人"成了私人的事情。出现这样的情形,恰恰因为有狐狸哲人出来主张,什么叫"好人"是有争议的,如此争议的价值冲突没有可能解决,因此不必、甚至不应该再关切何为"好人"。

据说,伯林和施特劳斯出自完全不同的思想传统——英国经验论和德国观念论,这是两种根本不同的哲学,伯林明确表示过为自己属于经验论传统而自豪——甚至自负。所谓经验论传统是否意味着,根本就没有在任何时候、任何地方都不变的价值呢？施特劳斯是否真的属于德国观念论传统,另当别论。至少,在施特劳斯看来,"唯心论的实际意义是,善比自己所有的东西更高,或者说,美好的政治制度应该比祖国受到更高的重视"(《什么是政治哲学?》,页81)。哲人怎么可能放弃对政治制度是否"美好"的关切？

哲人美德的转变

问题转移到古典政治哲学如何考虑"好的"政治制度,施特劳斯的解释也从苏格拉底问题转移到柏拉图问题,以便更深入地理解苏格拉底问题——为什么他宁愿死在雅典。[1]

在考虑政治制度问题时,柏拉图首要考虑的是政治制度的稳健。为什么？稳健在这里是什么意思？这些问题相当费解,施特劳斯没有直接回答,而是解释柏拉图如何考虑制度的"稳健"。

作为哲人,柏拉图考虑政治制度的稳健时,主要顾及两种因

---

[1] 按《施特劳斯文集》德文版六卷本主编迈尔的看法,"苏格拉底问题"是施特劳斯1932年以后所写的十四部主要论著的中心,晚年对"苏格拉底问题"的思考尤为精深(《苏格拉底与阿里斯托芬》〔1966〕、《色诺芬讲述苏格拉底》〔1970〕)。参迈尔,《施米特、施特劳斯与"政治的概念":隐匿的对话》(*Carl Schmitt, Leo Strauss und "Der Begriff des Politischen": Zu einen Dialog unter Abwesenden*),Stuttgart,1998〔增订版〕,页94。所谓"苏格拉底问题",在施特劳斯有特别的含义。耶稣的形象是由四部有差异的福音书刻划出来的,同样,传说的苏格拉底形象是由阿里斯托芬、色诺芬、柏拉图的不同记叙刻划出来的。施特劳斯用对观福音释经法来解读这些不同的记叙,引出了与传统理解完全不同的"苏格拉底问题"。参施特劳斯,〈关于苏格拉底问题的五次讲演〉(The Problem of Socrates: Five Lectures),见氏著,《古典政治理性主义的重生》,前揭,页103—183。

素：哲学生活的可能性和习传的社会生活方式。显然，所谓柏拉图问题是从苏格拉底问题来的：哲人与民众习传的生活方式的冲突，导致苏格拉底被判死罪。苏格拉底主要想的是：何为以及如何成为"好人"，柏拉图主要想的是：苏格拉底这样的"好人"何以会被民主政制判死罪。如此看来，柏拉图考虑什么是"好的"或稳健的政制制度时，是从哲人的处境出发的。

柏拉图的考虑仅仅出于哲人的利益，没有考虑到人民的生活方式的权利？

如果一个政治制度是"好的"，最起码应该由"好人"来统治。柏拉图赞同精神的贵族制，所谓精神贵族制指：优质品质的人支配劣质品质的人。这里所谓"优质的"和"好的"，都是价值意义上的"自然"美德，而非意识形态的公民品德。因此，贵族精神关心的制度性问题首先是政治美德，而不是个人自由。政治制度问题，最终是凭什么应该统治和被统治的问题。统治与被统治关系的正当性基于："严肃关切生活共同体的美好——而非仅是个人的美好，要求更高的美德"（《自然权利与历史》，页133）。就政治制度问题而言，"把自由作为一种目的，意义不明确，因为这意味着对邪恶和善良都是自由的"（〈什么是政治哲学?〉，页82）。

但贵族制精神并不认为人的美好品质是天生的或世袭的，像财富那样可以继承。美德来自后天的教育，教育需要有空闲，空闲需要有钱，忙于糊口的人想受教育也没有可能。让人人都有机会受教育，似乎关键就是一个解决钱的问题。

可是，有的人生性"朽木不可雕"怎么办？连最信赖人本性纯良、主张平民教育的卢梭也晓得，有的人生理上不适宜教育。就拿自由的价值来说罢，可以教给所有人吗？"关于自由这一问题，正如富有营养的固体食物或醇酒，对那些习惯于这种饮食的体质强壮的人，固然大有补益；但是对于生理上不宜于这种饮食的体质软弱的人,则极不适宜,终于会败坏他们的健康或使他们沉醉。"① 这无异于说,仅有教育是不够的,还需要"好的"政治制度的法律来管束。

生理上的气质毕竟是偶然的事情,不能作为主要的考虑因素。从制度上讲,还得有教无类。但大自然的匮乏是明摆着的,有钱、因而也有空闲的人总归是少数。如果民主政体意味着没有钱受教育的多数人统治,美德在这样的社会中就岌岌可危了。施特劳斯在这里突然提到,现代民主政治论的看法与此恰恰相反:按卢梭的观点,美德不是来自教育,而是每个人的天性。人天生有好良心、有美德,因而卢梭虽然重视教育,目的反而是要回复人的自然天性。尽管如此,卢梭的教育计划也需要很多钱,只有极少数人负担得起。无论目的是为了人获得美德、还是回复自然本性,教育对于民主政体都不可缺少。现代民主论与古代民主论的分歧,不在是否让人人有受教育的权利和机会,而在于如何搞到更多的钱。问题是,为了发展经济,现代民主政制主张将为发展经济所必须的技术非道德化,以至教育日益成了纯粹的技术训练,而不是品德修养。如今的"优才"就是掌握高科技或懂玩"股票"的人,"好人"的问题完全被排除了。

教育事业需要教育者,他必须是有美德的人。这就是为什么,何以有美德的人是古典的"自由教育"的重心,而"自由教育"又是古典政治哲学的基本问题之一。② 对于苏格拉底来说,这

---

① 卢梭,《论人类不平等的起源和基础》,李常山译,北京:商务印书馆,1979,页 52。

② 参施特劳斯,〈古典政治哲学的自由主义〉(Liberal Education and Responsibility),见氏著,《古今自由主义》(*Liberalism Ancient and Modern*),芝加哥大学出版社,1989,页 10—15。亦参《柏拉图论教育》,郑晓沧译,北京:人民教育出版社,1958。

个问题就是：哲人是怎样的人？

按柏拉图的记叙，这个问题在苏格拉底那里没有明确答案，只有负面的说法：哲人不是诡辩家和政治家。哲人拥有知识、而不是意见。诡辩家和政治家这两号人看起来很有知识，但有的都是部分的知识。如果见到知识渊博、外语懂得多、晓得好多七古八杂的事情且会说专业行话的人，就膜拜称颂，以为这号人有美德和真正整体性的见识，就搞错了。人向整体开放的部分只有灵魂，或者说，灵魂是人身上最靠近整体的部分。"哲学寻求的是关于整体的知识"，追求灵魂知识的人才是哲人。如今有人知道了一点所谓哲学的技术，就自诩为哲人，实在"搞笑"。

追求整体性知识需要与社会美德有相当程度的隔绝，这就是古典教育所谓"自由"的含义。追求灵魂的知识难免与社会美德相冲突，"自由教育"根本与群众民主不兼容。自由民主的平等诉求恰恰不赞同这种隔绝，现代的所谓"自由教育"恰恰是认同社会的美德。施特劳斯在解释古典的"自由教育"时，突然而且单单提到卢梭，不是随意的。[1]

既然哲人的整体性知识要思考好的政治制度，任何现存的政权在哲人眼里就不可能是完美的。只要天底下还没有出现完美的政治制度——由于邪恶无法根除，完美的政治制度也是不

---

[1]　施特劳斯对卢梭的详细讨论，参施特劳斯，〈论卢梭的意图〉(On the Intention of Rousseau)，见 *Social Research*，14 (1947)，页 455—487；《自然权利与历史》，页 252—294；〈现代性的三次浪潮〉(The Three Waves of Modernity)，见 Leo Strauss，*An Introduction to Political Philosophy*，吉尔丁 (Hilail Gildin) 编，前揭，页 81—98。亦参吉尔丁，〈现代性的第一次危机：施特劳斯论卢梭思想〉(The First Crisis of Modernity: Leo Strauss on the Thought of Rousseau)，见 *Interpretation*，(20)1992/1993，页 157—164。

可能出现的,哲人就有必要存在,尽管这号人在任何社会都只会是极小一撮。由于是极小一撮,在社会中难免被看成一个小团体,而且,由于与社会美德不和以及理性的疯狂,这极小一撮人难免被民众视为怪人、甚者被政府视为危险的人。追求灵魂知识的哲人作为一种生活方式,本身就具有政治危险。

这种政治危险有两个意思。首先,过沉思生活必然离群——所谓哲人的"自由",与人民的生活兴趣不同,无异于说人民生活不如沉思生活"美好"。何况哲人沉思的偏偏是何为"好人",这等于潜在地否定了人民天生是"好人",与社会道德构成潜在的政治冲突。再有,哲人不仅沉思何为"好人",还沉思何为"好的"政治制度,无异于潜在地否定了现存政治制度的正当性,与现政权构成潜在的政治冲突。

尽管如此,哲人仅仅在思考美好生活——应该的生活的可能性,还没有决定什么是"好人"和"好的"政制。苏格拉底对哲学智慧的理解包含了这样的观点:智慧(理性思考)本身并没有保障价值的决定肯定是正确的(《自然权利与历史》,页125)。苏格拉底仅仅在逢人问"什么是……",然后把关于价值的问题引向讨论和争辩(辩证法)。因而,无论与人民还是政权的政治冲突,就哲人这方面来说,其实都是误会。古典哲人(而非现代知识分子)作为一个自然的小团体,并非实际要图谋推翻现政权或改造国民性,哪怕他们所想的事情是何为"好人"和"好的"政治制度。启蒙主义培育出来的马克思,他主张哲学变成政治行动。

问题是,人民和政府不这么看。哲人这号人的存在及其生活方式本身,对人民和政府来说,实际构成了政治威胁(《显白的教诲》,页142)。天生喜欢思考、而且思考的恰恰是美好生活的可能性的哲人,政治处境就进退维谷了:为了灵魂知识的成熟必须离群,为了避免人民和政府误会,又必须合群。

怎么办?这就是哲学—哲人的政治问题、真正的哲学会面临的政治处境问题。

前面提到,苏格拉底被控告亵渎城邦的神后去人民法院聆讯时,撞见在社会上德高望重、精通人民信仰的游叙弗伦,便拉住他请教,怎样才算政治正确——像人民那样敬神。苏格拉底改不了老毛病,仍然问"什么是……"游叙弗伦不耐烦转身而去,苏格拉底急了:

> 怎么回事,朋友?这样丢开我飘然而去?我真心希望从你那里学会什么是虔敬,好对控告我的人说,经游叙弗伦指教,我已经明白了关于神的事情,再不会像以前那样蠢,信口开河、没有分寸,从今天起,我要重新做人,再不犯冒犯敬神的过错,请撤销对我的公诉。你这么一走,我还有什么指望!(柏拉图,《游叙弗伦》,页35)

"信口开河、没有分寸"就是疯狂,本来是哲人的美德。如今,苏格拉底决心"重新做人",收敛起哲人的美德。

苏格拉底真的想成为民众?肯定不是,否则等于认同社会美德、否定了自己的生活信念——哲人的生活方式。但苏格拉底的确真心要敬重民众敬神的习惯、尊重民众的生活方式。被法院传讯、甚至判刑,并没有让苏格拉底觉得自己的哲人生活方式错了,而是让他产生了这样的政治意识:必须学会与民众信仰合谐相处。这不是畏惧民众和政府,而是审慎。哲人的美德不仅是疯狂,哲人还需要另一种美德。

假设苏格拉底还年轻,可以重新做人——或假设他逃去了克里特,为了避免再发生政治误会,也为了哲人生活方式的自

由,他感觉到需要把自己的说辞分为公开的(或显白 exotericism)
和隐微的(esotericism)。施特劳斯从尼采以及其他古典哲人那里
得知,这种区分是古代哲人的习传美德。[①] 要成为哲人小团体
的成员,需要懂得隐藏自己的观点。

古典哲人不像现代知识分子,动辄要当烈士、以成为政治异
见分子见报为荣,而是懂得"慎微"乃一种美德——"既明且哲,
以保其身",中国古代哲人也晓得个中道理。所谓公开的说辞,
是说给社会传媒听的,看起来与社会流行的观点和政府倡导的
正统观点保持高度一致;隐微的说辞就不同了,很不好理解——
常人会觉得过于玄奥,像秘传。

为何"慎微"成了哲人的美德? 这就与柏拉图所考虑的
"稳健"的政治秩序相关了。首先,哲人思考何为美好尽管只
是一种可能性,但百姓从来没有想过这方面的事情(凡思考的人
就成了哲人),哲人如果把自己所思的不成熟的理想讲出来,难
免让百姓人心惶惶。显白的教诲就避免了这种情形。用显白
的方式言说真理,讲的只是可能的事情,而不是真实的事情,
是对道德层次比较底——所谓"中材"以下的人说的,以免他
们惶恐。

然而,"有些真理必须被隐藏起来",更重要的原因是,哲人
晓得,邪恶最终无法根除,"即便最好的政体,也必定不完善"
(《显白的教诲》,页149)。哲人在这样的认识前提下坚持追求灵魂
的知识,就得知道有的事情不能说白。隐微的说辞是哲人并不
与现世状态妥协的体现。

---

① 参朗佩特(Laurence Lampert),《施特劳斯与尼采》(*Leo Strauss and Nie-*
tzsche),Uni. Chicago Press,1992,页 15－24。关于隐微的教诲,参施特劳斯,
《迫害与写作艺术》(*Persecution and the Art of Writing*),Uni. Chicago Press,
1952,页 7－37。

浪漫主义与世间恶

伯林在谈到施特劳斯的"隐微论"时一副不屑:"对我来说,这个方向是错误的。施特劳斯把文艺复兴以后的哲学界斥为受到实证主义和经验主义的严重腐蚀,在我看来近乎谬论"(《伯林对话录》,页40)。古代的诡辩家——苏格拉底所说的伪哲人也否认显白说辞。伯林是不是一个现代的诡辩家? 不便断言,但他对待古典哲学的态度,倒表现出启蒙后的哲人致命的自负。

伯林对区分隐微和显白说辞不屑,理由是现代哲人经过了启蒙运动的洗礼。但伯林了不起,据说主要因为他超越了启蒙理性主义,重新发现了浪漫主义思想的意义:现代性并非被启蒙理性主义独占了,还有浪漫主义的现代性。浪漫主义主张价值多元论,反启蒙理性的普遍主义,对专制制度的文化是致命打击。有一次,伯林对传媒说:"浪漫主义运动带给我们的多样与变化,是新的典范","要用高压手段扫除异己分子,恐怕没那么容易了"。①

只要反专制,已经政治正确,伯林论点的问题也就不便挑剔。值得问的是,浪漫主义价值多元论可以用来反专制这回事,施特劳斯是否根本不晓得?

德国反启蒙理性的浪漫主义思想,带有一股回归古希腊精神的热情。不到30岁的施莱尔马赫一鼓作气,把所有柏拉图的对话译成德文,其意义据说堪比路德把圣经译成德文。施莱尔

---

① 参伯林,〈民族精神再兴:论民族主义之善与恶〉,见王炎编,《公共论丛》(5),北京:三联书店,1998,页224—225。

马赫当然不会注意不到柏拉图对话中隐微与显白说辞的区分。在施莱尔马赫的浪漫主义眼睛看来,这种区分不值得看重,不过是柏拉图因材施教的方法:显白教诲是对初来乍到的门徒准备的,隐微教诲是为资深弟子准备的;两种教诲实质上是一回事,深浅不同而已。施莱尔马赫已经不能理解,对于柏拉图来说,成为哲人"以一种真实的转变为先决条件"(〈显白的教诲〉,页151)。这种转变有如沐浴了自然的阳光,不再能适应习俗的世俗道德和律法的政治道德的昏暗。如果皈依了自然的哲人仍然不得不生活在昏暗的洞穴这一人类处境——苏格拉底所谓"重新做人",哲人就得进一步养成"慎微"美德,学会说"高贵的谎言"——对于真实谎言的一种模仿。两种教诲哪里是什么深浅不同,分明是根本不同的教诲。

浪漫派思想家回到古希腊思想时,为什么已经不能恰切理解柏拉图?原因很简单:浪漫派思想不自觉地接受了启蒙理性的精神原则。恰如伯林所说,文艺复兴和启蒙理性摒弃隐微教诲,乃是哲人德性的进步。浪漫主义通过批判启蒙理性来推进启蒙精神,哲人德性当然又长了一节。

浪漫主义的转向和启蒙理性批判,真的那么深刻?当时就有人产生了怀疑。

莱辛年轻时是德国启蒙运动的中心人物。此前,他已经在古典哲学方面有很高的修养,启蒙精神才使得他放弃了古典哲学的智慧。可是,莱辛后来偶然重新明白了这样的道理:"我们碰巧生活在无法解决的矛盾之中,为了安宁,我们又不得不继续在矛盾中生活"(〈显白的教诲〉,页153)。启蒙思想实在要不得,于是,莱辛又转回古典智慧。

在施特劳斯看来,莱辛的回头具有重大意义。启蒙理性要破除习传律法宗教的"迷信",让社会生活照耀在理性的光辉之中。启蒙哲人不再"慎微",他们以为,哲人理性最终可以建立起一个完善的社会,实现哲人的理想国。莱辛却意识到,启蒙理性追求的市民社会"也必然不完善",古典哲人的慎微还不可以被看作过时的德性。

为什么呢？莱辛觉得,要把真实的理由讲出来,已经得用隐微说辞了(他采用了柏拉图式的对话方式说)。的确,这理由听起来就反动:基于习俗和律法的专制比根本没有习俗和律法——也就是启蒙后单纯理性统治的专制要好。习俗和律法毕竟与就社会秩序的需要而言必须的专制统治构成张力关系,抑制现世恶主要不是靠统治的专制强力,传统的习俗道德起着很大的作用。启蒙哲学清除了习俗道德,抑制现世不可避免的恶不仅只能单靠统治专制强力,因而独裁专制统治是不可避免的,而且专制统治本身也会与恶同流合污。

果不其然,启蒙理性的理想引导出恶的专制统治的现实性。浪漫主义以为,这乃是普遍理性的绝对价值论的结果,于是提出了历史的相对真理的主张——这就是伯林津津乐道的所谓浪漫主义思想的伟大历史进步。然而,伯林轻蔑的施特劳斯的"魔眼"却从思想史中看到:

> 莱辛无需等到亲身经历罗伯斯庇尔的专制才认识到,浪漫主义在反卢梭(他似乎相信一种对文明问题的政治解决)的基本信念时,会宣称相对的真理;莱辛早在一个时代之前,便认识到那相对真理的主张,并以有益于通向绝对真理的方式——哲学的方式拒斥了它。(《显白的教诲》,页154)

浪漫主义鼓吹的历史相对主义的真理观,本来是启蒙理性摒弃古典哲学的德性导致的,伯林却以为是克服古典智慧和启蒙理性了不起的结果。伯林的眼睛何以那么近视？"你不能对眼睛近视的人说，十里外有座教堂"（维特根斯坦语）。"睿智而肝胆照人"的伯林说：我就是眼睛近视，怎样呢？（参〈伯林对话录〉，页41）如此自负难道不是致命的？

对思想史据说了如指掌的伯林，为什么看不到莱辛的回头是岸，施特劳斯却能够看到？一个人只能看到自己能够看到的事情，施特劳斯在莱辛那里看到的是自己思想的亲身经历。施特劳斯发表的第一部论著是1930年刊印的《斯宾诺莎的宗教批判》。他后来回忆说，这一研究基于一种强有力的偏见：启蒙之后，回到现代之前的古典哲学已经没有可能。该书发表后两年，"并非完全偶然地"，施特劳斯经历了莱辛的回头是岸，并在〈评施米特的《政治的概念》〉(1932)一文中表达出来。①

施米特的《政治的概念》(1927)猛烈抨击自由主义政治理念，名噪一时。施米特攻击英美自由主义，并非仅仅为了德意志民族的政治领导权，而是涉及何为"好的"政治制度以及人类生活的品质问题。自由主义的根本问题在于，放弃了对何为"好的"政治制度的关切。施特劳斯在评论中指出：施米特敏锐看到，自由主义为了避免血腥冲突的人类自然状态，提出了价值中立的政治观，把保存个人性命和财富（自然权利）视为最高的道德，企求靠多元价值的自主性文化来避免人类冲突的恶。施米特勇于突破自由主义的政治理解，以政治就是划分敌友的著名论断，把政治理解带回到真实的人类状况——冲突和恶都不可避免的状况。政治乃是永远无法抹去和掩盖的冲突（霍布斯的自然状态）。

---

① 参施特劳斯，〈施米特《政治的概念》评注〉，刘宗坤译，见迈尔（著），《隐匿的对话：施米特与施特劳斯》，前揭。

　　然而,施特劳斯的"魔眼"却看到,施米特通过回到霍布斯的自然状态观来批判自由主义的政治中立化,殊不知霍布斯的自然状态论恰恰是自由主义道德中立观赖以推导的基础,这无异于从自由主义出发批判自由主义。

　　如果施米特真的认为,政治本质上是涉及人类价值问题的权威性决定,因而承负着人类生活的严峻(Ernst),他也就与霍布斯的出发点区别开来了。可是,施米特事实上以为,政治并非是不可逃避的命运——现世恶的严峻性不是不可避免的命运。同霍布斯一样,施米特关切政治,仅仅、且恰恰因为政治(最终说来是价值冲突)乃现世生活最实际的威胁,应该且能够避免。施米特借助"例外状态"突破实证主义法学的规范状态,突出政治的性质,却没有突破"文化"哲学范畴,而对"政治"的文化哲学理解恰恰是现代自由主义的。如果宗教和政治超逾了文化,唯有"神学—政治论"的形式才能彻底批判"文化"概念。① 尽管动用了基督教的原罪论来支持其"威权主义"的政治信念——人性本恶,需要被管制,施米特并没有意识到,对于霍布斯等近代哲人,恶不再是道德欠缺而是人的自然天性的 guiltless[无辜]。按施米特的思路,政治必须关涉何为"好的"生活方式问题,但施米特又自相矛盾地把道德归入私人领域,这一明显的自由主义立场无异于说,何为"好的"道德问题都是私事,对恶的专制性抑制没有普遍、绝对的正当性,恶仅仅是无可逃避的命运。

　　思想敏锐如施米特这样的哲人,为什么竟然没有意识到自己立场的尴尬? 原因之一是,施米特接受了现代启蒙精神对古

---

① 参施特劳斯,《哲学与律法:解读迈蒙尼德及其先驱》(*Philosophy and Law: Contributions to the Understanding of Maimonides and His Predecessors*), trans. by Eve Adler, State Uni. of New York, 1995, 页138。

典哲学教诲的摒弃,以至于他只能用后浪漫主义来解决浪漫主义的多元政治论。施米特的矛盾对于施特劳斯来说,无异于提出了这样的问题:不是可不可能,而是是否必须回到现代之前的古典哲学。康德在《论永久和平》中宣称:"真正的政治若不先向道德宣誓效忠,就会寸步难行。"① 施特劳斯早年的挚友 Gerhard Krüger 在其《康德批判中的哲学与道德》(*Philosophie und Moral in der Kantischen Kritik*, Tübingen 1931)结尾时说了一句话:"决定性的问题仍然是:何为真正的政治,即便找不到回答,也可以教我们以苏格拉底为榜样询问问题。"② 从友人的这句话中,施特劳斯偶然看到了回到古典政治哲学的必要性和可能性。

一百多年来,许多大哲仍然仅仅回到康德,即便为了苴补自由主义在政治的道德问题上的致命伤(罗尔斯)。问题仍然是,从自由主义出发可能克服自由主义的欠缺? 自由与服从可能在康德的自主性价值论中找到平衡? 施特劳斯意识到:根本不可能! 唯有在柏拉图和苏格拉底那里,才可以找到自由与服从的平衡——哲人的疯狂与慎微的平衡。

这样一来,对古典哲人类型——刺猬哲人的辩护,就变得至关紧要了。在政治共同体面前申辩哲学对于政治生活的必要性,哲学对于人间生活为何不可或缺,是柏拉图对话著作最终和唯一的目的(〈如何着手研究中世纪哲学〉,页 132)。③ 为刺猬哲人辩护,根本理由在于必须认真对待现世的恶:

① 参康德,《历史理性批判文集》,何兆武译,北京:商务印书馆,1991,页 139。
② 参 Susan Shell,〈严肃对待恶:施米特的"政治的概念"与施特劳斯的"真正的政治"〉(Taking Evil seriously: Schmitt's "Concept of the Political" and Strauss's "True Politics"),见 Kenneth L. Deutsch/Walter Nicgorski 编,《施特劳斯:政治哲学家和犹太思想家》(*Leo Strauss: Political Philosopher and Jewish Thinker*),Rowman & Littlefield/London,1994,页 191-192。
③ 参施特劳斯,〈如何着手研究中世纪哲学〉,陈建洪译,见《道风》,14 (2001)。

只有透过柏拉图与众先知，而不是凭借进步的现代信念，我们才会对曾经耳闻目睹又亲身熬过来的闻所未闻的大灾难和大恐怖作出更好的准备，或者更易理解。(〈耶路撒冷与雅典〉，页90)

如何可能回到古典的政治哲学智慧？首先要清除这样的偏见：现代哲人比古代哲人更明智、更懂古人自己所说的。这种强大的现代偏见有两种表现形式。一种是启蒙理性的进步思想观：似乎经过启蒙，人的思想就从思想和政治专制中解放出来、从形而上学和神学的绝对理念中解放出来。尽管历史进步或思想进步的启蒙观已经不再有吸引力，从形而上学和神学的绝对理念中解放出来，仍然是像伯林那样不相信历史和思想进步的人信以为真的。

另一种表现形式是历史相对主义。这种对待古代思想的态度看起来相对允当，不以为现代哲人比古代哲人高明，要求按本来面目理解过去的思想。可是，历史相对主义宣称每一时代都有自己的真理，都同样接近上帝，暗含的前提恰恰是：过去时代的真理已经过时了。按施特劳斯的观点来看，伯林的历史相对主义的自负恰恰"重复了自己据此猛烈攻击的进步论者的罪行"。

对于任何时代——无论过去还是现代的真理，都要当作"纯粹真理"来考虑(〈如何着手研究中世纪哲学〉，页126)。这是思考真理的基本前提。一个思考真理的人，如果接受历史相对主义，就得承认，他思考的仅仅是相对的时代真理。相对的真理值得认真对待？如果你不相信你在寻找的生活伴侣将是终身的依靠、绝对的情人，你会以什么态度对待你遇到的具体的情人？固然，你所找到的实际上不一定真的就是你要找的绝对情人，这种失败并没有否定掉你要找绝对情人的意愿和努力本身。如果要找的仅是"一夜情",就是根本不同的另一回事了。

古典智慧追求的真理是绝对情人:哲学是爱欲。施特劳斯把整个后半生献给了希腊哲学。

哲人与先知的世俗冲突

在柏拉图和众先知那里,施特劳斯才找到承负"亲身熬过来的闻所未闻的大灾难和大恐怖"的精神力量。但他不是说过,苏格拉底式的哲人与听从上帝安排的先知根本合不来吗?

的确,柏拉图哲学与犹太教—伊斯兰教的律法学有共同之处,哲人—王和先知都关心"好的"政治生活方式,而不是形而上学:"圣经和希腊哲学的共同基础是神圣法律的问题。"[①] 但希腊哲人精神与希伯莱先知精神根本上是对立的,两者的关系充满紧张,基督教大公主义传统——教父神学、中世纪经院神学以及施特劳斯多次旁敲侧击的现代新托马斯主义,却要把希腊哲学与圣经启示搞成一种合谐统一体。施特劳斯断然拒绝调合希腊哲学与圣经启示的任何努力:"没有人可以同时身兼哲人和神学家","也不会存在一个超越哲学和神学冲突的第三方,或者两方面的综合",只能在两者中选择其一,并承受与其中另一方的冲突(〈神学与哲学的相互影响〉,页101)。

对于施特劳斯来说,哲学与启示根本是两种不同的生活方式,苏格拉底和先知分别是其楷模。所谓先知,指负有神圣使命的人,但这使命不是先知自愿要有、更非自居的,而是上帝强加的。旧约先知书清楚表明,真正的先知一开始无不想方设法逃

---

① 施特劳斯,〈进步还是回归?〉(Progress or Return?),见氏著,《古典政治理性主义的重生》(*The Rebirth of Classical Political Rationalism*),前揭,页248。

避使命,却被上帝揪住不放。先知迫于上帝的威严、惩罚和悲怀,才不得已做上帝的传话人。假先知才自称是上帝派来的。

初看起来,苏格拉底很像希伯莱先知,是负担使命的人——被神传召去当雅典城邦的牛虻,促使自己所碰到的每一个人理性地思考。一开始,苏格拉底也不相信自己的使命,想反驳神谕,结果不得已成了雅典城邦的牛虻。苏格拉底和先知被迫身负神圣使命意味着,哲人与先知的生活方式就是关切社会的正义和美德,使世人远离邪恶,让美好的成为生活的现实。

这仅是表面的相似。使现世变得美好,在先知看来,是上帝、而非人的事情;哲人苏格拉底却以为,要使现世变得美好,就应该让哲人拥有政治权力,"好的"政治秩序不可能靠神的干预来建立。哲人成为王,完善的社会才有可能。追求完善的世界、清除世间所有的邪恶,是哲人使命的关键。不妨说,哲人天生是人义论的担当者。相反,先知们懂得,即便在有神关照的美好生活中,人间恶也不可能被清除干净。这无异于说:一个仅仅靠人的智慧力量来建立的完善世界根本不可能。在这一意义上,先知天生是神义论的担当者。在现世的根本恶的条件下,为现世生活辩解称义,靠人的知识还是靠神的垂怜,就是哲人与先知的根本差别所在。因此可以理解,为何哲人要献身于追求完善的知识,希望、而且致力成为人间最正直的人,而"众先知根本无需追求善的知识",仅仅将自己看作上帝的仆人。

由此引导出哲人生活方式与先知生活方式在实践上的重大差异:"众先知通常对人民、甚至对所有人讲话,而苏格拉底通常只对一个人讲话"(《耶路撒冷与雅典》,页95)。这种差别意味深长:先知与百姓打成一片,哲人不得不是一小撮精英分子。尽管先知和哲人都要求统治者体恤百姓,但先知与民众信仰之间不存在政治冲突,没有那种哲人才有的"苏格拉底"问题。

既然如此,施特劳斯为什么说,哲人精神和先知精神对于一个"好的"社会、甚至一种文明都不可缺少?应该如何来理解施特劳斯的如下断言:哲人精神与先知精神的对立"一开始就孕育了世俗中的冲突",这种冲突恰恰是西方精神的特质、甚至活力之源?既然圣经与哲学承负恶的方式根本不同,两者的综合不可能也就不难理解;令人费解的是,两者导致的世俗冲突何以竟然是好事?

苏格拉底对神的态度,初看起来颇像伯林称赞的不可知论:"我不反对您的神圣智慧,只是我不理解它。我只有人的智慧。"问题是,既然苏格拉底已经认识到人的智慧的局限——同样认识到这一点,他为什么不像先知那样干脆接受神的智慧?

这一问题本身就是问题的回答。做哲人的起始点乃是认识到人在智慧上的不足,哲人不可能未经思考(理性证明)地进入一种生存可能性:哲人生活方式的美德是对"好的"生活可能性的审慎。神圣启示无法通过理性思考来证明,哲人仅仅拥有理性的知识,因而不能接受上帝为人类立法的说法。但哲人并不能因此否认神圣启示提供美好生活的可能性,否则等于哲人已经有足够的智慧判定,这种可能性并不那么值得追求。

既然哲人的审慎悬置了对美好生活的可能性的断定,悉心琢磨何为"美好"——这可能花费终身时间,哲人的生命时间岂不处于悬置之中?接受或不接受神圣启示的人有福了,无论接受还是不接受,这人总之已经作出了生命的价值决断,没有耽误生命时间。信还是不信,在这里是"致命的",生命时间耽误不起。如果哲人的基本问题同样是何为美好的生活,"一个人应该如何生活"这样的问题容不得悬置。哲人悬置是否信启示,不是致命的吗?(《神学与哲学的相互影响》,页107)

在先知精神提出的这一致命问题面前,哲人如何为自己的生活方式辩护？

唯一说得通的辩护是：将美好生活的可能性建立在自身的理性思考力之上。哲人生活方式的美好，恰恰在于认真琢磨美好生活的可能性——思考何为美好，作为一种生活方式本身就是美好的。只有这样想，哲人生活才不是致命的，反而是美好的。既然生活的美好尚有疑问，一个人献身于追问何为美好的生活，当然高尚。

哲人精神与先知精神的世俗冲突不就意味着两种美好生活理想的冲突？究竟是怎样冲突的？

我实在不敢说自己真的搞懂了施特劳斯的意思，只能不那么有把握地说：先知精神的生活方式与民众打成一片，因而是一种关于美好生活的稳健的传统方式，人民依照先知传达的神谕来生活，生活的道德秩序将是稳妥的；哲人精神的生活方式是孤独的智性疯狂和一小撮人之间的争吵，人人成为哲人不可能。如果要求人民依哲人生活方式来生活，生活的道德秩序将会大乱。在现世生活中，先知精神与哲人精神的冲突，体现为哲人与民众信仰的冲突——然而却是两种美好生活理想的冲突。

施特劳斯清楚知道，这两种美好生活的理想在西方冲突了两千多年，迄今没有完结，反而显得越演越烈。固然，基督教神学一直在努力调合先知精神与哲人精神，企图用哲人理性来证明神圣启示，用神圣启示照亮哲人理性。可是，一旦神圣启示要靠哲学来证明和辩护，等于把木马运进了特洛伊城：要靠哲学来辩护的启示，迟早会被哲学驳倒（《神学与哲学的相互影响》，页114）。从这一意义上讲，基督教传统中企图调合希腊哲学与圣经启示的思想方向，最终只会成为自身的掘墓人。

基督教神学要调合希腊哲学与圣经启示行不通，不等于哲学真的可以驳倒神圣启示。施特劳斯特别强调，流布极广的启蒙精神驳倒了启示的说法，不过是启蒙理性编造的传说，正如所谓古典哲学被现代经验理性主义、历史浪漫主义驳倒了，纯属伯林一类散布的谣言。施特劳斯相信，哲人精神与先知精神相互都驳不倒对方，论争和冲突持续下去，对于西方精神来说，恰恰是永葆生机的条件。

先知精神的启示方式的存在将一再挑战哲人精神的理性方式，迫使哲学承认启示的生活方式（民众信仰生活）的可能性，从而根本置疑自身的生活方式是否真的那么美好，并认识到，哲学的生活方式作为美好的生活，同样是一种信仰的选择（〈神学与哲学的相互影响〉，页119）。反过来，哲人精神的理性方式的存在将一再挑战先知精神的启示方式，尽管具体情形有所不同——启示方式一开始就宣称自己是一种信仰，但启示方式（民众信仰生活）也得被迫承认理性生活方式的可能性，从而根本置疑自身的生活方式是否真的那么美好。冲突和论争可能永远不会有一个结论，然而，重要的是由此争议构成的一种精神的张力关系："智者建立了一个圣典的框架让公民来采纳"（《自然权利与历史》，页141）。

既然先知精神与哲人精神两者必居其一，施特劳斯为什么选择了哲人的生活方式？

问题涉及到对现代性的理解。由于基督教神学采纳了希腊哲学，使得神圣启示与哲人理性的张力消失了。所谓现代性，就是古典意义上的哲人理性的毁灭。启蒙理性不仅摒弃了古典的哲学理性，也摒弃了传统的神圣启示——甚至取代神圣启示，使自身成为一种世俗化的启示生活方式（民众信仰生活）。在大众民主、平等至上的现代社会，哲人精神已经不能成为磨砺生活理想的精神力量，而是成了世俗的先知精神——知识分子精神。在古代社会,哲人虽然总是少数,却可以构成挑战社会道德的道义法权,古典意义上的哲人的消失导致民众生活信仰成了唯一的生活理想。施特劳斯选择古典哲人的理性方式,显得是要挽回圣经启示的律法与苏格拉底—柏拉图哲学的冲突。[1]

伯林鼓吹多元价值论时,把古典哲学和神学统一并判为精神不健全的迷信和迷误,挖苦施特劳斯的所谓"古典哲学传统"不过是自欺欺人,据说:绝对真理的世界不属于人的经验范围。在〈两种自由的概念〉一文结尾处,伯林引证了一位他敬佩的作家的话:文明人不同于野蛮人的标志在于,文明人知道自己用生命来维护的信念的价值,其实都是相对的。施特劳斯帮伯林把其逻辑推下去:如此说来,柏拉图和康德都是野蛮人(〈相对主义〉,页17)。

承负生活的严峻和残酷

现在才大致清楚,为什么回答"什么是政治哲学",关键在于理解何为哲人,理解苏格拉底的生死选择何以重要。

柏拉图的《王制》主要讨论何为正义,高潮却是论述哲人的部分。按施特劳斯的解释,柏拉图的《王制》、《治邦者》和《法义》构成了何为哲人这一问题的辩证推演过程。如前所说,柏拉图所有对话的目的其实只有一个:在城邦面前为哲学、为哲人(苏格拉底)辩护。其辩证是:《王制》提出,哲人的生活寻问正义、幸福、自由,同时指出城邦的道德生活有其局限;

---

[1]   施特劳斯晚年手订的文集《柏拉图式的政治哲学研究》(*Studies in Platonic Philosophy*, Uni. Chicago Press, 1983)及其目录编排的用意,颇值思忖。

《治邦者》显得是为城邦道德生活及其法治的必要性辩护,这是人性(民众生活)的必须。《王制》与《治邦者》构成了哲人精神与民众信仰的冲突,于是出现了这样的问题:哲人在哪种政治制度中生活最适益。回答了这一问题,就回答了什么样的政治制度最稳健,也回答了为什么苏格拉底宁愿死在雅典(〈论柏拉图〉,页77)。①

《法义》成了回答"什么是政治哲学"的最后落脚点,《法义》注释也是施特劳斯的天鹅绝唱。② 《法义》中的"雅典哲人",那个假设逃到克里特的苏格拉底提出,立法必须维护美德、关心人类灵魂的卓越,这是哲人想且应该对政治生活说的话。雅典哲人谈论饮酒伦理时本来想要说:人民沉醉于恐惧、幻想、欲望,需要独醒者的统治,但他实际上却说,不应该管制人民饮酒享乐,而是要让人民在享乐中学会节制。对于人民来说,美德就是学会恰当对待享乐和痛苦。这种说法既顾及到了人民的天性,又没有放弃恰当的道德约束。

为什么雅典哲人要大谈饮酒伦理? 何不疯狂地抨击一番人民的沉醉德性?

雅典哲人谈论饮酒伦理,是他的显白说辞。雅典哲人是已经有了政治意识的苏格拉底,晓得自己的谈话对象是社会中的长老,长老当然晓得何为"好的"法律(习传律法),雅典哲人只能通过大谈饮酒一类的事情来暗中影响他们,而不是苏格拉底缠住游叙弗伦那样,老问"什么是……"(施特劳斯在暗中涉及美国的书中大谈"自然权利",似乎也就不难理解了)。

① 施特劳斯,〈论柏拉图〉,见 Leo Strauss/Joseph Cropsey 主编,《政治哲学史》,前揭,页30—87。(以下随文注页码)。
② 参施特劳斯, *The Argument and Action of Plato's Laws*, Uni. Chicago Press, 1975。

《王制》讨论正义时，还没有显出这种哲人的谨慎，因为谈话对象是哲人或想做哲人的人。在克里特，雅典哲人的交谈对象变了，说话方式也变了。

> 如果哲人要给予政治指导，他必须回到洞穴。从太阳的亮光中返回到影子的世界，哲人的感觉应是模糊的，脑子必然充满困惑。通过关于饮酒的谈话所产生的酒的享受感，扩大了富有法律教养的年长公民的眼界，却限制了哲人的眼界。然而，这种困惑、对政治观点的承认、对政治语言的采用，以及把哲人的优点与公民的优点——或者说把智慧与遵从法律结合起来，看来是温顺的美德最高尚的运用。（《什么是政治哲学?》，页77）

雅典哲人在谈到政治制度时，主张也不如《王制》中的苏格拉底那样来得尖锐，不是非要最好的制度——单一性质的制度，而是主张行之有效的制度——通常是混合制度。显得如此温顺的雅典哲人于是被请去为克里特殖民区立法，哲人在《法义》中没有成为"哲人—王"，而是立法者。他甚至并不要当"王"，仅仅希望遇到一个"某些方面类似于哲人"的僭主，一个不必有大德、甚至不必热爱真理，但乐意听哲人意见的统治者。施特劳斯解释说，哲人的政治理想已经温和多了，主张强制（专制）与劝说（民主）的结合。

苏格拉底在雅典被判处死刑，仅仅因为他被控不信雅典城邦所崇拜的神。苏格拉底意识到，一个城邦——政治共同体崇拜自己的神，是好事情。如果逃到克里特，有了政治意识的苏格拉底再不会凭着哲人的疯狂，顶撞当地法律传统，而是自觉限制自己的眼界。哲人固然不该放弃疯狂，但必须温顺。哲学作为一种生活方式发生了根本转变:"哲学是无畏与温顺相结合的最高形式"(〈什么是政治哲学?〉,页86)。

雅典哲人在立法时,最引人注目的是订立不敬神的刑法。雅典哲人自己并非真的要敬神,订立不敬神的刑法显然是从政治制度的稳健着眼的。为了使这样的立法有说服力,哲人"不得不证明神的存在"。神的存在证明被写进法的总纲(宪法),为其中有惩罚不敬神的实在法提供正当性。很明显,虽然雅典哲人在立法,也要尽量搞得这人为的立法像神立的法——模仿神法。

哲人精神本来与神的存在势不两立,现在哲人却要为神的存在作证;苏格拉底去法院时还向长老请教何为敬神,现在已经主动要为敬神奉献智慧:"《法义》是柏拉图唯一有这种证明的著作,……可以说它是柏拉图最虔敬的著作"(〈论柏拉图〉,页85)。这看起来是一百八十度的转变,然而,乘立法之机,雅典哲人也作了手脚:将对神的信仰限制在神能被证明的范围内,以免信神变成盲目狂热;同时,还乘机将对不信神的哲人的刑法,减轻到不伤及皮肉的程度。雅典哲人在立法时的这一切所为,都是为了制度的稳健,以便大多数人服从明智的法律。

《法义》回答了这样的假设:如果苏格拉底还年轻,还要继续过自己的哲人生活,他不会再像过去那样与敬神的民众作对,而是懂得隐藏自己无畏的疯狂智慧。于是,《王制》、《治邦者》和《法义》构成的推演逻辑倒过来了:柏拉图将《法义》的终点变成了《王制》的起点(〈论柏拉图〉,页87)。

事实是,苏格拉底选择了死在雅典。为什么苏格拉底的选择是"最高尚的政治选择"?

这里的"高尚",指为了哲学而死。为了哲学而死指为了捍卫哲学勇于牺牲自己的生命? 不是。选择死在雅典,仅仅因为这里有自由的民主,最适合哲人生活,这里的人民对哲人最尊重、最宽厚。这意味着,对于哲人的生活方式来说,最重要、最珍贵的是有选择过这种生活的自由、为沉思高贵提供时间和空间。"苏格拉底确实是被民主政治杀害的,但被杀害时已经 70 岁,允许他享尽了天年。在反民主的斯巴达,苏格拉底可能在小时候就被流放致死"(〈什么是政治哲学?〉,页 82)。是不是因为雅典城邦为哲人生活方式提供了自由,苏格拉底才在临终前让友人宰了那只公鸡,以示对城邦人民的敬意?

施特劳斯不是一再批判现代的自由主义吗?怎么看起来倒像个自由主义者?

施特劳斯的自由主义是"古典的",而不是现代的。古典的自由,不是"价值中立"的自由,而是有追求完善、美德的自由。那种"忘记了品质、优秀和美德"的自由主义,乃是 perverted liberalism[堕落的自由主义]。[1] 哲学追求完善、德性、美好,自由是哲学的生存条件,而非为了自由的自由——消极自由。

施特劳斯反对基督教神学采纳哲学,原因之一是,这样必然引致教廷对思辨可能颠覆启示的关注,从而严厉监控神学中的哲学活动,反而对哲学生活不利。这无异于说,基督教采纳哲学反而扼杀了哲学。在犹太教—伊斯兰教的律法学中,哲学反而保有了私人性质和"较高程度的内在自由",因为在那里,像希腊城邦的神一样,律法什么事情都管,唯独不管哲学:哲学是"彻头彻尾私人性的、超政治、超社会的"(〈如何着手研究中世纪哲学〉,页 139)。如果古典哲学的毁灭是现代性厄运

---

[1]　参施特劳斯,〈古典政治哲学的自由主义〉(The Liberalism of Classical Political Philosophy),见氏著,《古今自由主义》,前揭,页 64。

的根源之一,基督教哲学无意中就成了几个罪魁祸首中的一
个。尼采对近代理性神学的批判和海德格尔对本体神学的批
判,是否也是这种意思?

苏格拉底起初研究的是关于灵魂的知识,后来研究起政治
的知识——关于人类事务、正义、美好、善的知识,这种转向是他
虔敬神的表现。"神不愿意人探究他不想启示的东西,特别是天
上和地下的事物。因此,一个敬神的人只能探究留待人来探究
的东西,亦即人间事物"(〈政治哲学史绪论〉,页 4)。①　施特劳斯的
这一解释,是不是把先知精神的因素转移到苏格拉底身上去了?
施特劳斯自己并非神学家,也不想追随自己祖传的犹太教先知,
而是成了苏格拉底信徒。但他转而研究人类的政治知识,是否
也是按神的启示? 施特劳斯是否并非纯粹的苏格拉底信徒,同
时仍然是先知精神的信徒?②

上帝晓得人担负不起分辨善恶的知识,希腊哲人偏偏以摘
食知识树的果子为自己的神圣使命。西方文化及其历史在知善
恶的路上已经走得如此之远,终于承负不起,庄严宣称要放弃善
恶的知识。由于仍然不能指望靠任何自然—社会科学的手段和
技术消除人间的欠缺和残酷,于是,西方哲人的后裔们决定干脆
犬儒算了。犹太裔的施特劳施却站出来宣称,尽管有灾难和恐
怖,唯有死死守住对美德知识的追求和对上帝的信靠。尽管人

---

① 　亦参施特劳斯,〈论《游叙弗伦》〉(On the Euthyphron),见氏著,《古典政治理性
主义的重生》(The Rebirth of Classical Political Rationalism),前揭,页
187—206。

② 　参施特劳斯,〈为什么我们仍是犹太人:犹太信仰和历史还会对我们说话吗?〉
(Why we remain Jews: Can Jewish Faith and History still Speak to us?),见
Kenneth L. Deutsch/Walter Nicgorski 编, Leo Strauss: Political Philosopher
and Jewish Thinker,前揭,页 43—80。

类已经作恶万端，上帝并没有遗弃我们。现在的问题是：人类不能遗弃自己，放弃追求关于善恶的知识。鉴于人类已然吃了知识树的果子，美好生活的可能性就唯有靠苏格拉底—柏拉图的哲人精神："人因恶遭受苦难，以人的善恶知识为前提，反过来也一样"（〈耶路撒冷与雅典〉，页74）。顽强支持苏格拉底的精神力量，竟然出于旧约圣经的智慧，这意味着什么呢？

人对美好生活的追求，非得以善恶知识为前提。尼采提倡的"超善恶"的知识，其实就是希腊哲人精神与希伯莱先知精神的张力。

> 尼采的未来哲学与柏拉图的哲学有一个决定性的差别。尼采的未来哲学是圣经的嗣子（an heir to the Bible）。他是深化灵魂的继承人，这种深化灵魂一直深受圣经对一位神圣上帝信仰的感染。这位未来的哲人不同于古典哲学家，他深切关怀神圣。他的哲学内在地是宗教性的。这并非意味着他相信神——圣经的上帝。尼采是无神论者，但却是期待一位尚未向他显现的上帝的无神论者。他打破了圣经信仰，因为圣经的上帝作为此世的创造者置身世界之外：将圣经的上帝比作至善，此世必然就不那么完满了。换言之，按照尼采，圣经信仰必然导致来世或禁欲。人性至德的条件是，人保持或变得彻底忠于大地；这个世界之外是虚无，上帝或理念或我们靠知识或信仰得到的种种元素并不关怀我们，只有这世界关怀我们。任何对（上帝或理念或元素）这类世界根基的关怀都是置身世界之外——置身我们生活于其中的世界之外，使人与此世离异。这类关怀基于要逃避现世的恐怖和困窘的愿望——基于寻求安慰的愿望，削足世界到人可以承受为

止。(《海德格尔存在主义导论》,页41)

　　在施特劳斯眼里,尼采是旧约圣经和希腊古典哲学的传人,这两种智慧冲突性的张力是必须的,为了对大地的忠诚和热爱——在热爱和忠诚中承负此世的残酷、不幸和困窘。
　　施特劳斯是不是在说自己?

《书屋》2001 年 02 期

《政治哲人施特劳斯》后记

甘　阳

　　这本论施特劳斯政治哲学的文字，原是为中文版五卷本"施特劳斯著作集"所写的一个长篇导言①，去年成稿后曾引起不少朋友的兴趣和关注，这次承牛津大学出版社出单行本发行，我愿借此机会首先向许多朋友表示感谢，同时也在这里略作一些补充。

一

　　此次单行本收入了我在 2001 年 8 月的一封学术通信作为附录，这封通信的内容虽然是关于如何研究美国宪法和宪政理论的，但与施特劳斯政治哲学问题可以说有某种或隐或显的关联。这首先是因为政治哲学问题本与宪政理论有密切的关系，但同时也是因为，就我自己而言，无论思考政治哲学的问题，还是思考宪政理论的问题，我近年的基本着眼点首先都是当代西方特别是美

---

①　施特劳斯著作集五卷本将由北京三联书店陆续出版，内容如下：《政治哲学引论》（上、下两册）；《施特劳斯早期著作，1921－1932》；《自然权利与历史》；《城邦与人》；《柏拉图路向的政治哲学研究》。其中《自然权利与历史》已经于 2003 年 1 月出版。

国的自由主义与保守主义之争这一中心问题。因此,在讨论施特
劳斯问题时,我的目的同时是要勾勒出西方自由主义理论与后现
代左翼理论的某种同源性,从而突现施特劳斯政治哲学是对自由
主义与后现代理论的双重批判;同样,在关于研究美国宪法的通
信中我也着重于指出,当代美国的宪政辩论其中心问题说到底是
自由主义与保守主义之争。这种观察角度诚然是我自己非常个
人性的一种问题意识,但我确实以为,只有抓住自由主义与保守
主义之争这个中心线索,我们才能真正把握当代西方的主要思想
脉络和政治走向。从政治哲学的角度看,任何思想和理论都产生
于某种政治社会之中,而且与该政治社会的重大"意见"纷争有密
切的关系。从这种角度看,古希腊的各种思想理论都与古希腊城
邦政治有关,而二战以后的各种西方当代理论则与二战后的美国
政治有莫大关系(二战后的欧洲思想例如法国后现代等事实上都
是通过"美国化"才产生更大的影响)。我们由此不能不特别注
意,二战以后 50 年来美国政治的最基本脉络或最重大"意见纷
争"就是自由主义与保守主义之争,而且这种纷争的结果是,美国
保守主义从边缘走向中心,成为美国政治的主流意识形态,而以
往居于中心的美国自由主义却日益成为守势意识形态。

　　在伊拉克战争后的今天,全世界都已知道小布什的美国政
府奉行的是所谓"新保守主义"。但这个"新"其实并不新,因为
小布什的保守主义政治并非新创,而是近几十年来美国保守主
义政治强劲崛起的一个结果。早在 1978 年,盖洛普全国民意调
查已经显示:美国人中 47% 选民自认信奉保守主义,只有 32%
信奉自由主义,此外 10% 则属于各种各样的中间派。① 而再过

---

① William Berman, *America's Right Turn: From Nixon to Clinton*, The John
Hopkins Universtity Press, 1998, p. 65.

十年,即里根高举"保守主义革命"大旗执政 8 年以后的 1988 年大选,美国政治生态已经变成所谓"自由主义没有拥护者和捍卫者,而只有反对者和攻击者"(Liberalism in 1988 had no advocates or defenders, just adversaries and attackers)。① 尽管当年美国 65 位自由派知识分子领袖——包括诺贝尔经济奖得主阿罗(Arrow)和托宾(Tobin),史家小施莱辛格(Schlesinger),社会学家墨顿(Merton),以及加尔布雷斯(Galbraith)等,曾在《纽约时报》②发表联合声明为自由主义辩护,强烈指责里根和老布什等美国保守派领袖把"自由派"和"自由主义"等美国 传统的神圣字眼说成是"脏字眼"(dirty word),但是自由派领袖们的努力完全无济于事,因为自 80 年代以来"自由派"和"自由主义"等字眼(所谓 L-word)在美国保守派百般嘲弄挖苦下已大为贬值。今天小布什政府奉行的所谓"新保守主义",只有置于近 30 年来美国保守主义成为政治主流的历史背景下才能得到理解。

美国保守主义压倒自由主义这种结果对很多人来说都几乎有点不可思议。尤其如果单纯从西方学院的角度去观察,则人们多年来听到看到的几乎都是各种自由主义与左翼的时新理论。但只要越出学院的小世界去看美国政治的大世界尤其美国的选举政治,那就几乎是完全不同的一个世界,在这个政治世界中保守主义已经稳居主导甚至统治的地位。这种现象实际也正好印证了美国保守派多年来的一个基本看法,即美国自由派和左翼的优势主要在美国大学特别是精英大学,但美国保守派的优势则植根于美国民众即所谓"淳朴的人民"

---

① 参 Patrick M. Garry, *Liberalism and American Identity*, The Kent Sate University Press, 1992, 第一章,叙述美国 80 年代以来"自由主义政治死亡"的命运,特别能反映普通美国自由派学者对"美国自由主义死亡"之焦虑心情。

② 《纽约时报》,1988 年 10 月 26 日。

(Virtuous People)或"沉默的大多数"(Silent Majority)。唯其如此,我们才能理解为什么在里根和老布什执政的保守政治时代(1980—1992),大学和高等教育的问题竟然会成为全美政治的中心,从而被称为美国历史上的"文化战争"(Cultural War)年代。[①]　里根—老布什政府任命的两位教育官——教育部长贝奈特(William Bennett),以及"国家人文科学基金会"主席切尼夫人(Lynne Cheney,其丈夫即现美国副总统切尼),尤其成为当时最有争议的人物,被美国自由派和左翼学者看成是美国保守派力图强行改造大学的急先锋。1988年贝奈特以教育部长身份强势介入斯坦福大学的课程改革,在全国电视上公开指责斯坦福大学改革"西方文明史"课程实际是要"把西方文化当废物"(trashing Western culture),[②] 从而把大学的课程改革问题变成了全国性政治的头号问题。而一旦把问题从学院内转移到社会上,则美国保守派几乎就稳操胜券,因为美国大多数民众自然不能容忍什么"批判西方中心论"之类,而自由派或左翼学者自然也必须在美国公民面前自我辩护,证明他们绝没有"把西方文化当废物",而只是要美国学生同时也了解一点非西方文化。[③]

[①] 美国的这场"文化战争"自然可以追溯到更早的时期,可参 Ira Shor, *Culture Wars: School and Society in the Conservative Restoration 1969—1984*, Routledge, 1986。

[②] 参见 William Spanos, *The End of Education: Toward Posthumanism*, University of Minnesota Press, 1993, pp. 209—210。

[③] 关于斯坦福大学课程改革的最详尽材料汇编可见,"The Discussion About Proposals to Change the Western Culture Program at Stanford University," *Minerva, Review of Science, Learning and Policy 27*, Summer-Autumn 1989, pp. 223—411。

与此同时,掌握美国人文科学研究拨款的"国家人文科学基金会"(National Endowment for the Humanities),在切尼夫人主持下也被自由派和左翼学者普遍认为使他们申请基金变得日益困难。切尼夫人几乎毫不讳言现在是拨乱反正的时候了。在她看来,长期以来自由派和左派主导了美国大学而且用他们的"政治正确"标准决定大学教师的聘任和提升,以致现在"一个白人男性保守派学者如果更景仰麦迪逊而不是马克思"就很难在大学找到工作。① 由此也就可见美国保守派对美国大学是何等忧心忡忡。但这种说法其实是夸大其词的,因为根据社会学家们的调查,60 年代以后的美国大学校园并没有变得更激进,而是变得更温和与更保守:到 1984 年,美国大学教师中自认自由派的只有 33.8%,自认左翼的更只有 5.8%。② 但切尼夫人和美国保守派却认为,大学中人文社会科学院系的"终身聘任教授"大多无异于"终身聘任左派"(Tenured Left),③ 或"终身聘任激进派"(Tenured Radicals)。④ 因此美国保守派在 80 年代后期到 90 年代初期几乎集中全力强烈抨击美国大学,把"文化战争"推向了白日化,以致"美国大学联席会"(Association of American Universities)主席罗森茨威格后来不满地说,攻击大

---

① 参切尼夫人备受争议的官方年度报告,Lynne Cheney, *Telling the Truth: A Report on the State of the Humanities in Higher Education*, Washington, D. C: National Endowment for the Humanities, 1992, p. 28。

② 参见 Richard Hamilton and Lowell Hargens, "The Politics of Professors: Self-Identification,1969—1984", *Social Forces* 71:3, March 1993, p. 608 以下。

③ Stephen Balch and Herbert London, "Tenured Left,"in Les Csorba, ed., *Academic License: The War on Academic Freedom*, *Evanston*, UCA Books, 1988, esp. p. 45. 这两位作者是保守派的"全国学者联盟"(National Association of Scholars)的主要发起人。

④ Roger Kimball, *Tenured Radicals: How Politics has Corrupted Our Higher Education*, Harper and Row, 1990.

学成了保守派作者发财致富的稳靠来源。① 确实,此期保守派攻击大学的著作成了一大出版工业,而且书名都比较煽情,例如:《终身激进派:政治如何败坏了我们的高等教育》,②《空心人:高等教育的政治与腐败》,③《反自由的教育:校园盛行的种族政治与性政治》,④《假和尚坐庙:美国知识分子在摧毁我们的大学并误导我们子弟的未来》,⑤ 等等。

但在所有这些批判美国大学的著作中,最轰动也是最早挑起整个论战的,自然首推施特劳斯的弟子布鲁姆在1987年出版并迅速成为全美头号畅销书的大作:《蔽塞的美国心智:高等教育如何导致民主的失败,如何导致今日大学生心灵的枯竭》。⑥(即《走向封闭的美国精神》)——正是在关于大学和教育问题的这场大辩论中,所谓"施特劳斯学派"登上了美国文化政治的舞台,而从前默默无闻而且早已去世的施特劳斯的名字也第一次出现在美国媒体中。

我在1989年进入芝加哥大学"社会思想委员会"求学时,美国的"文化战争"正如火如荼,而且布鲁姆先生就在这个委员会任政治哲学教授,他的密友索尔·贝娄先生则在这个委员会任

---

① 参 Robert M. Rosenzweig, *The Political University*, The Johns Hopkins University Press, 1998, pp. 40—41。

② Roger Kimball,前引。

③ Charles Sykes, *The Hollow Men: Poltitics and Corruption in Higher Education*, Regney Gateway, 1990.

④ Dinesh D'Souza, *Illiberal Education: The Politics of Race and Sex on Camps*, Free Press, 1991.

⑤ Martin Anderson, *Impostors in the Temple: American Intellectuals are Destroying Our Universities and Cheating Our Students of Their Future*, Simon and Schuster, 1992.

⑥ Allan Bloom, *The Closing of the American Mind: How Higher Education Has Failed Democracy and Impoverished the Souls of Today's Students*, Simon and Schuster Inc. 1987.

文学教授（当时美国自由派和左派学者将贝奈特、布鲁姆和贝娄称作"3B
杀手"，加上切尼夫人被称为"3B 加 1C"）。系里其他老师不少都是
保守派中人，有的曾任里根政府的白宫撰稿人，还有的后来被小
布什政府任命为"生命伦理委员会"的成员。我自己的两位导
师，社会学家席尔斯（Edward Shils）和法国史家郭雷（Francois
Furet），也都与美国保守派渊源甚深。这种周遭环境很自然地使
我对美国保守主义与自由主义之争产生特别的兴趣，但同时也
深受这种争论之困扰。我发现自己对美国的保守派和自由派各
有一份同情，同时又各有很大保留。我以后逐渐形成的个人立
场因此既不符合保守派的立场，也不符合自由派的立场。基本
上，在社会政治问题上，我常常更同情美国所谓自由派的取向，
但在思想文化上我则比较同情保守派的学术取向。在具体阅读
上，我以为要理解当代世界不能不多读自由派和左翼学者的著
作，但在理解西方古典和思想传统上则我又往往更重视保守派
学者的著作。这种立场看上去似乎颇为自相矛盾，但我却日益
觉得，在西方主导的复杂当代世界中，一个中国思想者最需要警
惕的是，既不要完全采取西方自由派或左派的立场，也不能完全
采取西方保守派的立场，否则只会成为西方的附庸，而失去自己
作为中国思想者的立场。

　　关于美国保守主义与自由主义之争的历史过程，我在别处
会有比较详细的讨论。这里仅指出，美国保守派中主张"市场放
任主义"的这部分虽然在意识形态上压倒了美国新政自由主义，
但并没有也不可能颠覆新政自由主义给美国奠定的基础。新政
自由主义的基本遗产通常都认为集中体现在所谓"社会保障"
（Social Security）上，但这里的社会保障并非仅仅指的是具体机
制，而首先是指一个"概念"。这个概念就是，在市场经济下，政
府必须为公民提供最基本的"保障"，这种保障同样并不仅仅是

物质的,而且更重要是公民心理上的保障。美国保守派无论
怎样高唱"放任",从来没有也不敢触动美国新政自由主义奠
定的"社会保障"概念及其体制。也因为如此,美国保守派幕
僚佛罗姆(David Frum,曾任小布什白宫秘书并为小布什作传)数年前
哀叹美国保守主义早已死亡,因为在他看来"保守派早已失去
了他们鼓吹最小政府的热忱;不是因为保守派觉得大政府是
好的,而是因为他们无可奈何地认识到,不但削减大政府是毫
无希望的,甚至防止大政府进一步扩大都超出了他们的能
力。"① 我个人对"市场放任主义"这派的保守主义一向持批判
立场,也是在这方面我基本上是倾向美国自由主义的,但这种立
场现在在中国国内被称为所谓"新左派",而我自己则称为"自由
左派"的立场。②

　　但思想文化方面的问题则远为复杂。最困扰我的还在于,
所谓自由主义与保守主义之争,并非仅仅只是美国政治的党派
之争,而是同时深刻地渗透于当代西方的思想和学术中。在"社
会思想委员会"这样主要研究西方思想传统和西方经典著作的
地方,这些争论直接涉及到如何阅读西方思想这部历史和如何
阅读几乎每一本经典。无论阅读柏拉图、亚里士多德,还是莎士
比亚或尼采,都会面临"解释的冲突"的问题。而这些"解释的冲
突"背后,实际总是间接曲折地与当代西方特别美国的政治意见
纷争有关。由此,阅读西方思想史似乎变成了不得不在古典与
当代、自由与保守之间来回反复的过程。施特劳斯的著作正是
在这方面引起我的特别兴趣。施特劳斯不是那种为任何党派写

①　David Frum, *Dead Right*, New York: A New Republican Books/Basic Books,
　　1994, p. 3.
②　甘阳,〈中国自由左派的由来〉,《政治理论在中国》,陈祖为等编(香港:牛津大学
　　出版社,2001),页218—232。

作的人,但他的著作实际把当代自由主义和后现代的问题都带回到西方现代性的问题上。

　　施特劳斯所谓"政治哲学",实际是阅读西方思想史的一种特殊进路,他以"古今之争"摊开问题,使得古典与当代发生前所未有的紧密关联。按施特劳斯在 30 年代初就形成的看法,现代性对西方人造成的问题是"阅读的中断"或"阅读的不可能"。这个看法与几十年后的后现代理论家们看到的问题是相同的,不过旨趣却相反。对以后的后现代派来说,"阅读的中断"正意味"写作的自由",亦即后来德里达所谓"书的终结与书写的开始"(the End of the Book and the Beginning of Writing)①。但施特劳斯在 30 年代给自己定下的终身目标却是拒绝这种"写作的自由"或拒绝"虚妄的原创性",而要重新寻求"阅读的可能性"。② 也因为如此,施特劳斯的所有著作都是对西方典籍的"阅读"(他当然会否认柏拉图的"对话"是德里达意义上的"书"),而且他几乎从来不用自己的语言说话。换言之,施特劳斯强迫读者如果要读他的著作就必须同时阅读西方典籍,否则的话单纯阅读施特劳斯几乎没有意义。阅读施特劳斯因此必然地成为重读典籍的过程,而且读者在这种阅读中必然会不断怀疑施特劳斯的阅读是否成立,从而不断地细 读原著来印证施特劳斯的阅读,这种阅读因此成为一种欲罢不能的过程。也是因为如此,说施特劳斯有什么"思想"通常不是很有意义,因为施特劳斯根本否认他自己有任何思想,而只是展示他如何阅读,这也是为什么他总是津津乐

---

① Jacques Derrida, *Of Grammatology*, *tr. by Gayatri Chakravorty Spivak*, The Johns Hopkins University Press, 1976, pp. 6—26.

② 参施特劳斯,*The Early Writings*(1921—1932), ed. by Michael Zank, State University of New Yewk Press, 2002. pp. 214—215. 又参其 *Philosophy and Law*, State University of New York Press, 1995, pp. 135—136。

道柏拉图"第七封书信"中柏拉图根本否认有"柏拉图的哲学"。我们现在因此不能不简略地谈一下施特劳斯不同寻常的阅读和写作风格。

二

　　施特劳斯的著作通常而言似乎并不显得特别晦涩,更很少象海德格尔那样生造诸多术语而使读者不知所从。但施特劳斯写作风格的独特之处在于他似乎宁愿大多数读者误解他而不是理解他,因为他常常有意识地给读者造成某些错觉,使读者特别是不熟悉他著作的读者往往会把他反对和批判的观点当成是他赞成和主张的看法。尤其在他文章或著作的开头,施特劳斯常常显得好像他要说的东西就是读者或听众早已深信不疑的流行观念和主张,但实际上他的真正目的却恰恰是要强烈地质疑和批判那些早被西方社会广为接受的主流观念和信仰。用施特劳斯本人一再强调的话说,真正的哲学写作必高度讲究"写作的艺术"①,其微言大义只有在文本内的"适当地方"(proper place)才会表露,而这不会是在文本的开端。② 通常而言,施特劳斯认为较适合透露作者写作意图的"适当地方"是文本的中间。例如在被施特劳斯奉为西方古典政治哲学圣经的柏拉图《王制》中,苏格拉底在经过"三次浪潮"后终于被迫透露他本不想明言

---

① 参见施特劳斯,*Persecution and the Art of Writing*,Chicago:The University of Chicago Press,1952。亦特别参见施特劳斯,"On a Forgotten Kind of Writing,"in his *What is Political Philosophy?*,Chicago:The University of Chicago Press,1959,pp. 221—232.

② 施特劳斯,*On Tyranny*(Revised and Expanded Edition),edited by Victor Gourevitch and Michael Roth,New York:The Free Press,1991,p. 28.

的微言大义即"最好的政治是由哲人作君王来统治"时，这一诡秘的核心教导无巧不巧地恰好出现于全书正中间的位置（按柏拉图著作的西方通用 Stephan 编码，《王制》起自 327a，终于 621d，关于"哲人—君王"的讨论始于 473c—d，即全书正中）。

　　施特劳斯对写作方式和阅读方式的这种刻意强调常常显得玄乎其玄而又扑朔迷离。由此而来的一个风气就是晚近以来颇有学者以整本书的篇幅来评注施特劳斯一篇区区二三十页的文章。例如颇有名气的尼采专家朗佩特（Laurence Lampert）以一本专著的篇幅来讨论施特劳斯一篇不足 20 页、一共 38 个自然段的谈尼采的文章；① 而另一位学者则同样以一本专著的篇幅来讨论施特劳斯另一篇 30 页左右、一共 40 个自然段的谈"雅典与耶路撒冷"的文章。② 之所以如此，自然是因为人们普遍认为施特劳斯写作的布篇谋局乃至遣词造句有太多讲究。施特劳斯弟子或对施特劳斯特别感兴趣的读者在阅读施特劳斯一篇单篇论文时，因此常常会首先计算该文由多少自然段组成，并由此推敲该文的布局结构与意图所在。举例而言，施特劳斯的著名论文"什么是政治哲学？"③一共包括 66 个自然段，而全文开头则似乎随意地引用了《希伯莱圣经》中"以赛亚书"的一句话，即耶和华将再度使耶路撒冷城成为"公正不阿之城，信仰坚定之城"（the city of righteousness, the faithful city）。④ 熟悉施特劳斯写作风

---

① Laurence Lampert, *Leo Struass and Nietzsche*, Chicago：The University of Chicago Press, 1996.

② Susan Orr, *Jerusalem and Athens* Rowman & Littlefield Publishers, Inc, 1995.

③ 施特劳斯，"What is Political Philosophy?" 收入氏著 *What is Political Philosophy?*, Chicago：The University of Chicago Press, 1959, pp. 9—55。

④ 同上，p. 9. 施特劳斯引用时仅加引号而并未给出出处，事实上这篇长文没有一个注释，但引文出自于《以赛亚书》第一章 26 节。

格的读者由此可能会注意到,《以赛亚书》恰好也是一共 66 章。
这就意味着,施特劳斯的"什么是政治哲学"全文由 66 段组成,
不大可能是偶然的巧合,而是在向细心的读者暗示该文与《以赛
亚书》的某种关系。① 但如此一来,这篇文章的阅读自然大大
复杂化,而且施特劳斯本人的基本意图更变得闪烁不定而难以
捉摸。②

　　这种奇特的阅读方式自然来自施特劳斯本人,即他著名的
所谓"字里行间阅读法"(reading between the lines)。施特劳斯本人
最诡秘的《思索马基雅维利》③ 一书在这方面几乎成为当代西
方学术的一大公案,因为他在马基雅维利著作的"字里行间"读
出了太多令其他马基雅维利专家们大吃一惊的东西。④ 例如
马基雅维利名著《读李维》(*Discourses on Levy*)全书一共由 142 章
组成,谁也不会问为什么此书不是 100 章,不是 150 章,而是

---

① 多年前笔者因不知此引文出处而求问当时尚活得鲜龙活跳的布鲁姆教授,他在
　　告知出处后立即随口问有否注意施特劳斯此文一共多少个段落,尚未等我回
　　答,他已经以一种兴奋的语调说:"66! 就像《以赛亚书》一样!"他当时那神情至
　　今让人记忆犹新。不过迄今为止,似乎尚未见有人专门从此角度作文章。

② 事实上施特劳斯这篇文章的第一段就已让许多读者觉得困惑。因为他首先说
　　世界上没有任何一个城邦会像耶路撒冷那样认真对待"政治哲学"的主题,但他
　　马上就说他下面将不得不对耶路撒冷保持"沉默",而将把读者带到"雅典"去,
　　因为雅典是西方政治哲学的故乡,但与此同时他"将一刻不忘耶路撒冷代表的
　　是什么"。换言之,此文一开始就已先摊出了"雅典还是耶路撒冷"这一施特劳
　　斯所谓的西方文明首要问题,但随后施特劳斯在下文中就似乎完全离开了这个
　　问题,而让读者自己去琢磨。

③ 施特劳斯,*Thoughts on Machiavelli*,Chicago:The University of Chicago
　　Press,1958。

④ 施特劳斯此书引发的评论甚多,可参:Felix Gilbert,*book review, Yale Reivew*
　　48 (1958):466—69;Robert McShea,"Leo Strauss on Machiavell,"*Western
　　Political Quarterly* 16 (1963):782—97;Dante Germino,"Second Thoughts
　　on Strauss's machiavelli,"*Journal of Politics* 28 (1966):794—817;以及当代
　　"共和主义史学"大师普考克(J. G. A. Pocock)的长篇批评:"Prophet and In-
　　quisitor,"*Political Theory*,vol. 3, no. 4 (November 1975):385—401。

142 章。但施特劳斯却偏偏提出这个问题,而且指出这个章节数目并非任意,而与作者基本意图有关。他提醒读者注意,马基雅维利所"读"的古罗马史家李维的《罗马史》一共是 142 卷①,因此马基雅维利把自己的书分为 142 章,实际是暗示他的书对应于李维的 142 卷。② 但如此一来,问题立即就出来了,因为马基雅维利此书的全名是《读李维的罗马史前 10 卷》(*Discourses on the First Ten Books of Livy*)。为什么马基雅维利要刻意说明他只讨论李维书的前 10 卷,而实际上却又暗示他的书对应于李维书的全部 142 卷? 施特劳斯进一步提示,李维书前 10 卷是致力于罗马共和建国初期的光荣鼎盛,而其全部 142 卷则是一直延伸到罗马的腐败衰亡,而马基雅维利的《读李维》实际要从罗马的兴起一直讲到基督教的兴起,暗示罗马的衰亡与基督教有关。③ 施特劳斯指出,马基雅维利之所以要特别标明他只讨论李维书的前 10 卷,目的就是要首先刻意造成一个印象,似乎他的目的就是要"复古",是要以古罗马共和为样板来建立现代意大利共和国。但是,马基雅维利同时刻意用 142 章来对应李维的 142 卷,却恰恰是要向有会心的读者暗示,他的真正兴趣其实并不在于罗马的兴起,而恰恰更在于罗马的衰亡! 换言之,马基雅维利的真正目的根本不是要"复古",而是要"创新",他根本就不认为罗马共和应该成为现代政治的样板,而是雄心万丈地认为,他马基雅维利奠定的"新样式与新秩序"(Machiavelli's New Modes and

---

① 李维的《罗马史》142 卷今本仅存 35 卷,即卷 1—10,卷 21—45,有企鹅古典丛书四卷本行世:Livy, *The Early History of Rome* (Books 1—5); *Rome and Italy* (Books 6—10); *The War with Hannibal* (Books 21—30); *Rome and Mediter-ranean* (Books 31—45), Penguin Books 1960, 1982, 1965, 1976。

② 施特劳斯,*Thoughts on Machiavelli*, pp. 48—53,他在这里接下去就问为什么《君主论》一共 26 章,等等。

③ *Thoughts on Machiavelli*, p. 88 以下。

Orders)才是从今以后全部现代政治的基础!

施特劳斯的弟子曼斯菲尔德因此说,所有的人都认为他们能读懂马基雅维利,只有施特劳斯告诉他们其实他们根本没有读懂。[①] 现当代以来主流学界把马基雅维利看成是所谓"古典共和主义传统"承前启后的中枢人物,在施特劳斯和曼斯菲尔德看来其实都误入歧途。[②] 因为他们只抓住了马基雅维利的表层意图,却完全没有洞察马基雅维利的深层意图。施特劳斯以其"字里行间的阅读法"层层论证,马基雅维利的第一个目标是要借助李维和古罗马的权威来颠覆基督教的权威,因此他在《读李维》的开端首先要刻意树立李维和罗马的权威地位;[③] 但与此同时,《读李维》全书从第一卷到第三卷的过程越来越明显地表明,马基雅维利在"字里行间"更进一步同时颠覆了李维的权威和古罗马的传统。马基雅维利心里根本就没有把李维和罗马当作权威,而纯粹是"借钟馗打鬼"而已(施特劳斯特别点出,马基雅维利的《君主论》从未提及李维的名字)。[④] 确切地说,

---

① Harvey C. Mansfield, *Machiavelli's Virtue*, Chicago: The University of Chicago Press, 1996, p. 219.

② 当代"共和主义史学"的主要代表首推普考克(J. G. A. Pocock)和斯金纳(QuetinSkinner)。参见 Pocock, *The Machiavellian Moment: Florentine Political Thought and the Atlantic Republican Tradition*, Princeton: Princeton University Press, 1975; Skinner, *Machiavelli*, New York: 1981. 普考克在他这本著作中对施 特劳斯一字不提,但在发表这本著作的同年却觉得不能不以长篇评论来批评施特劳斯的"马基亚维利"解释,见前引"Prophet and Inquisitor," *Political Theory*, vol. 3, no. 4 (November 1975): 385—401. 斯金纳在上引书的结尾则实际暗示他的目的之一即在清算施特劳斯解释的流毒。但他对施特劳斯论点的概括则只引施特劳斯书的"开篇"说 法,因为他试图使读者相信施特劳斯不过重复了"传统"说法即马基亚维利是"邪恶的教师"。但施特劳斯的独特性实际在于提出马基亚维利第一个开辟了西方现代性。

③ *Thoughts on Machiavelli*, p. 92 以下。

④ 同上,p. 122 以下。

马基亚维利根本就没有像李维和老罗马人那样把"古的"就当成"好的",恰恰相反,马基雅维利认为"新的"才是"好的",他要造就的是现代的"新君主",而绝不是言必称罗马的新侏儒。正是在这个意义上,施特劳斯认为马基雅维利是西方"现代性"的第一位开国元首,因为马基雅维利不仅颠覆了基督教的权威,同时更进一步同时颠覆了古希腊罗马的权威,从而使西方现代性走上与西方两大传统同时决裂的不归路。

西方主流派学者常常愤怒地指责施特劳斯的这种"阅读方法"是有意识地把难读的书弄得更难读,而把不难读的书也弄得像天书。[1] 但在施特劳斯看来,这只表明现代学者实际不再知道什么是"阅读",因为现代学者已经"遗忘"了古代哲人的"写作方式"。在"法拉比如何阅读柏拉图的《法义》"[2] 一文中,施特劳斯曾提请人们注意中古阿拉伯大哲法拉比的《柏拉图的法义》,因为法拉比在那里指出,柏拉图的写作方式并不仅仅在于他在其对话中大量使用象征语言、谜团语言、晦涩语言、费解语言,而且更在于,柏拉图在首先造成这种其写作充满隐喻的印象后,有时即放心地以明言而毫无隐喻的方式直言他对要紧问题的真正看法。法拉比说,柏拉图这些明言的真正看法通常都会被读者忽视,正因为大多数读者已经认定柏拉图从不直言,从而想当然地认为这些直白明言的说法"不会是柏拉图的看法";只有少数真正把握了柏拉图写作方

---

① 见 Myles Burnyeat, "Sphinx without a Secret," *New York Review of Books*, 30 May 1985, 30—36。

② 施特劳斯,"How Farabi Read Plato's Laws?" 收入氏著 *What is Political Philosophy*? Chicago: The University of Chicago Press, 1959, pp. 134—154。

式的人才能了解,柏拉图有时明白直言的话就是柏拉图的意图。[1] 换言之,所谓"俗白教导"(exoteric teaching)与"隐讳教导"(esoteric teaching)之区别并不能单纯从字面上去理解,因为有时看上去"俗白"的教导恰恰就是"隐讳"的教导,用施特劳斯的话说:"事物表面固有的问题,而且唯有事物表面的问题,才是事物的核心。"[2] 施特劳斯认为,现代学者由于不能掌握这种古典的"写作方式",不仅不能阅读柏拉图,而且也同样无法阅读马基雅维利。例如无数现代学者不愿意相信,马基雅维利的真正教导就是《君主论》中那样明白直言的"邪恶"教导,他们因此总希望在马基雅维利的《读李维》中发现他的"真正教导"或"古典共和主义"的教导。但施特劳斯却论证,马基雅维利这两本书的教导并无二致,《君主论》中明白直言的"邪恶"教导就是马基雅维利的真正教导。

三

直到我去年写作和完成这篇导论文字时,施特劳斯在美国的影响仍然非常有限。以施特劳斯这样奇怪方式阅读和写作的人,显然不像今天无数的学者作家般希望自己的读者越多越好。而施特劳斯的思考显然也很难通俗化,按理是不大可能产生太大影响的。诚然,美国主流媒体已经两次炒作过他的名字——第一次就是上述 1987—88 年间布鲁姆引发的美国文化论战,那次炒作使人们开始知道美国有这么一个所谓的"施特劳斯学

[1] Alfarabi, " Plato's Laws", tanslated by Muhsin Mahdi, in *Medieval Political Philosophy*, edited by Ralph Lerner and Muhsin Mahdi, Cornell University Press, 1963, pp. 84—85.

[2] *Thoughts on Machiavelli*, p. 13.

派",并被看成是美国保守主义在大学和思想文化界的主要代表。[1]　第二次则是 1994 年,背景是当年的所谓"共和党革命",即共和党取得在参、众两院都成为多数党的历史性胜利时,美国主要媒体指称当时已经去世 20 年的施特劳斯是"共和党革命的教父",认为这位原芝加哥大学政治哲学家是"当今美国政治最有影响的人物之一"。[2]　但这两次炒作都没有产生什么效果,不要说美国公众,即使美国大多数知识分子也仍然对施特劳斯非常生疏。这自然也是因为施特劳斯本人的著作看上去与美国政治风马牛不相及。

　　但有意思的是,在今年的美国对伊拉克战争爆发后,美国媒体纷纷再次大谈施特劳斯,认为小布什新保守主义政治的思想资源主要是施特劳斯政治哲学。这次炒作的规模大大超出前两次,几乎到了凡提小布什保守主义来源就必提及施特劳斯名字的地步。[3]　如果我们把美国媒体在 1987、1994、和 2003 年这三次炒作联系起来看,那么不免得出施特劳斯学派的影响越来越大的印象:第一次炒作时,施特劳斯思想和学派尚主要是美国大学和思想文化界的一种现象;而第二次炒作时,则施特劳斯已经被说成是美国共和党的"教父",亦即对全美政治产生了直接性的影响;而最近的第三次炒作,则施特劳斯学派似乎已经左右了

---

[1]　可参 James Altas, "Chicago's Grumpy Guru: Best-Selling Professor Allan Bloom and the Chicago Intellectuals," *New York Times Magazine* (3 Jahuary 1988), pp. 12-31。

[2]　例如"纽约时报"1994 年 11 月 28 日评论:"Undermocratic Vistas: The Sinister Vogue of Leo Struass";又该报 1995 年 1 月 29 日评论:"A Very Unlikely Villain (or Hero)"。

[3]　较早的可参例如"纽约时报"2003 年 4 月 5 日发表的"How Books Have Shaped U. S. Policy",更晚近的可参《纽约书评》2003 年 6 月 12 日期发表的由名记者 Elizabeth Drew 所写的"The Neocons in power"。这类文章现在已多如牛毛,但大多都是觉得只要谈小布什内阁就得提施特劳斯的名字,并无具体分析。

美国军事外交的战略方向从而影响到了国际政治的发展！同时,由于这次伊拉克战争对整个国际社会的重大影响,小布什新保守主义与施特劳斯政治哲学的关系也开始成为国际媒体的话题,包括大陆和港台地区的中文媒体都已有报道或文章谈论施特劳斯 学派与布什保守主义政府的关系。

　　但我以为所有这些与其说是对美国保守主义政治的理解,不如说更多是一种误解。如前所言；小布什的所谓新保守主义并非突然发生,而是近 30 年来美国保守主义发展的结果。美国保守主义并不等于施特劳斯学派,而施特劳斯学派也并不等于美国保守主义。所谓施特劳斯与小布什政府"新保守主义"的关系其实有些都是想当然。例如就目前人们最关注的布什政府的进攻性全球战略而言,与施特劳斯并无关系,因为这种全球战略事实上是美国保守派从冷战初期就提出的一贯主张。冷战时期美国保守派最有影响的人物之一布恩海姆在整整 50 年前出版的《遏制还是解放?》很可以看成是这方面的先声。① 布恩海姆曾长期任中央情报局顾问,并在美国各大军事院校定期讲演,对美国军方影响甚大,认为单纯"遏制" 政策只是防守性的,美国必须有决心"解放"世界。今天所谓"解放伊拉克"正是伯恩海姆意义上的解放。这位前哲学教授在 50 年代初放弃教职,帮助巴克莱(William Buckley)创办美国保守派的第一个全国性周刊《国家评论》(National Review),他在该刊开设的长年专栏即题为"第三次世界大战"。在他看来二战结束后第三次世界大战就已经开始,事实上早在二战刚刚结束的 1947 年他就提出,"美国不

---

① 布恩海姆(James Burnham, 1905－1987),《遏制还是解放》(Containment or liberation? An inquiry into the aims of United States foreign policy), New York, 1953。

管愿不愿意都必须建立成一个帝国"。① 可以说,即使从来没有过施特劳斯这个人,从来没有过施特劳斯学派,小布什政府同样可以形成现在这种进攻性全球战略。尽管小布什政府的国防部副部长沃尔福维茨(Paul Wolfowitz)属于施特劳斯派弟子,但沃尔福维茨在战略上的思想主要来自于他 的另一个老师沃尔斯泰特(Albert Wohlstetter),② 同样与施特劳斯无关。

　　诚然,人们或许不难用非常通俗的语言说明所谓施特劳斯思想与布什政府的关系。例如曾著有《施特劳斯与美国右派》③的一位加拿大自由派学者,在伊拉克战争后更简明地将施特劳斯的"教导"概括为三点以说明为什么施特劳斯是小布什政府的"教父":第一,施特劳斯深受马基雅维利影响,主张统治者必须"欺骗"公民才能有力地主导政治,因为公民们总是需要强有力的统治者告诉他们什么是"善"什么是"恶";第二,施特劳斯深受霍布斯影响,认为每个人都与他人处于潜在的战争状态,只有在"我族主义"基础上形成的强大"国家"才能使人在同一个政治共同体中得到约束;第三,施特劳斯认为一个政治共同体只有在面临外部威胁时才能联合起来,如果没有外部敌人反而可能陷入内部纷争和内战而瓦解,因此施特劳斯派都信奉永久的战争,而不是永久的和平,这就是为什么小布什要发动伊拉克战争。④

　　我们暂且不论这些概括是否正确,但不妨可以提出这样一个问题:假如这就是施特劳斯的"教导",为什么这样的"教导"偏

① James Burnham, *The Struggle for the World*, New York 1947, p. 184.
② 关于沃尔斯泰特的战略著作可参下列网址:http://www. rand. org/publications/classics/wohlstetter/。
③ Shadia Drury, *Leo Strauss and the American Right*, St. Martin's Press, 1997.
④ 德鲁里对施特劳斯思想的这些看法亦可参其最早的 *The Political Ideas of Leo Strauss*, St. Martin's Press, 1988. 这是西方自由派学术界关于施特劳斯的第一本专著。

偏在美国特别成功地成了政治主导甚至国策基础呢？这样的"教导"难道不是应该更适合于萨达姆的伊拉克政府吗？为什么施特劳斯思想没有盛行于萨达姆的伊拉克，倒盛行于小布什当政的美国？是因为美国人民比伊拉克人民更愚蠢，更容易被"欺骗"？进一步而言，施特劳斯在德国有弟子，在法国的弟子更多，他们都像施特劳斯的美国弟子一样不遗余力地传播施特劳斯的"教导"，但几乎可以肯定，如果施特劳斯的德国弟子或法国弟子要使上述的所谓施特劳斯"教导"成为今日德国或今日法国的政治主流和国策基础，那么他们是注定不可能成功而只能被人耻笑的。为什么这样的"教导"偏偏在美国如此成功呢？是否因为德国法国比美国更自由或更民主？我相信这位加拿大自由派学者将无法回答这个问题。

我们甚至还可以以我们中国自己为例来提出同样的问题，因为按照美国《波士顿环球报》今年 5 月 11 日的报道引用施特劳斯弟子罗森教授（Stanley Rosen）的说法，现在施特劳斯学说信奉者最多的地方乃在中国大陆！① 我们因此不妨假设，如果中国大陆出现了一个所谓施特劳斯学派，并且试图把上述的三条施特劳斯"教导"同样应用于中国，试问他们有可能成功吗？可以肯定地说，绝不可能成功。因为这三条没有一条是可以使今天的中国人接受的。绝大多数中国人今天首先就反对统治者可以"欺骗"民众这种"教导"，大家都相信政治应该"透明化"，不然就是"愚民政策"；其次，绝大多数中国人今天尤其不喜欢"国家"而喜欢市场，相信人与人的关系不应该是通过"国家"形成的政治纽带关系，而应该是通过"市场"形成的经济交换关系；尤其人人都知道"我族主义"或民族主义是必须批判的狭隘的不开化民

---

① 　Jeet Heer, "Straussians abroad", *Boston Globe* (11 May 2003).

族的表现；最后，中国人今天讲的最多的就是全球化、地球村，要作"世界公民"可以与"国际接轨"，谁要是认为天下是永久战争而不是永久和平必然被中国人认为是战争疯子。中国人一定会问，最自由民主的美国怎么会接受如此荒谬的这种所谓施特劳斯"教导"呢？是否美国政治比中国政治更不"透明"所以人民更容易被"欺骗"，还是因为美国人比中国人更落后更不开化，更陷于"我族中心主义"而不能接受"世界公民主义"？我相信这位加拿大自由派学者将同样无法回答这个问题。

　　我们现在可以进一步认为，不但这位属于普通常见自由派的加拿大学者无法回答上述问题，而且只怕连罗尔斯、哈贝马斯、或德里达等自由主义和后现代理论家们也都无法回答上面提出的问题。伊拉克战争的思想史意义或许就在于，它表明了当代西方自由主义和后现代主义的理论贫困。这也是为什么伊拉克战争爆发后西方主流思想界理论界都明显陷入"失语症"的原因所在。诚然，我们知道哈贝马斯和德里达等人都在发表这样那样的声明，可是这类声明只不过是所有普通反战群众都有的一种常识立场或态度，并不需要什么真知灼见。问题在于这些理论家们没有也无法用他们自己的自由主义理论或后现代理论来提供一种"解释"，他们只不过与普通常人一样地沮丧于无法阻止这场战争，却并不比普通常人更多地理解这场战争。他们同样地不能解释为什么"美国人民"或至少绝大多数美国选民如此强烈地要打伊拉克战争，并且不管任何国际舆论反对都仍然坚定地支持小布什政府的战争。按照他们的"理论"，这样的事情应该是不会发生的，至少是不应该发生在美国的。至于各种主流媒体热衷于谈论小布什政府与施特劳斯的关系，只不过表明媒体历来的误导而已，因为这些说法一方面过分夸大了施特劳斯及其学派对美国政治的影响，同时却恰恰是有意无意地回避了真正需要面对的问题,这就是当代美国保守主义政治远为深厚的民众基础。

从回顾的角度看,西方自由派和左派理论界实际总是一次又一次地低估美国保守主义的深厚底蕴,总是以为美国保守主义只不过是短暂的、很快就会消失的现象。但美国保守主义的兴起并不是可以那么轻易忽视的现象(包括美国大学现在无疑比以往任何时候都更保守)。这种保守主义的兴起不是施特劳斯所造成,也不是施特劳斯学派所能营造。恰恰相反,只有从美国保守主义兴起并取代美国自由主义这一背景中,我们才能理解为什么施特劳斯学派所谓"法律关乎的是公民的德性"以及"政府的首要职责在于塑造人民的品德"这样反自由主义的论述可以切入美国的宪政辩论。[①] 也只有从美国保守主义政教体制的背景中,我们才能解释为什么像施特劳斯这样主张"德性高于自由"的政治哲学可以有越来越大的影响。

2003 年 6 月

[①] 参见施特劳斯学派最早介入美国宪法辩论的著作,Walter Berns, *Freedom, Virtue and the First Amendment*, Louisiana State University Press, 1957; Henry Regnery Co., 1965.

施特劳斯在中国

——施特劳斯研究和论争综述

张　旭

　　施特劳斯的名字在中国最早出现在 1985 年出版的一本政治理论的译本①之中,其中收入了杨淮生翻译的施特劳斯 1954—55 年在耶路撒冷大学的讲稿《什么是政治哲学?》。十年之后,我们在迪瓦恩等主编的《20 世纪思想家辞典:生平、著作、评论》②中才能查到施特劳斯的条目。1993 年翻译出版了的施特劳斯和他的学生克罗波西主编的《政治哲学史》③一书,但当时学界没有认识充分认识到这本书的价值。施特劳斯本人的著作第一次被翻译过来是申彤译的《霍布斯的政治哲学》④。翻译这本书毋宁说看重的是这本书的主题霍布斯的政治哲学,因为这本书不是施特劳斯成熟的著作。真正地为了理解施特劳斯本人的思想而翻译的,是刊登在《学术思想评论第六辑:西方现代性

①　古尔德、瑟斯比主编,《现代政治思想:关于领域、价值和趋向的问题》,商务印书馆,1985。
②　《20 世纪思想家辞典:生平、著作、评论》,上海人民出版社,1996。
③　施特劳斯、克罗波西主编,《政治哲学史》,李天然等译,河北人民出版社,1993。
④　施特劳斯,《霍布斯的政治哲学》,申彤译,译林出版社,2001。

的曲折与展开》①中由刘小枫选定的施特劳斯专辑,其中收入了施特劳斯的五篇论文和两篇导论,它为我们大致提供了一个进入施特劳斯的"路标"。

2002 年刘小枫还编选了一本厚达 775 页的《施特劳斯与古典政治哲学》②,其中收录了施特劳斯的两篇文字,一篇是 1970 年施特劳斯去世前两年所作的珍贵的回顾性质的谈话〈剖白〉,一篇是施特劳斯二战期间在纽约的演讲〈德意志虚无主义〉(1941)。除此之外,这本文选大多数收入的都是施特劳斯弟子的文章,如四大弟子布鲁姆、罗森、古列维奇和伯纳德特的文章。布鲁姆的代表作《走向封闭的美国精神》③和布鲁姆文集《巨人与侏儒》④以及罗森论尼采的《启蒙的面具》⑤也已翻译过来。施特劳斯本人翻译过来的论文还有:〈施米特《政治的概念》评注〉(1932)⑥;〈论《创世记》之阐释〉(1957)⑦;〈耶路撒冷与雅典〉(1967),〈神学与哲学的相互影响〉,〈如何着手研究中世纪哲学〉,〈显白的教诲〉⑧;〈尼采的《善恶的彼岸》规划评注〉(1973)⑨;网上的文章还有施特劳斯著名的论文〈什么是自由教育?〉。此外,罗尔斯的弟子霍尔姆斯的《反自由主义剖析》⑩中第三章是对施特劳斯的批判,可资参考。

---

① 贺照田主编,《学术思想评论第六辑:西方现代性的曲折与展开》,吉林人民出版社,2002。

② 刘小枫编选,《施特劳斯与古典政治哲学》,上海三联书店,2002。

③ 《走向封闭的美国精神》,中国社会科学出版社,1994。

④ 《巨人与侏儒》,华夏出版社,2003。

⑤ 《启蒙的面具》,辽宁教育出版社,2003。

⑥ 刘小枫编,《施米特与政治法学》,上海三联书店,2002。

⑦ 《道风:基督教文化评论》(15),香港汉语基督教文化研究所,2002。

⑧ 《道风:基督教文化评论》(14),同上,2001。

⑨ 《道风:基督教文化评论》(13),同上,2000。

⑩ 中国社会科学出版社,2002。

2003 年三联书店出版了由甘阳主编的施特劳斯文集之一《自然权利与历史》①，其余四种待出的是《政治哲学引论》、《早期著作集》、《城邦与人》、《柏拉图式的政治哲学研究》。这本书是施特劳斯落脚在美国学界出版的第一本学术著作，是施特劳斯 20 年思想的结晶，是施特劳斯成熟的思想的集中表述。把施特劳斯的代表作翻译出来，无疑标志着我们学界对施特劳斯的研究进入实质性的阶段。但首先书名的翻译就遇到一个困难。标题中的 natural right 有双重含义，施特劳斯有意选用这个书名对应成中文是"自然正义、自然权利与历史"，也就是对应书中的三大板块。现在的译本统一译成"自然权利"导致了全书不能卒读。因为在第三、四章中讨论的是"自然正确"或"自然正义"、"自然正当"的问题。其次，书中一些译法有欠推敲，如 sophist（诡辩派，36 等），应是"智者"；tyranny（暴君，116），应是"僭主"；economics（经济学，144 等），应统一译成（色诺芬的）"《家政篇》"；erotic（纵欲，154），应是"爱欲的"；idealism（理想主义，173），应是"唯心主义"；methodical（循规蹈矩，177），应是"方法论的"等等。最后，译者还有一些疏漏。比如，译本第 94 页倒数第 2 行丢掉了一句很重要的话："正义没有超乎人的支持。"第 143 页倒数第 5 行丢掉了一句极其重要的话："绅士是智慧的人在政治上的反映或模仿。"第 167 页倒数第 5 行也丢掉了一句重要的话："孟德斯鸠试图为从事政治重新发现曾经极大地被托马斯主义的教诲所约束的自由度。"

崔之元在《布什原则、西方人文传统、新保守主义》中引用"新保守主义之父"克里斯托的话说，新保守主义"是一个描述性的词，它描述了一批为数不多但智慧超群的学者和知识分子从

---

① 《自然权利与历史》，施特劳斯著，彭刚译，三联书店，2003。

自由主义转向保守主义的过程"①。在中国也发生了类似的一个转向:80 年代中国学界的两个中坚人物刘小枫和甘阳都转向了"新保守主义教父"施特劳斯,同时他们也带动着中国学界的大批青年才俊开始关注施特劳斯。《波士顿环球报》2003 年 5 月 11 日的报道引用施特劳斯的弟子罗森话说:"现在最信奉施特劳斯的地方是中国大陆!"

人们把这次"施特劳斯热"首先与刘小枫的介绍联系在一起。2002 年 2 月 7 日《中国读书商报·书评周刊》上的一篇整版文章赫然醒目的标题就是《刘小枫与施特劳斯:生活在油层》。刘小枫的四篇论文《施特劳斯:政治右派的帝王师?》②、《哲学、上帝与美好生活的可能性:施特劳斯的政治哲学与神学》③,《刺猬的温顺:两位犹太裔哲人的不和》④和《施特劳斯的路标》⑤,尤其是后两篇在国内学界掀起了"施特劳斯热"。与此同时,刘小枫还发表了《尼采的微言大义》和《现代政治思想争纷中的施米特》等多篇论述尼采和施米特的论文,编了《尼采在西方》⑥ 和《施米特与政治法学》⑦两本资料汇编,形成了"尼采—施特劳斯—施米特"的铁三角。

按照刘小枫在《施特劳斯与古典政治哲学》的"编者前言"中的自述,在 1996 年做完《现代性社会理论绪论》之后,他是从施米特的机缘开始接触施特劳斯的。促使他从施米特转而关注施

---

① 崔之元,《布什原则、西方人文传统、新保守主义》,《读书》2003 年第 8 期,页 8。
② 《万象》第二卷第 2 期,辽宁教育出版社,2000。
③ 《道风:基督教文化评论》(14),2001。
④ 《启示与理性:从苏格拉底、尼采到施特劳斯》,中国社会科学院出版社,2001;《刺猬的温顺》,上海文艺出版社,2002。
⑤ 《学术思想评论》(6),吉林人民出版社,2002。
⑥ 《尼采在西方》,上海三联书店,2002。
⑦ 《施米特与政治法学》,上海三联书店,2002。

特劳斯的是施特劳斯德文版文集的主编迈尔的两本书《施米特、施特劳斯与〈政治的概念〉》(1988)和《施密特的学说：政治神学与政治哲学之分四论》(1994)以及他的慕尼黑大学就职演讲《为什么是政治哲学?》。这里面的问题意识就是迈尔所说的施米特的政治神学与施特劳斯的政治哲学的张力。用施特劳斯的好友克莱因的话说，就是"神学—政治问题"。《刺猬的温顺》的另一个版本曾经名为《哲学、上帝与美好生活的可能性：施特劳斯的政治哲学与神学》。这一标题的含义是追问受上帝和启示所指引的生活和受人的智慧和理性所指引的生活的二难选择。刘小枫在《施特劳斯的"路标"》的第五部分"对抗中的共契"中认为，神学与哲学的这种冲突在施特劳斯那里就是耶路撒冷与雅典的冲突，就是启示与理性的冲突。张志扬的《解释与论证：施特劳斯的〈神学与哲学的相互影响〉》①就是按着这一思路展开的。但是刘小枫认为，二者的冲突并不妨碍二者共有的对"美好的生活"的追求和"恶的严峻性"的认识。

政治神学与政治哲学乃是两种不同的通过政治进行思考的方式，那么，就必然要追问"政治的正当性"问题。刘小枫在《施米特论政治的正当性：从〈政治的概念〉到〈政治的神学〉》②中用155页的篇幅来澄清这一基本问题。施米特论"政治的正当性"实质上是从霍布斯奠基的自由主义出发对19世纪末非政治化的自由主义的批判。但是，要理解霍布斯的"政治快乐主义"的革命如何奠基了整个现代自由主义的基础，就要理解这位平民哲学家的"不审慎"的特征。而古典哲人首要的特征就是审慎（或译为温顺）。这就是《刺猬的温顺》这一标题所要说的意思。

---

① 张志扬，〈解释与论证：施特劳斯的《神学与哲学的相互影响》〉，《启示与理性：从苏格拉底、尼采到施特劳斯》，中国社会科学出版社，2001。
② 《施米特：政治的剩余价值》，《思想与社会》第2辑，上海人民出版社，2002。

审慎或温顺乃是古典哲学的基本特征,乃是古典哲人的基本德性。这种德性不仅意味着哲学家的自知,还意味着政治哲学的核心:在政治面前为"哲学的正当性"辩护,或者说,在城邦之中过哲学的生活。林国华的《在不幸中骗人:论政治哲学是对哲学生活的政治辩护》①一文就是沿着迈尔就职讲演追问"为什么是政治哲学?"和刘小枫为"哲学的正当性"申辩的思路下来的。

在《施特劳斯的"路标"》中,刘小枫试图为施特劳斯的思想历程划出一些"路标",除了特别强调《柏拉图式的政治哲学研究》之外,他还标出了三个重要的"路标":阿里斯托芬、马基雅维利和阿尔法拉比。其中,中世纪的"路标"尤其重要,因为正是不同于拉丁基督教的中世纪伊斯兰—犹太教的传统使施特劳斯打通了理解柏拉图之路,发现了被尼采和海德格尔埋葬了的苏格拉底的"墓地"。也正是从阿尔法拉比那里,施特劳斯学到了"城邦迫害下的哲人的写作技艺"以及另一种柏拉图解释传统,即哲学家作为先知—立法者。在施特劳斯的诸多思想中,刘小枫特别重视先知—哲学家运用"高贵的谎言"与"隐晦的教诲"这两种讲法。刘小枫曾写过一篇《灵知人及其现代幽灵》的长篇论文,其中探讨了真理为何要秘传的问题。这可能是他切入施特劳斯那两种讲法的视角。刘小枫在《尼采的微言大义》中同样发挥了这两种讲法。刘小枫读出尼采的微言大义是,那些启蒙运动培养出来的平等主义的知识大众才是人民的毒药和祸害,是沦为畜群的"废铜烂铁"。刘小枫在《知识分子的猫步》中更为辛辣地批判了那些热衷于走台步表演且不学无术的自由主义知识分子,并指出他们的危险是被西方自由主义和启蒙主义的阴谋吃掉。我们在《刺猬的温顺》中会再次读到刘小枫对现代知识分

① 林国华,〈在不幸中骗人〉,《启示与理性:从苏格拉底、尼采到施特劳斯》,前揭。

子,尤其是犬儒的自由主义知识大众毫不妥协的批判。

　　如果说刘小枫的施特劳斯研究侧重于从施米特和灵知派的切入点进入施特劳斯的一些思想主题的话,那么甘阳的长篇论文《政治哲人施特劳斯:古典保守主义政治哲学的复兴》①及其单行本的《后记》②则侧重于西方的现代性,尤其是美国的现代性的视角来切入这个"没有秘密的斯芬克斯"的思想。《政治哲人施特劳斯》单行本附录《关于研究美国宪法的一封信》(2001年)③显示出甘阳进入施特劳斯思想的一个典型的背景:施特劳斯与美国政治,尤其是施特劳斯第一代弟子们(伯恩斯、布鲁姆、克罗波西、雅法、曼斯菲尔德、斯托林、戴蒙德、阿纳斯塔珀罗、爱德比格、勒纳)与"美国政体"的关系。

　　甘阳指出施特劳斯在美国 80 年代以来的保守主义革命中的"新保守主义教父"形象是美国人在 1987 年、1994 年和 2003年三次炒作的结果。在"九一一事件"后,人们经常谈到确立美国"先发制人"战略的布什政府第三号人物国防部副部长沃尔福维茨是布鲁姆的弟子(如崔之元的《布什原则、西方人文主义传统、新保守主义》④,崔勇列的《"民主帝国"的多重协奏》⑤,李强的《从美伊战争看新保守主义对美国政策的影响》⑥,及其北大演讲《美国新帝国主义全球战略的政治哲学解读》)。甘阳指出,沃尔福维茨在国防战略上的思想主要来自于他的另一位老师沃尔斯泰特。早在"九一一事

---

① 甘阳,〈政治哲人施特劳斯:古典保守主义政治哲学的复兴〉,载于《自然权利与历史》,三联书店,2003,页 1—82。
② 甘阳,《政治哲人施特劳斯:古典保守主义政治哲学的复兴》,牛津出版社,2003。
③ 《现代政治与自然》,《思想与社会》第 3 辑,上海人民出版社,2003。
④ 《读书》2003 年第 8 期,页 5。
⑤ 同上,页 16。
⑥ 《书屋》2003 年第 5 期。

件"之前,德鲁里的《施特劳斯与美国右派》①—书中就大谈"华盛顿的施特劳斯分子";德维尼在《再造保守主义:欧克肖特、施特劳斯与回应后现代主义》②一书中也开列出了一份名单;最详尽的高官榜在多伊奇主编的《施特劳斯、施特劳斯派与美国政体》③一书中。甘阳指出,新保守主义是美国政治的产物,而不是施特劳斯的产物,施特劳斯与布什政府的新保守主义的关系很大一部分是想当然的。人们忽视了美国政治自身的保守主义的底蕴。正如德维尼所指出的,在英国保守主义者只有欧克肖特,在美国保守主义则有十几个派别,施特劳斯派只是其中之一而已。甘阳在《后记》的结尾写道:"只有从美国保守主义政教体制的背景中,我们才能解释为什么像施特劳斯这样主张'德性高于自由'的政治哲学可以有越来越大的影响。"

甘阳之所以注重施特劳斯及其学派对当代美国主流学术的批判以及与美国政治的密切关系,是为了再次避免我们学界在施特劳斯身上重演"哲学的走火入魔"。甘阳认为,"我们必须强调所有这些(施特劳斯晚年的'苏格拉底问题'研究)都不是为了古典而古典的研究,而是从他的'现代性问题'出发的"④。施特劳斯本人的思想历程是从现代性回溯到古典的,这一历程意味着施特劳斯的"古今之争"的出发点乃是现代性危机,而不是为了显明古典政治哲学的"极高明而道中庸"。甘阳理解施特劳斯的两个基本的层面是:柯耶夫的"普世一体化国家",美国的保守主义

① Shadia Drury, *Leo Strauss and the American Right*, Macmillan, 1997, p. 3.

② Robert Dewigne, *Racasting Conservatism: Oakeshott, Strauss, and the Response to Postmodernism*, New Haven: Yale Uni. Press, 1994, p. 221—222.

③ Kenneth Deutsch & John Mueley, eds., *Leo Strauss, the Straussians, and the American Rigime*, Rowman & Littlefield Pub. Inc., 1999, xiv—xv.

④ 甘阳,〈政治哲人施特劳斯〉,载于《自然权利与历史》,三联书店,2003,页 59。

意识形态以及美国主流学界。

　　柯耶夫的"普世一体化国家"的思想因为 1992 年一个布鲁姆的学生福山的一本《历史的终结及最后的人》①而出名。施特劳斯在 1968 年为布鲁姆编选的文集《古今自由主义》所写的前言中,清楚地表达了对柯耶夫"普世一体化国家"这种现代性理念坚定的反驳。而在 1959 年《再论色诺芬的〈僭主〉》(收入《什么是政治哲学?》)中,施特劳斯指名道姓地批判柯耶夫基于"承认的政治"的"普世均质国家"的政治哲学。甘阳认为,施特劳斯与柯耶夫 40 年代的私人论辩完全适用于现在的"全球化"问题。

　　按照甘阳的自述,他这十年以来最为关注的就是美国自由主义与保守主义在政治上的斗争和在学院中的文化战。甘阳的文章着力描述了美国共和党在经济领域中的自由放任和道德文化领域内的保守的并行不悖。在《后记》中,"自由左派"的甘阳坦言自己的立场是调和自由主义与保守主义,在经济上同情自由派(如罗尔斯)的"新政自由主义",在文化上同情保守派的"文化保守主义"。这种"双重保守主义"其实也是布鲁姆的立场。甘阳最为重视美国保守主义者十分重视的施特劳斯对现代自由主义的批判,认为它适用于伯林、罗尔斯,也适用于福柯、德勒兹;不仅适用于自由主义,也适用于后现代主义。甘阳把施特劳斯对自由主义的批判一直追溯到施特劳斯对"现代性第二波"的卢梭和康德的"自由概念"的批判之上,把施特劳斯对后现代主义的批判追溯到他对"现代性第三波"的尼采和海德格尔的"虚无主义"的批判之上。而布鲁姆的《走向封闭的美国精神》(即《闭塞的美国心智》)无疑延续了施特劳斯对"现代性第三波"的

---

① 《历史的终结及最后的人》,福山著,远方出版社,1998;中国社会科学出版社,2003。

批判。

布鲁姆认为,现代自由主义在美国最大的危险是"导致了民主的失败,导致了大学生心灵枯竭"(副标题)。布鲁姆的书的主旨乃是捍卫大学,捍卫自由教育。甘阳在论文结语"政治哲学作为教育"中指出,施特劳斯的政治哲学最终就落实在民主社会中的"自由教育"之上。政治哲学就是通过教育引导有潜质的人通过政治生活走向哲学生活。因此,教育在其最高的意义上就是政治哲学本身。从这种理念出发就能理解为何甘阳在今年①北大教育改革论争中一口气写了三篇文章《大学改革的合法性与合理性》、《华人大学理念与北大改革》、《北京大学与中山大学改革的初步比较》。

综上所述,刘小枫和甘阳对施特劳斯的研究代表了国内施特劳斯研究的最高水平。随着施特劳斯著作陆续翻译出来,施特劳斯的思想在中国学界未来十年中将是主要的热点之一。消化吸收施特劳斯的政治哲学思想,对于中国学术自身的建设具有积极的意义。

《吉首大学学报》2003 年第 4 期

---

① 2003 年。

与施特劳斯学派相关的若干问题

——与曼斯菲尔德教授的对话

时　间：2008 年 5 月 26 日

地　点：复旦大学

对话者：曼斯菲尔德(Harvey C. Mansfield, Jr.,哈佛大学 William R.
　　　　Keenan, Jr.,政治哲学讲座教授,白宫 Jefferson 讲座教授),以下简
　　　　称"曼"

对话者：邓正来(复旦大学特聘教授、社会科学高等研究院院长),以
　　　　下简称"邓"

　　　　洪　涛(复旦大学国际关系与公共事务学院副教授)

邓等：曼斯菲尔德教授,您好! 复旦大学的学子都很欢迎您到
　　　中国来,我们更是感到荣幸有机会以这样的方式与您进行
　　　一些学术讨论,当然主要是向您请教一些问题。《波士顿环
　　　球报》2003 年 5 月 11 日的报道引用施特劳斯的一位弟子
　　　罗森的话说:"现在最信奉施特劳斯的地方是中国大陆!"我
　　　们相信您也一定听说了中国的施特劳斯"热"。当然,也有
　　　许多中国学者不理解这种现象,因为我们知道,施特劳斯始
　　　终是一个游离于西方主流学术之外的思想家,通识教育不

是只有施特劳斯派主张,古典政治哲学也不是唯有施特劳斯一条线索可循,甚至对现代性和历史主义的批判也不是只有施特劳斯一脉。我们以为,这方面的原因有很多,至少包括以下几点:一是在此之前,中国学者所熟知的乃是从上个世纪 80 年代中期便在中国广为传播的萨拜因所主张的政治理论史研究范式,而施特劳斯派对古典文本的"虔诚"关注为中国学者开启了一种新的政治哲学研究范式。二是引介施特劳斯派思想的两位学者刘小枫和甘阳是中国的知名学者,他们的作用不可小视。三是施特劳斯派对左右两派思想的批判以及对韦伯的批判可以为反思和检审中国学界 90 年代的两大趋势提供某种"极端"的视角,而这就是自由主义在中国的盛行及其与新左派的争论,以及所谓"价值中立"的社会科学观在中国的盛行。

　　不过,我们不是没有担忧的,比如说,施特劳斯派的思想也存在着是否可以适用于中国的问题? 在施特劳斯所描述的现代性危机之中,现代人不仅杀死了上帝,而且也杀死了沉思的古典哲人。但是中国文明自古就没有上帝,也同样没有所谓的古典哲学,那么施特劳斯对现代性危机的讨论对于中国究竟有多大借鉴意义? 既然施特劳斯有关"哲人与城邦"的关系同中国"士与天下"关系乃是颇为不同的两种问题意识,那么施特劳斯的思想对于中国学者认为和反思中国自己的问题又有何种启示呢? 我们相信引介施特劳斯派思想的中国学者肯定不会简单到是要到施特劳斯派那里去寻找解决中国问题的钥匙,因此我们今天也不想与您讨论这类问题;尽管如何理解施特劳斯派思想的问题以及有关文本的具体解释问题都很重要,但是由于我们不是施特劳斯或施特劳斯派思想的研究专家,而且施特劳斯派

思想的绝大多数读者也都不是这方面的研究者,所以我们
更关心的乃是一些与施特劳斯派相关的问题。

曼: 在与你们讨论的时候,我必须审慎地言说,因为除了我不懂
中文以外,我对中国、中国学者和中国的施特劳斯者也知之
甚少。

　　就回应你们的开篇评论文字而言,我想说:施特劳斯之
智慧的显见力量乃是任何思想者去关注他的一个充分理
由。当然,在我们的时代,有许多声音都在争取我们的关注
力,但是只有很少的思想是靠其自身的力量而做到这一点
的。不过,与施特劳斯在中国所受到的待遇明显不同的是,
在西方,他一直面临着那些占据着支配地位的大牌学者的
偏见。

　　这有两个原因。第一,施特劳斯重新发现了哲人的隐
微写作(和显白写作)［the esoteric (and exoteric) writing］技艺,
而这似乎表明:众多没有意识到这种写作技艺的学者没有
抓住要点并制造了严重的谬误。尽管这些学者宣称他们自
己比施特劳斯更历史,但是他们所制造的那些谬误在部分
上也是历史的。他们忽视或尽可能低地评价宗教问题在早
期现代(以及中世纪)中的重要性,而且也误解和低估了他们
努力研究的那些哲人。

　　第二,施特劳斯有关返回古典政治哲学是可能的主张,
背反了当下那种主张在增进知识中进步的洋洋自得倾向。
这为人们呈现了他是一个保守主义者的表象,而这多少有
些(尽管不是全然)不确切。从政治上看,施特劳斯确实是一
个保守主义者,但是在他对现代思想的各种基础——包括
保守主义的各种基础——所做的详尽探究中,他却是非常
激进的。

　　人们常常低估施特劳斯的激进主义面向。那些以"激进者"著称的人都以某种方式受惠于现代性,因为他们还没有激进到足以去质疑现代性。施特劳斯质疑了现代性的价值,但他更是质疑了现代性的必然性(necessity),而重中之重的则是它的不可逆性(irreversibility)。人们也常常低估了施特劳斯的激进主义对年轻人的魅力。对那些想要"决断"、想要冒险和蔑视习俗(convention)的人而言,施特劳斯是颇具吸引力的。与右派中的激进右翼(the radical right on the right)和左派中的激进左翼(the radical left on the left)相比,施特劳斯可以说是有过之而无不及,而同时他却又一直与温良保守的政治立场相持衡。施特劳斯既在推进其学术探究的方面持有着一种极为偏见的方式,又在进行这些探究的时候采取了一种极其公允的方式——亦即始终伴有一种同情式的赞赏态度。施特劳斯研究马基雅维利的著作[《思索马基雅维利》(Thoughts on Machiavelli)],尤其如此。在该书中,他以其赞赏那种反对作为邪恶之师(teacher of evil)的马基雅维利的主张开篇,并以其理解马基雅维利不怕被视为邪恶之师的各种理由而收尾。

　　因此,在很长一段时间里,人们不谈论施特劳斯,也不引证他的观点;他是一个"无足轻重的人"(non-person),就好像他不存在一样,或者说他是如此微不足道和荒谬绝伦,以至于所有重要且知名的学者都可以忽视他的存在。当人们最终在晚近开始谈论他的时候,他却又因他的政治观点或因他对其门生即"施特劳斯者"(Straussians)的影响而蒙遭抨击和批判。就我的整个学术生涯而言,以施特劳斯者而知名,乃是一种不名誉的标志,一种被人遗忘的明证。因此,在听说中国施特劳斯者的时候,我感到惊讶;而当我到中国

见到他们当中的一些成员以后，我可以说，他们给我留下了
深刻的印象。

　　施特劳斯的学说或其思维方式如何适用于中国？在西
方，施特劳斯必须努力为自己的思想和立场进行辩护，以与
那种日益式微的自由主义（亦即那种因不知该如何为自己辩护
而陷入危机中的自由主义）的支配地位进行抗衡。当施特劳斯
出现的时候，那种自由主义把他视为一个敌人，而事实上他
却是在拯救和挽救自由主义。一如你们所言，自由主义不
仅乐于参加上帝的葬礼，也甘愿参加哲人的葬礼。还如你
们所言，中国的问题是既没有上帝，也没有西方古典意义上
的哲人。但是，如果哲人真的至少是对人之本性的完善，那
么在没有某种哲学传统的情况下如何开始的问题就应当是
可以得到解决的。这就是希腊人在过去做的事情，而无论
如何，中国人现在已在趋近希腊人了。就让那成为你们现
代性中的一部分——不仅有商业，而且也有哲学。我相信，
在中国的传统中是有商业交流的，那就让比丝绸更柔软、也
更丰富的思想也进行交流吧。

　　比传统更为久远的是自然（nature），它在某种程度上甚
至是传统的缘由。中国乃是经由对现代科学技术的了解而
知道自然的。由于现代科学技术蔑视传统、习惯和常识，所
以你们就不可能不意识到科学与常识之间的区别或自然与
约定（convention）之间的区别。这样，从科学的角度来看：科
学应该如何对待非科学（non-science）的存在，比如说，在反
对克隆人的过程中对科学的那种抵抗？科学必须对非科
学——亦即人的本性或传统——表明自己的态度。如果科
学利用一切机会去证明自己的优越性，那么它又如何解释
非科学的持续存在呢？

　　这便是从现代性转向下述必要性的道路,即对传统进行研究并使科学与非科学成为一个整体的必要性。在这种研究中,问题在于非科学是否是实证的(positive)——比如说作为科学之敌对者的人文学科(在这种情形中,这个整体因由两种谐调或抵触的因素构成而具有异质性)。或者说,在非科学中,我们所面对的问题是否只是与科学进行对抗(这种对抗并不能够得到论证的支持,而只能宣称论证是无效的)? 这个整体,或者对整体的研究或对整体的欲求,便是哲学或政治哲学。关于中国,我的看法是:人们不必在其传统中拥有哲学;人们可以依据目前的情形而重视这一需要。从当下的情形看,中国选择了西方科学技术的道路,因而也就选择了由此所引发的各种问题,包括对此进行质疑或过哲学生活之价值的问题。中国不能只在商业、科学和技术方面追求卓越或保有卓越,而不搞清楚它们将把中国引向何方。

邓等:学界一般都把施特劳斯或施特劳斯派的思想称为"新保守主义",但是关于新保守主义究竟有什么特点或相对于传统保守主义究竟有什么特点的问题,大家却莫衷一是。按照克里斯托的解释,新保守主义是一种新型的保守主义,它从对往昔的缅怀之情——旧保守主义的特征——中摆脱出来。新保守主义非但没有充满深情追忆贵族社会,反而接受了当下,资产阶级的当下,甚至颂扬资产阶级精神。中国也有学者认为,新保守主义的"新"可以概括为三点:第一,新保守主义致力于将美国从"非正式帝国"转变到"正式帝国"。这既不同于共和党传统的国际战略(狭义的现实主义,相对注重维持现状稳定),也不同于民主党的传统的国际战略(自由主义,相对注重通过国际制度来发挥"领导权")。新保守主义的第二点新意在于它和美国南方新教原教旨主义建立了政治同盟。这是通过两个机制实现的。首先,南方新教原教旨主义属于一种特殊的"前千年主义",其信徒相信在耶稣再次降临人世之前以色列将重新建国。新保守主义者中许多是犹太人(包括施特劳斯、克里斯托和沃尔福维茨等),他们和南方新教原教旨主义的同盟大大有利于美国无条件支持以色列右翼政府的政策。其次,由于南方新教原教旨主义者积极参加选举投票,他们已经成为控制共和党初选的关键力量。新保守主义的第三点新意在于它的哲学基础不是伯克(Edmund Burke)式的传统保守主义,而是施特劳斯的"自然正当"学说。这意味着新保守主义并不认为越老的事物越有价值,越老的制度安排越合理。克里斯托在他自传中就曾经指出,促使他开展新保守主义运动的学术动因是施特劳斯的政治哲学和特里林(Lionel Trilling)的文学批评。而我们知道,您本人也认为新保守主义阵营内部各种力量相互抵牾,比如说在当今的美国,坚持自由市场的自由至上论者(libertarians),力图维续国民道德的社会保守派,还有主张增强国防的新保守派,以及对理性原则反感、对传统美利坚民族忠贞不渝的传统保守派。因此,我们的问题是,撇开那些差异不论,您本人认为作为新保守主义的施特劳斯或施特劳斯派的思想相对于旧保守主义还有哪些基本特征?

曼:人们之所以一直反对新保守主义者,乃是因为他们认为新保守主义者在国内政策与对外政策之间存在着某种矛盾。他们的国内政策认为,在福利国家中,亦即当政府力图为公民做得比公民自治更好的时候,政府是笨拙低效的。新保守主义者以其在《公共利益》(Public Interest)杂志上对各项政府方案逐一进行批判而著名于世。但是,在对外政策上,他们却似乎又相信大政府(Big Government)有能力改变整个政体——就像在伊拉克那样。

在最早的新保守主义者当中,并不是所有的人都是施特劳斯者,比如说贝尔(Daniel Bell)和格雷泽(Nathan Glazer)就不是;而克里斯托则说他遵循的是施特劳斯的哲学。此外,并不是施特劳斯本人,而是那些受其激励的施特劳斯者——比如说斯托林(Herbert Storing)和勒纳(Ralph Lerner)——研究了美国的创建问题。他们把美国理解为一种古典意义上的政体(regime),尽管他们也把它理解为一种自由政体。因此,"政体变更"的观念可以追溯至施特劳斯[而且也可以追溯至其古典渊源即亚里士多德《政治学》第五卷(Politics, Book 5)]。施特劳斯并没有接受伯克关于英国宪法(constitution)的观念,即英国宪法乃是为了回应历史的必要性而在长期的岁月中逐渐形成的;他也不相信哈耶克(Friedrich Hayek)所提出的"自生自发秩序"(spontaneous order)的观点——这种观点试图不借助任何计划或创建来解释宪法。

一如前述,如果我们更为详尽地查阅亚里士多德的文献,那么我们既可以发现他赞同创建整个政体的论述(Politics, Books 3, 7, 8),也可以发现他赞同通过慢慢转向一种混合政体的方式而进行点滴改革即审慎改革的论述(Politics, Books 4)。因此,像在伊拉克所进行的那种雄心勃勃的"国家建设"(nation-building)乃是受制于对当时情势的一种政治判断的;并且,我也不认为施特劳斯的思想会在一般意义上鼓励人们在上述两种解决方案中采用一种解决方案而否弃另一种解决方案。施特劳斯确曾强调古典政治思想中的政治温良原则(political moderation)——它与马基雅维利所主张的为了结果而进行戏剧性突变的感觉论(sensationalism)适

成对照。但是,施特劳斯对马基雅维利的上述主张也表现
出了一定程度的赞赏,尤其是在对外政策领域中。

请允许我表达这样一种观点:美国目前正处于一种奇
异的或孤单的责任情势(a singular situation of responsibility)之
中——在这种情势中,许多国家一边袖手旁观、坐等他国采
取行动,一边又以为可以随意批评那个唯一采取行动或有
能力采取行动的国家。这不仅是一个对各种业已存在的错
误进行追究的问题,也是一个关于世界活动与世界和平在
当下赖以为基的日用品即石油的问题。那些石油输出国也
许会认为,他们可以控制世界上的其他国家,但是他们的生
活境况却要比他们所知道的更为危险。

我想说:法国人玛内(Pierre Manent)是一个想把美国视
为一个真正帝国的施特劳斯者。然而任何美国人都是不可
能采纳这种观点的。如果美国是一个帝国,那它也是一个
始终在寻找"退出"帝国之"策略"的帝国。美国的卓越当然
是一个事实——首先是一个军事上的事实,而这使得美国
能够在世界政治中扮演一种前所未有的角色。美国人所感
到的这种角色更是一种维护法律、正义和和平的责任——
亦即一种负担,而不是一种获利的机会。自从确使其领土
在西面达至太平洋以后,美国就从未再去谋求或占有额外
的领土。对了,有阿拉斯加(Alaska)——但却不是波多黎各
(Puerto Rico)。

邓等:与上述问题紧密相关的是,您发表过一篇颇为重要的演
讲:"保守主义的两难"。您在其间明确指出,保守主义始终
是对自由主义的反动。而作为对自由主义的反动,保守主
义与自由主义彼此关联,它以自由主义为起点,是自由主义
的小兄弟。因此,保守主义在下述意义上遭遇到了基本两

难:保守主义是要提供一种替代自由主义的方案,抑或只是要纠正和弥补自由主义的局限? 这两种保守主义路向由于各自的策略有着明显的差别,这就导致了一种两难。假如保守主义欲取代自由主义,那么正确的策略就是回返(go back),而如果它旨在弥补自由主义的不足,那么它的策略便是缓行(go slow)。假如保守主义欲取代自由主义,就需要提出属于自己的原则作为对自由主义原则的回应,而且必须在时间上回返方能成功。回返意味着一场针对当下或现状的革命。然而,假如保守主义试图通过自我调适以适应自由主义,那它就得选择缓行策略,将自己的原则抛诸脑后,对自由主义进行保守。我们甚为赞同您的观点,但是我们想向您请教的是:作为新保守主义的施特劳斯或施特劳斯派的思想究竟采取的是哪一种策略? 这里的关键是:假设新保守主义采取的是回返(go back)策略,那么它的原则究竟有哪些,而这些原则是否能够解决现代性和自由主义带来的相对主义和历史主义? 而如果它的策略是缓行(go slow),那么它究竟保守的是自由主义的哪些方面? 又如何在保守自由主义的同时解决自由主义因政教分离而引发的虚无主义或群体归属感的丧失和商业过程中的平庸?

曼:保守主义应予维护的那部分自由主义乃是政治自由原则或自治原则,而它应予否弃的那部分自由主义则是它试图经由非政治的手段来增进人权的那种尝试——就像“资格”(entitlement)那样。如果你们把注意力聚焦于政治,那么你们所直面的善与恶的问题便会使你们远离相对主义和虚无主义,甚至在某种程度上还会使你们远离平庸(mediocrity)。这就是托克维尔(Tocqueville)展示给我们的,而且这也是保守主义者为什么应当将他的原则视同自己原则的原因之所在。至少在美国,保守主义的主要任务就是要保护自由主义,使之远离自由主义者,特别是使之远离自由主义者的这样一种倾向,亦即试图否弃政治解决方案并试图确立那些旨在成为永恒且终止争论的方案的倾向。争论是抵抗相对主义和虚无主义的最佳武器,因为当某个问题变成一场争论的时候,争议双方就都不得不相信它是重要的。如果你不想在争论中败下阵来,那么你就不能当一个相对主义者。同理,如果你觉得自己在那些影响重要问题的事务上不能发表意见或不能有所作为,那么你就有可能失去对这个问题的兴趣或者得出不存在任何答案的结论。于是,你就成了一个弃权的相对主义者(a relativist by default)。

邓等:根据我们的了解,中国论者主要是把施特劳斯理解为一个自由主义政治的重要批判家,而在很大程度上忽略了他对作为一种生活方式的哲学的"自然正当"所做的重要辩护。而我们知道,在第 7 次印刷的《自然正当与历史》(1971年版)的"序言"里的最后两段,施特劳斯写下了一段自我陈述,他在其间指出:"在过去的十年里,我着力研究了'古典自然正当'(classic natural right)的问题,尤其是'苏格拉底'问题……没有任何东西能够改变我对尤其是古典形态的'自然正当'理念的偏爱,以及对横行当世的相对主义、实证主义,和历史主义的蔑视。"我们可以明显感觉到这段陈述中所说的"自然正当"(natural right)对理解施特劳斯派或至少是施特劳斯思想的深远意义,因为施特劳斯在这里明确主张了一种超历史、跨不同社会的是非标准,而这显然是与历史主义的随时间地点而变化的相对主义"是非标准"相反对的,因为在施特劳斯看来,如果历史主义所主张的某社会在某时期的人们所拥有的理想就是"是非标准"的全部,那么有什么力量能保证社会的理想在下一时期不变成"人食人(cannibalism)"的原则呢?

而且您在一次访谈中也专门解释过这个问题,认为"自然正当"是指依据自然而为正当的或正义的东西,它不是被"意愿"为正当的,也不是被"约定"为正当的,它尤其不是出于"同意"或"承认"。"自然正当"的关键是这里有一种"自然的同意"或"自然的承认",这意味着,如果你冒犯了它,你将受到良心的责罚。我们也很愿意相信有这样一种"自然正当"的存在,并通过检审而去发现它的存在,因为一如阿奎那所说的,自然的可思性保证了自然的法则性。但是我们也必须指出,一如您所说的那样,当我们追问一个群体所服从的东西是什么以及"为什么服从"的时候,我们已经开始了对诸种真理的主张及其理由的妥当与否予以检审了。而这正是政治哲学。情形之所以如此,是因为众口纷纭,以至真理的主张有很多且互相冲突。如果所有人皆信服一种真理,那么就没有检审的必要,我们只须理所当然的接受即可。其实,施特劳斯本人也早在1964年就观察到基督教和伊斯兰教之间正在积累紧张局势,因为二者都提出了自己版本的"普世宣言",然而彼此又不得不同对方心怀怨恨、不甚舒服地共存。在这个意义上,我们以为,这种可思性的"自然正当"本身具有难以克服的不确定性,一如古代的不同"政体"(regime)皆自称完美一样,现在的不同文化或政体也会自称完美,从而必然引起争执。因此,我们的问题是,如果我们对"自然正当"有了不同的回答,究竟由谁来定义"自然正当"?人们究竟用什么来保证自己认识的"自然正当"就是真的"自然正当"?换言之,借用柏拉图在《王制》中的洞穴比喻,如果一个一直生活在昏暗洞穴里的人告诉我

们他爬出了洞穴并看见了阳光,我们是不是应当问他:"你
以前从来没有出过洞,也没见过太阳,你怎么肯定你不是进
了另外一个洞穴,见到的是那个洞穴里的灯光而不是地面
上的阳光?"进而言之,不同文化或不同国家的人是否有就
"自然正当"问题展开交流和对话的可能或必要?

曼:我们有办法保证任何一种对自然正当(natural right)的解释
　　是正确的吗? 没有。在柏拉图那里,自然正当乃是从最真
　　的正当(truest right)那里推衍而成的;而在亚里士多德那
　　里,自然正当也是可以改变的。色诺芬的论著受到了自然
　　正当的启示,但是他却从未使用过这个术语。因此,自然正
　　当并没有提供一种据以指导人之行动的"明线"(bright
　　line);找寻这种指导乃是现代政治科学的目的——尽管追
　　求这一目的的所有尝试都不成功。现代政治科学所欲求的
　　乃是一种纯粹的、未被习俗(或约定)所污染的自然正当,亦
　　即自然状态(the state of nature)。但是古人认识得更清楚:这
　　是不可能的,因为人生来就具有习俗性和自然性。自然正
　　当始终是与人的解释混合在一起的,而这意味着它始终是
　　与政治混合在一起的,亦即意味着它必定是派性的。但是,
　　派性的观点总是试图宣称自己具有真理性——亦即试图超
　　越自身,进而诉求成为超越各个派别的仲裁者并证明其为
　　正当。"应当有仲裁者的存在",乃是所有派别共同具有的
　　一个显见意愿。这就相当于那些虔诚者相信上帝正在盯着
　　我们的情形。

邓等:与上述问题有关的是,前几年,一位德国施特劳斯的研究
　　专家迈尔教授来华。在与中国论者座谈时,迈尔问到,你们
　　为什么读施特劳斯? 一时众说纷纭。但是迈尔却指出,施
　　特劳斯解读的是西方传统中的若干经典,阐释的是西方的

physis[自然]与 nomos[习俗]之间的关系问题。你们学施特劳斯,就应该向他一样解经,不是解柏拉图和迈门尼德等人的论著,而是解你们自己的经典,找到你们中国人自己的 nomos。于是,在中国阅读施特劳斯的读者当中也产生了一种试图探寻中国人自己的 nomos 的努力。我们不知道您是否赞同迈尔教授的这个观点?而这种中国人的 nomos 究竟与施特劳斯所说的那种超历史的和跨不同社会的"自然正当"之间有什么关系?

曼:我认为,中国需要探寻自己的自然正当及其传统,亦即它的 nomos。解读某个先祖——亦即读者自己国家的智者——的智慧乃是一种愉悦,而赋予其以某种优先性则需要谨慎。但是,为了确信那种古智祖训是真正的智慧,亦即整全的智慧,人们就必须经由阅读各种渊源的古经典籍来研究自然正当。在美国,就其对创新事业的全力以赴而言,人们在一定的程度上都崇拜美国的创建者,而这可以从那些关于他们的自传体畅销书的受欢迎程度中展现出来。

邓等:下面我们想就作为新保守主义的施特劳斯或施特劳斯派的思想与美国对外政策之间的关系请教您,而我们认为这个问题一定是更多的中国学者所关心的问题。第一,我们知道,这样一种逻辑推进可能会遭遇类似尼采这样的反驳:他在《道德的谱系》开篇说到,所有的思想都在至深根源上缠绕交织在一起,而一棵树木也必然生出同一种果实,"我们的果实合你们的口味吗?但这与那棵树又有何相干?这与我们、我们哲人又有何相干?"第二,我们也知道,美国力主打击伊拉克的人实际上远不止共和党内的新保守主义势力,许多自由派和民主党人也力主战争,比如说,克林顿当局的战略家波拉克(Kenneth Pollack)提出了袭击萨达姆的详细计划,克林顿国家安全机构的鲍比特(Philip Bobbitt)对美国在全球范围内摧毁流氓政体和推进全球人权的军事干涉问题进行了理论论证,其代表作便是近千页的《阿基里斯之盾:战争、和平与历史进程》(The Shield of Achilles: War, Peace and the Course of History,2002)一书。第三,沃尔福维茨曾在接受《名利场》杂志的采访时说他的老师是沃尔斯泰特(Albert Wohlstetter),而不是施特劳斯;施特劳斯的女儿也在《纽约时报》撰文指出施特劳斯与布什的伊拉克政策没有任何关系;施特劳斯的弟子潘戈更是在《施特劳斯论现代政治》一文中否认施特劳斯是主张新保守主义的思想家。

当然,我们之所以提出这个问题,主要有这样几个原因:第一,我们都知道,沃尔福维茨1972年获芝加哥大学政治哲学博士学位,他既是施特劳斯的大弟子布鲁姆的学生,又师从施特劳斯主义者、芝加哥大学数学家和核战略学家沃尔斯泰特;珀尔是沃尔斯泰特的得意门生;克里斯托尔是您的高徒。珀尔和克里斯托尔同时也上过布鲁姆的课。因此,人们一般都认为,正是这些继承施特劳斯衣钵的新保守主义者把施特劳斯或施特劳斯派的思想注入了布什政府的战略思维之中。

第二,在世纪之初的国际外交舞台上,最引人注目的现象莫过于以"先发制人"(preemption)、"政体变革"(regime change)及坚持美国价值观的普世性为核心要素的美国外交教条——布什主义——的出台和运用了。2002年9月17日布什正式签署的《美国国家安全战略报告》阐释了布什主义的三大要素:1,美国战略不再主要是"冷战时期的遏制与威慑原则",而是要保持"先发制人"的权利;2,美国价值观是普适全球的,特别包括伊斯兰国家;3,美国"试图保持不可挑战的军事力量,从而使以往时代的军备竞赛不再有任何意义"。这里的要害是,从表面上看,在布什主义与施特劳斯或施特劳斯派的思想之间存在着一种相似性。因为一方面,施特劳斯或施特劳斯派明确地将人类区分成"朋友"和"敌人",把国家定性为"好"的和"坏"的、"正义"的和"邪恶"的。而这种"区分敌友"的理念在国际政治实质上也就意味着"冲突"乃至"战争",因为"政治上的成熟"首先表现为要认清自己的"政治敌人",然后把自己变成那个敌人的敌人。而另一方面,由于美国的制度是当下人类社会中最不坏的制度,是符合"自然正当"的,因此保卫美国制度,对敌人和"邪恶"政体实施"先发制人"的打击,不仅在技术上,而且在道义上也都是符合"自然正当"的。

　　我们简要地概括一下我们的问题:第一,作为新保守主义的施特劳斯或施特劳斯派的思想与美国对外政策之间是否存在着重要的勾连? 第二,如果存在,这种关系主要表现在什么方面? 第三,"自然正当"和"区分敌友"是否预设了对敌人或"邪恶"政体的"先发制人"? 或者说,"政治上的成熟"究竟是学会在政治的敌意中独立生活,还是在"敌友"的处境中对"敌人"施以"先发制人"的打击? 第四,如果"自然正当"作为一种"真理"自称可以带给我们人类高贵美好的生活,却在终极意义上无力克服自身的不确定性,而必须在技术上诉诸"以武力立言"的模式,那么,它所允诺的人类高贵美好的生活是否还有可能呢?

曼:这里的问题是:信奉自然正当是否就一定会导向一种帝国主义的外交政策? 在《政治学》第七卷(*Politics*, Book 7)的开篇,当亚里士多德认为最好的政体——亦即最接近自然正当的那种政体——将在对整个世界的统治中（根据这个事实）而得到正当性证明的时候，他提出了这种可能性。而这也将构成对每一个劣于自己国家的政体发动先发制人的战争（pre-emptive war）的正当性理据。而与此形成对照的是，亚里士多德也提醒我们：战争的目的是为了和平，而且较之于走向毫无尽头的帝国主义，更好的选择是（正如你们所意指的那样）是独立生活，进而容忍那些有可能是一国之敌人的劣等政体。马基雅维利以人必定要获取的假定而不赞同上述观点。在美国革命中，美国站在了亚里士多德一边；而且与法国革命党人不同，美国拒绝把它的革命强加给其他国家——似乎革命本来就应该如此！——并声称自己很满意在这方面成为世界上其他国家的榜样。我认为，即使从现在来看，这仍是一个明智的选择。但是，这种选择却因我在前面讲到的美国对世界秩序和正义的责任而受到了伤害。

邓等：我们知道，伊拉克战争以后，国际学术界出现了许多对施特劳斯或施特劳斯派的思想的批判；尽管新保守主义者福山的批判并不会因为他宣布脱离新保守主义阵营的"反戈"而显得更重要，尽管德鲁里的批判也不会因为她的执著而显得更犀利或深刻，尽管布坎南和哈贝马斯等学者的批判也因为囿于国际政治一维而未能探及施特劳斯或施特劳斯派的思想根本，但是我们认为他们的批判以及政治实践本身还是为我们开放出了一个很重要的思考向度，即作为新保守主义的施特劳斯或施特劳斯派有没有（或者是否可能）对自己的思想展开重新检审或反思？如果有的话，这些重新检审或反思集中表现在哪些方面？这个问题很重要，因为在我们看来，这对于所有对施特劳斯或施特劳斯派思想感兴趣的学人认识这种思想都会大有帮助,当然更为重要的原因是:在我们宣称已然发现"自然正当"的同时,作为人的基本特性的反思究竟还意味着什么。

曼：我看到了福山对伊拉克战争的批评文字。我认为,他批评的要点在于:美国在伊拉克的失败表明,文化抵制变迁的力量要比政治促成变迁的力量更大。这与我在上面讲到的有关亚里士多德的观点相关,因为人们可以或应当把"文化"等同于政治在此前业已促成的东西。文化并不是某种异于政治的东西,而毋宁是此前政体的政治,而在伊拉克,文化则是指由萨达姆・侯赛因及其前辈们所培育出来的那些信念和习惯。这种文化在创制它的政体崩溃以后依旧能够存续下来,进而阻止一种与此相反对的新政体。

　　但是,现在我们还不清楚伊拉克的改革是否就是一个失败。我想到的对人之本性的一个反思与乔治・布什的性格有关,那就是:倔强或固执(stubbornness)这一缺陷非常接近于顽强和果敢这一美德。那么,所有的美德都像这样吗?它们都受制于人类生活的偶然情势,以至于情势的改变是否会把一种恶行变成一种美德呢?马基雅维利推荐的似乎是一种灵活的态度,亦即一种因时变化的态度。但是,对于那种有耐心等待的政治家而言,坚定不移、持之一贯的态度有时候会更适合。

邓等：与上述问题紧密相关的是,施特劳斯派发展至今,至少经历了三代思想家的努力。因此,是否可以请您向中国学者大概介绍一下这三代思想家的主要发展趋向,有哪些新的发展是值得我们重视的?

曼：我知道,施特劳斯者现在已有三代了。人们可以把施特劳斯弟子的弟子同那些主动追随施特劳斯的人——比如说,迈尔——区分开来。此外,某些施特劳斯者对古人更感兴趣,另外一些则对现代人更感兴趣,还有一些(在写作或研究方面)对两者都感兴趣。现在有一种趋势,就是去古人当中寻找现代思想的例证,而这在某种程度上混淆了施特劳斯在古今之间所划定的明确界限。

一些施特劳斯者更政治,另一些则更哲学,但是所有的施特劳斯者都把政治哲学视为具有决定性的研究工作。不过仍有一些人——较接近于克莱因——与政治哲学保持距离;他们也许不愿被称为施特劳斯者。一些较年轻的施特劳斯者更政治一些,这部分或大部分是因为作为施特劳斯者或仅仅是作为政治正确(political correctness)时代的白人男性保守主义者,他们无法谋得学术职位。因此,我有一次对我所在的哈佛大学政治系说道:"由于我的学生一直都无法找到教职,所以他们才不得不到华盛顿去管理这个国家。"

今天,施特劳斯者都在以施特劳斯第一代弟子不曾采用的那种方式讲授有关施特劳斯的课程和撰写有关施特劳斯的论著。施特劳斯本人可能不会容忍人们去做有关他而不是有关他曾撰写过的那些论著的研究工作。他并没有一种教义,尽管确实存在着一些人们能够据以识别施特劳斯者的颇具特色的施特劳斯理论命题,比如说对"政体"这一术语的使用。其他诸如欧克肖特(Michael Oakeshott)和沃格林(Eric Voegelin)这样的保守主义者也都有被称为欧克肖特者(Oakestottians)和沃格林者(Voegelinians)的追随者;而且这些追随者所撰写的几乎都是有关欧克肖特和沃格林的论著。施特劳斯者并不遵循这种方式,而是在施特劳斯成为新闻人物以后,他才获得了一定的尊重或恶名,而这诱使一些施特劳斯者开始以更公开的方式大打他的旗号。赞同对施特劳斯做出的这样一种卑鄙的批评乃是一种耻辱,即施特劳斯是一个荒谬的人,高尚的人都应该对他躲之不及。

任何一个施特劳斯的弟子都没有达到可以与施特劳斯比肩的程度,因为无论是在理解的深度还是广度上,施特劳斯都超过了他所有的弟子。施特劳斯一直没有培养出一个和他同级别的施特劳斯者,但这并不是他的过错。对于施特劳斯的追随者来说,施特劳斯既是学术标尺,也是灵感之源。施特劳斯的批评者有时候不批评施特劳斯本人,而把批评的矛头集中在他那些能力较差的追随者身上,就好像是其追随者、而不是他本人有问题似的。但是,如果其追随者或弟子所期待的就是对业师做不到位的模仿,那么对这些人进行诘难也就没有意义了。人们必须根据施特劳斯追随者或门生自己的灵感的价值来对他们做出评价;而且,如果施特劳斯本人可以被允许同那些高尚的学者进行对话的话,那么施特劳斯者也应当被允许。

邓等:您在一次接受林国华和吴飞等人的访谈时讨论了施特劳斯派翻译经典的问题。我们以为,在那次访谈中,您主要阐释了学术翻译中的三项原则:一是坚持一种"信"的翻译,即"尽可能按照原作者所意指的那样把原文(以另一种语言)记录下来,与此同时必须充分感知并保留原文里难以索解的文句,(有意的)自相矛盾的说辞,以及貌似古怪乃至不合逻辑的表达。……翻译者不应该把他的译文弄得比原文更"雅",因为那必定是出于译者自己的观点,因而其译文将显得可疑。"这意味着一种"信译"(literal translation),往往会使得译文难以卒读,而"雅译"或"诗译"往往做不到精确。二是任何翻译都不可能做到前后一致。但是你应该尽力去寻找，不要轻易援用新词。三是译者必须避免对作者的意图滥加涂改，而这主要表现在译者必须把每一个字都当做关键词来翻译。我本人也是多部西方重要著作的翻译者，因此可以说您的原则深获我心，而且我本人也是努力这样做的。但是，我们必须指出的是，您在那次访谈中并没有回答林国华他们所提出的一个更重要的问题，即"在施特劳斯的翻译和读书原则下，大规模的翻译和重译经典是施特劳斯学派令人艳羡且广为承认的一项学术事业。"请您介绍一下这项翻译事业的动机是什么？这也是我们所关注的问题，能否请您回答一下这个问题。

曼：翻译是施特劳斯者乐意从事的一项艰苦的学术工作。多亏施特劳斯者的工作，我们现在才有了很多质量上乘的政治哲学伟大典籍的英译本。我翻译了马基雅维利和托克维尔的作品；我发现这是一项极具挑战性的工作，但也是一种可以使自己抽身于解释性思考任务而放松愉悦的工作。施特劳斯曾经说过：理想的译者要么是一个完全理解他所翻译的论著的人，要么是一个彻头彻尾的傻瓜，他根本不理解文本的含义，而只是在不努力理解的情况下严守文本的字句。麻烦在于：我们都是作者与读者之间的中间人（in-between），而且很难在不以某种方式强行加入某种理解的情况下去处理文本。任何翻译者的工作都是不完美的，因为一种语言从来都不是与另一种语言一样的；而且，忠实作者的原意与追求译文的可读性（readability）之间也总是存在张力的。但是，我在翻译的时候却更倾向于引导读者去面对作者（亦即使文本不至于过于容易阅读），而不是引导作者去面对读者，就好像读者是作者的上司一般。因此，我在马基雅维利《君主论》(*The Prince*)一书的译序中说：如果你认为这是一个糟糕的译本，那么你就自己尝试翻译一下；如果你认为这是一个好的译本，那么你就去学意大利语。

《中国社会科学辑刊》2008 年复刊号

哲人的自由,哲人的沉默

——施特劳斯与中国哲学

马恺之 (Kai Marchal)

引　论

　　德国浪漫主义哲人哈曼(Johann Georg Hamann)在 1784 年 12 月 18 日写给克劳斯(Christian Jacob Kraus)的一封信中,严厉批评了康德所推动的启蒙方案,特别是其预设,即人类应该走出所谓的"未成年状态"(Unmündigkeit)。在这封信中,哈曼挑战康德哲学的基本前提:人类要切断一切语言、传统、经验的牵连,才能达到完全"成年的"(mündig)的状态。为了加强自己的论点,哈曼也引用古罗马哲学家波爱修的一句话:"如果他们保持沉默,就能继续做哲人"(si tacuissent, philosophi mansissent)。① 在此,哈曼直接反驳康德哲学关于理性之公共与私人运用的区分;根据哈曼,倘若康德式的理性该成为我们语言运用唯一的标准,必然导致绝对的困境:哲人连在私人领域中也无法公开地发表其对于

---

① 参 Garrett Green, *Theology, Hermeneutics, and Imagination, The Crisis of Interpretation at the End of Modernity*, Cambridge: Cambridge University Press, 2000, p. 53—70, 215.

真理的思考,所以,为了保存自己哲学追问的自由,哲人只好沉默。

"为了能继续做哲人,哲人有时应该保持沉默",这一表述是民主与哲学永远冲突的象征,也是施特劳斯政治哲学的基调。施特劳斯身为德籍犹太人,成长在魏玛民国时代,早年受到尼采的深刻影响,也受到海德格尔的重要启发,曾经研究过斯宾诺莎、霍布斯,他后来移民美国,潜心研究古典哲学,特别是其所谓的"苏格拉底问题",对于现代性进行了极为彻底的批判。据说是出于某种"意志行动"(act of will),施特劳斯决心捍卫古典的自然正当,对美国的保守主义思想产生了深远影响。①

本文旨在简扼地探讨施特劳斯的政治哲学如何能成为刺激我们重新考量中国文明传统的资源。的确,美国学界对于施特劳斯学派怀有敌意,部分原因在于,施特劳斯及其弟子对于美国学界也同样充满藐视;不过,在亚洲语境下,这无须成为我们考量施特劳斯思想成就的包袱。无论如何,正邪两分的逻辑都过于简单,我们应该趁机更为审慎地阅读施特劳斯的研究成果,从其对于现代性的批判中获得灵感。为此,我想从一个批判性的角度解读施特劳斯的哲学思考,亦即一种"创造性的保守主义"的角度,这个提法或许近乎美国学者 Steven B. Smith 所谓具有内在矛盾的"柏拉图式的自由主义"(Platonic Liberalism);② 目的在于发挥施特劳斯政治哲学所蕴含的批判意识,而非在亚洲屈服于其弟子所形成的学派乃至其哲学教条。"创造性的保守主

---

① 至于施特劳斯的生平,可以参考 Steven B. Smith 的叙述,参其"Leo Strauss: The Outline of a Life", in: *The Cambridge Companion to Leo Strauss*, ed. by Steven B. Smith, Cambridge: Cambridge University Press, 2009, pp. 13—40。

② 参 Steven B. Smith, "Leo Strauss's Platonic Liberalism", *Political Theory*, Vol. 28, No. 6. (Dec. 2000), pp. 787—809。

义"这种提法另有意涵：在汉语语境中从事施特劳斯研究，首先
不要受到一些美国施特劳斯主义者极端保守气息的感染，也就
是说：我们在亚洲最好不要（其实也不太可能）继承美国民族主义
具有争议性的遗业，反之，我们应该用一种追求纯然哲学问题本
身伟大视野的绝对开放的态度来重新阅读施特劳斯。晚近的全
球化所带来的巨大冲击使现代性日益成为令人瞩目的重大课
题，这也让很多人开始思考是否存在着多元——而非狭义美国
自由主义式——的现代性。不过，未来全球化的现代性究竟将
有何种样貌，对于仍然活在 20 世纪民族国家式现代性底下的我
们，似乎仍未可知。因此，著名英国学者邓恩将全球化视为"一
种认知上的挑战的代名词，而并不认为认知问题有可能答案"（a
name of a cognitive challenge, not of a potential solution to a cognitive
problem）。① 有理由将我们对于施特劳斯的研究放在这种对于
全球化的探讨之中，而且，我认为，施特劳斯的政治哲学作为"认
知问题"也不可能"有可能答案"，而仅能作为一种全新探索的起
点而已。

一场"精神搏斗"

施特劳斯的思想起点乃是斯宾诺莎政治哲学中启示宗教与
政治秩序之间关系的问题，亦即著名的"神学—政治问题"（theo-
logico-political problem）。与施米特（Carl Schmitt）不同，施特劳斯并
不希望恢复政治神学的视野，而他使用"神学—政治问题"一词
的第一意涵，乃是因为他认为，现代理性主义已经进入了一种致

---

① 参邓恩（John Dunn），*The Cunning of Unreason*，HarperCollins Publishers
2000, p. 134。

命危机，我们必须重新探索欧洲哲学史上 17、18 世纪诸多哲学家的观点，他们将神学与政治区分为两种独立领域。这可以说是"神学—政治问题"一词的"诊断式"（diagnostic）的意涵；但它亦有一种"再建式"（reconstructive）的意涵，亦即施特劳斯认为，我们只能透过对于神学（以及更广义的宗教问题）的悉心研究来全面性地理解政治社会所包含的张力与对立。[①] 换句话说，政治哲学家对施特劳斯而言必须对哲学活动的正当性作严谨的检验，因为哲学活动没有一个绝对的开始或基础，反而永远依赖一些哲学家无法全面说明清楚的先天条件。"神学—政治问题"的议题在欧洲去基督化的自由民主社会可以说长期被忽视，今天在英美哲学界重新提出此议题也存在着一定的难度，不过，若深思之，我们也不难发现此议题与许多当代哲学家所关心的"宗教的返回"（return of religion）的密切关联。[②]

　　顺此脉络，施特劳斯的研究旨趣在三四十年代愈来愈转向古希腊与古罗马的政治哲学，他逐步展开"返回古典"的思想诉求。由此观之，施特劳斯的基本取向与其师海德格尔不同：施特劳斯不想"解构"整个西方形而上学传统，而是试图挖掘历经时代流逝所掩埋的古典理性主义；对他而言，这种古典理性主义乃是对抗现代性破坏力量的最佳自卫方式，因为它代表一种能够使人与自然、公民与社群、知识与信仰都能相容的理性，并且也能够避免像现代理性主义那样最终导致虚无主义以及现代科技

---

① 笔者在此参考了美国学者 Leora Batnitzky 的解释（参其"Leo Strauss and the Theologico-Political Predicament"，in：*The Cambridge Companion to Leo Strauss*，ed. by Steven B. Smith，Cambridge：Cambridge University Press，2009，pp. 41—62）。

② 最值得参考的当然是加拿大哲学家泰勒（Charles Taylor）及其最近出版的大作《一个世俗的时代》[*A Secular Age*. Cambridge（Mass.）and London：The Belknap Press of Harvard University Press，2007]。

的全球性绝对统治,而现代理性主义必然难逃陷入自身崩溃的命运。

施特劳斯近年来在汉语学界所受到的待遇相当惊人:不少学者把施特劳斯的思想引介到中文世界,并且进行了大量的翻译、整理以及诠释工作,在施特劳斯的影响之下,这些学者重新正视西方文明的"大传统",在汉语土壤上抛出"什么是正确的?"的严峻问题。"中国施特劳斯主义"的代言人为刘小枫与甘阳,其影响力主要基于施特劳斯特殊的学问态度:极力推动"古今之争",提倡通过修复古典以克服现代性危机,从而使汉语思想抛弃现代偏见、重新看待自身传统成为可能。换句话说,施特劳斯所带来的冲击印证了近年来一些有识之士的一个直觉:中国传统将成为未来全球化语境中的重要面向,或如刘小枫所言:"现代中国与西方的相遇,不可能避免一场精神冲突。"① 施特劳斯(以及施米特、沃格林、科耶夫等思想家)在中国代表着一个巨大的挑战,也代表着一种希望:我们是否能够把东西方之间的这场"精神搏斗"从民族意识的支配解脱出来,真正置身于问题本身的思想脉络之中,不但透过这场"精神搏斗"来把握克服现代性危机的契机,而且也能回应"哲学何以可能"这一深刻问题,并提供一种中西方和而不同的思想平台呢? 笔者认为,这场"精神搏斗"尽管不可避免,但绝不应该成为最终目的。相反,此一提法或许可以超逾学界常看到的一种僵化和停滞的状态,最终导致东西哲学一种富有活力与平等的互动。

施特劳斯的思想旨趣在于找到一条途径,彻底肯定古典哲学传统,却不陷入一种僵死的传统主义。在"古今之争"的条件之下重新浮现出来的古典视域,离不开现代性的问题意识,甚至

---

① 参刘小枫,〈修订本前言〉,《拯救与逍遥》,上海:华东师范大学出版社,2007,页7。

看上去与后现代主义不无某种共通之处。中国文明传统面临着急速的现代化进程，这种"新传统"可以作为我们重新思考当下重大哲学问题的思想资源。以施特劳斯的问题意识重新思考中国文明传统，不可避免带来风险——历史上的伟大哲人何尝没有面对时代重大转折中所蕴含的风险呢？维特根斯坦最担心的，就是自己的学生在他离开教室后会开始模仿他的话语。跟随施特劳斯，采用施特劳斯隐秘哲学的立场来诠释中国传统，实在不难；不过，针对一个如此注重敌友之分的哲学家，后来的读者容易陷入"只能追随大师的脚步而无法衍生自己的创见"（Epigonentum）的困境，以"施特劳斯读者"的特殊身份而不敢挑战施特劳斯，最后无法避免一种缺乏哲学意识与反省能力的新教条主义。下面，我想从三个角度（即从文本诠释、哲学活动以及哲人身份问题）来简扼说明，施特劳斯如何能够对于中国哲学发挥开创性的影响。

施特劳斯的诠释学途径

施特劳斯的诠释学立场最容易引起人的兴趣，但这也是他思想最容易令人误解的部分。施特劳斯怀疑，"一种普遍的诠释学理论——倘若这种理论不仅仅是'形式的'或'外在的'——是否可能"；一切解释只能是"应时的"（okkasionell）。[1] 正因如此，他坚持以作者意图作为唯一的解释标准，以"作者对其本人的理解"作为"我们理解作者"的判准："the meaning of intelligible

[1] 参〈致伽达默尔（1961.2.26）〉，施特劳斯著，Heinrich Meier 编，《回归古典政治哲学》，北京：华夏出版社，2006，页406。

books can and must be ascertained directly by consideration of its subject matter and the intention of the author, i. e. of things which become truly known only through the book itself. "① 这样的解释立场背后至少有两个重要的前提：一、哲人与社会之间的永恒隔阂；真实的沟通发生在"伟大的头脑"之间，而不在古典文本与现代民主社会的读者之间。这是什么意思呢？根据施特劳斯，古典哲人运用一种"书写的艺术"（the art of writing）或者说"隐微写作"（esoteric writing）来保护哲学，因为从雅典对于苏格拉底的审判以来，政治对于质疑且危及习传礼法的哲学充满着敌意。这些哲学家常常将真正的哲学意图隐藏在其著作之中，以免一般读者发现其真正的哲学教诲。二、真实的理解不受到任何历史、文化或社会制约，也不受海德格尔所描绘的"时间性"或"历史性"影响，而是属于永恒不变的哲学问题所构成的视野。为了彻底理解古典哲学，我们必须超逾现代性，特别是现代性所带来的"历史主义"（historicism）；还原那些著作的原始视野，才能开展永恒哲学问题的视野。②

---

① 参 *Persecution and the Art of Writing*, Chicago: The University of Chicago Press (originally The Free Press), 1952, p. 149。

② 参 Heinrich Meier, *Die Denkbewegung von Leo Strauss: die Geschichte der Philosophie und die Intention des Philosophen*, Stuttgart: J. B. Metzler, 1996。因为本论文范围有限，笔者在此无法详细阐述施特劳斯诠释学的诸多理论前提；读者可以参考以下的著作：Stanley Rosen, *Hermeneutics as Politics*. New York, Oxford: Oxford University Press, 1987, pp. 110—126; 133—138; Rémi Brague, "Leo Strauss and Maimonides," in: *Leo Strauss's Thought: Toward a Critical Engagement*, ed. by Alan Udoff, Boulder, CO: Lynne Rienner, 1991, pp. 93—114; Leora Batnitzky, *Leo Strauss and Emmanuel Levinas: Philosophy and the Politics of Revelation*, Cambridge: Cambridge University Press, 2006, pp. 99—104, 163—172。

有学者认为，施特劳斯的诠释方式缺乏任何具体内容：[①]
这一点没错，因为我们无法将施特劳斯的诠释技艺转换成一
种普遍方法，也就是说，根据施特劳斯，我们无法从一种外在
的角度描述诠释活动本身，也无法提出任何诠释规则或说明，
只能直接透过个别的经典文本来证明这种诠释的正当性。这
样，施特劳斯对于哲学经典的诠释具有浓厚的个人色彩，他强
烈反对 20 世纪各种对于诠释活动的普遍理论（如伽达默尔或利
科）。换句话说，施特劳斯对于"隐微"的重视，来自于少数人
所拥有的自我认识，同时也蕴含着一种"区分读者"的沟通模
式：我们阅读哲学著作的唯一正确方式，乃是寻找一种"私人
交流"（personal communication）的模式。[②]　这一点无疑在中国哲
学的语境中能够引起共鸣：从孔子以来，中国哲人喜欢因材施
教，依赖各种传递特殊教诲的"微言大义"，尤其是所谓口传
（如公羊传统）。不可否认，儒家经典诠释传统与现代主体哲学
（特别指康德以降）之间有某种微妙的张力：朱熹叫读者"须要敛
身正坐，缓视微吟，虚心涵泳，切己省察"，"大凡人读书，且当
虚心一意，将正文熟读，不可便立见解"（《朱子语类》卷十一），很
明显，这种"虚心"态度与近代主体哲学脉络下的读书风格有
相当的对立。近几年，许多学者借用伽达默尔的诠释学理论
试图建构一套"儒学诠释学"：譬如林维杰以此阐述朱熹读书
法所蕴含的诠释学观点，详细讨论朱熹经典诠释的意义论、方

---

① 参 Leora Batnitzky, *Leo Strauss and Emmanuel Levinas: Philosophy and the Politics of Revelation*, 165。
② 可以参考笔者在另外一篇论文更详细的阐述，参马恺之，〈历史性、哲学与现代性的命运：劳思光的《中国哲学史》与列奥·施特劳斯〉，载《国立政治大学哲学学报》第二十期（2008 年 7 月），页 51—103，特别是页 63—70。

法论、工夫论等层面,借此说明其思想的主体哲学以及实践脉络。① 施特劳斯与伽达默尔的途径相当类似,但也有一个重要差异:施特劳斯比伽达默尔更倾向于一种政治解读,将哲学家与社会、一般读者与具有哲学家身份的读者之间的距离拉远,使我们不能不重新思考启蒙方案的正当性问题。不可否认,施特劳斯的诠释学式的途径似乎很难发展成一种普遍性且系统性的诠释学,恐怕也很难达到伽达默尔诠释学的理论效力。可是,一种施特劳斯式的阅读策略或许更重视中国哲学家文本中反现代性的元素,因此也能更认真地对待一个基本事实:在中国古典哲学的脉络里,几乎任何阅读或理解活动的真正目的不是一种对话式的理解,而是成圣,是透过"默识"来实现功夫,完成极为切身的伦理目的(可以对照朱熹对《论语·述而》"默而识之,学而不厌……"的注解)。换句话说,中国哲学传统所追求的,似乎并不是理解一套理论,而是在人的特殊存在之中体现一种学说。施特劳斯提醒我们,我们在当代哲学视野中阅读、理解中国经典,难免带有现代性的哲学视野,因此也容易忽略古典文本所蕴含的意义与价值。施特劳斯迫使我们重新思考若干核心问题:解释儒家传统文献时,我们使用的学术语言是否也尽量接近原始文典呢? 解释儒家传统文献时,我们是否要追求一种对于经典的经得起反思的理解,还是停留在一种无法言传的领悟呢? 还有,我们今天在华语世界所使用的学术语言主要是 20 世纪中国哲学所创造的一种混合东西方两种传统的哲学语言,但不可否认的是,若干概念至今仍然较为含混,有待进一步的明确化。这样,阅读施特劳斯会不会逼迫我们进一步澄清我们的概念语言,使得我们更认

---

① 参林维杰,《朱熹与经典诠释》,台北:国立台湾大学出版中心,2008。

真地对待东西哲学若干不可通约的地方呢?! 施特劳斯针对这些问题或许无法提供既定的答案，但至少逼迫我们切问近思。

作为一种生活方式的哲学活动

什么叫做"哲学"? 这个问题成为施特劳斯一生所关心的问题。哲学的本质，在欧洲文化中是一个极为微妙的问题；我们可以大致地说，哲学永远有两个可以选择的路线：追求自我认识，抑或追求对于客观世界的知识。但是，不论如何，从苏格拉底开始，西方哲学是一种理论性（其原初含义为"静观"）活动，是一种不断进行内在修正的传统。对于施特劳斯而言，哲学主要呈现为政治哲学，而政治哲学的目的是追求更完善的生活方式，从而也是哲学最基础的领域。① 虽然施特劳斯强调政治生活的严峻，他所界定的哲学活动仍然涉及到宇宙论（人对于自然的知识），因为哲学活动的最终目的永远是对于"整体"（the whole）的理解。施特劳斯深受苏格拉底的影响，他再三强调，哲学的基础是人对于自己无知的认识，是人对于自己有限性的体知。与宗教信仰不同，哲学需要疑问、反思、讨论；但是，施特劳斯同时也认为，柏拉图的哲学抉择是正确的：由于他的老师苏格拉底被雅典公民所杀害，柏拉图只好让苏格拉底同智术师色拉绪马霍斯（Thrasymachus）结为朋友，从而避免苏格拉底的命运。按照阿拉伯哲学家阿尔法拉比（Alfarabi）的提法：柏拉图的方式是苏格拉底

---

① 可以参考 Leo Strauss, *What is Political Philosophy? And Other Studies*, Chicago and London: The University of Chicago Press (originally The Free Press), 1988。

方式和色拉绪马霍斯方式的结合。① 显然,施特劳斯透过此提法所表明的是哲学的根本局限:据他所言,哲学与宗教(特别是犹太法典)不同,在政治领域中绝对无法提出具有普遍效力的法则,而是必须承认其主张的有限性,才能建构理性主义的基础而避免现代性的自我解体。② 毫无疑问,施特劳斯将哲学活动看得极为重要,但他同时一再用宗教信仰挑战哲学活动的正当性,甚至特意加强一种宗教式世界观的说服力。如德国学者迈尔所指出,施特劳斯于 1946 年夏天曾经经历过一场精神危机,因而主要在齐克果的影响之下重新构思哲学活动的"合法性与必然性"(Recht und Notwendigkeit)。③ 虽然哲学活动本身似乎吸纳了齐克果决断论式的成分,最终也仅仅是一种无法完全证成的生活方式。总之,哲学活动发生在个人领域,亦即等于划定了一切政治的局限。

将施特劳斯的特殊视野挪到东方来这样一个计划,虽然表面上十分合理,但也充满着暧昧性。在中国文化中,我们几乎找不到苏格拉底式的"问答法"(elenchos),也找不到西方文化中神话与理性、知识与信仰、自然与人为之间的强烈张力。

---

① 参 *Persecution and the Art of Writing*, p. 16。
② 在此,读者可以参考 Leora Batnitzky 的阐述:"At the basis of Strauss' criticism of modern rationalism and what he contends are its historicist aftereffects is his contention that a fully *philosophically* justified law is unavailable. The perhaps negative insight that philosophy is necessarily *limited* when it comes to founding, by itself and on its own terms, *universal* laws is the basis of a true philosophical rationalism, argues Strauss."(Batnitzky, *Leo Strauss and Emmanuel Levinas: Philosophy and the Politics of Revelation*, p. 123)。
③ 参迈尔(Heinrich Meier), *Das theologisch-politische Problem. Zum Thema von Leo Strauss*. Stuttgart: J. B. Metzler, 2003, p. 51, Fn. 1。

中国哲学家几乎从来不重视严谨的方法或体系，是一种"流变不居"、一种"液体性"（黑格尔语）的哲学思考，对于客观世界的认知似乎并不特别感兴趣，而是追求自我认知、自我修养。这一切是否也构成施特劳斯一生所描写哲学与政治、理论与实践的莫大对立呢？

倘若从较为广阔的视角来看施特劳斯的政治哲学，则中国哲学传统确有对应：孔子、庄子、朱熹、康有为等哲学家，一向围绕着政治生活，但其思想同时也一直追求一种超越政治的生活方式。最明显的可能是儒家传统：先秦已有《春秋》这样的政治经典（孔子"作"《春秋》传"微言大义"）；然后，两汉儒学则更注重政治，用"天命"、"符瑞"等观念创造出一种中国式的政治神学；而到了宋明儒学，则不难发现朱熹一生探究内圣外王之学，即一种理想的精神—政治秩序，而且，连陆九渊也肯定儒家生活方式的政治品性，如他批佛时所言："释氏之所怜悯者，为未出于轮回，生死相续，谓之生死海里浮沉。若吾儒中圣贤，岂皆只在他生死海里浮沉也？"（《陆九渊集·与王顺伯》）。儒家式的修身活动就是在心性上下工夫，但绝对不允许圣人只在个别自我的"生死海里浮沉"，而是必然关心到共同生活以及政教制度问题。道家与儒家表面上不同，然而，细致阅览老子、庄子等人的著作，则也能看得出其政治品性：他们的思想位置无疑在于政治哲学，亦即在于对政治世界至深底蕴的洞悉。换句话说，修养论一向涉及政治实践层次。

若我们今天谈论中国哲学的"精神性"，就不能不注意到施特劳斯所展开的视野：现代学者有时强调儒家传统的内在性以及世俗性，但笔者赞成美国学者凯特雷德一句话："儒家传统虽然明显带有世俗性的一面，然而，如果我们不去考虑能够产生与维系这一传统背后的宗教信仰，我们便无法全面地解释或认识

儒家传统的内蕴与持久。"① 如泰勒(Charles Taylor)所描写的,
当代西方哲学很明显有一种内在化或此在化的倾向,在政治领
域自由民主政体同样反映内在性、个体性以及普遍性这三个价
值,故此与施特劳斯所探索的古典政治哲学视野必然出现强烈
对立。儒家传统长期具有经世意图,同时也作为一种富有超越
性的思想传统;张颖就《周易·系辞下》"仰则观象于天,俯则观
法于地"一段话这样说:"很显然,其中的'观'不是一般意义上的
'看',而是超理性认知意义上的'明见'和'洞见',因为它蕴涵一
种透过表象体验实象的能力,也就是佛、道所说的直觉的意识,
一种具体的、特殊的'自我转化'的经验。"② 不可否认,此"观"
与亚里士多德所描写的"静观"(theoria)有不谋而合之处:两者
原初皆富有宗教性意义。③ 故此,我们可以初步地说,哲学活
动在东西古典哲学两大传统中都仰赖一种直觉式的或宗教性的
意识,或者用施特劳斯的话:"哲学不具有主权。哲学的开端不
是纯粹的开端。"(Philosophy is not the sovereign. The beginning of
philosophy is not the beginning simply.)④ 顺此脉络,我们确实有必
要重新思考宗教与理性政治的关系。

   现代自然科学以及遵守技术思维模式的马克思主义在中国

① 参考 Mary Tucker, *Confucian Spirituality*. New York: The Crossroad Pub-
   lishing Company, 2003, p. 5。

② 参张颖,〈复归与提升:从"创造实体"看当代儒学的"精神性"〉,收入香港浸会大
   学宗教与哲学系(编),《当代儒学与精神性》,桂林:广西师范大学出版社,2009,
   页 51—70,在此:63—64。

③ 关于亚里士多德"静观"概念的宗教性意涵可以参考 Joachim Ritter, *Meta-
   physik und Politik. Studien zu Aristoteles und Hegel*, (Erweiterte Neuaus-
   gabe von Odo Marquard), Frankfurt: Suhrkamp, 2003, pp. 9—33。

④ 参施特劳斯,《哲学与律法》(*Philosophy and Law: Contributions to the Under-
   standing of Maimonides and His Predecessors*), transl. by Eve Adler, Alba-
   ny, NY: State University of New York Press, 1995, p. 88。

的兴起，直接危及中国传统的独立性和自主性。现代自然科学和马克思主义这两种现代性思潮所提倡的是技术性的知识，不再是中国思想传统所追求的内圣外王的理念。故此，透过施特劳斯重新阅读中国传统当然会帮我们重新衡量这两种知识立场的正当性。无论儒家或道家传统，皆缺少以数学或科学思维来统治社会的立场。两者直接或间接地都有统治社会的抱负，但其典范只是纯粹的"人治"（《中庸》称之为"君子以人治人，改而止"）。今天在全球最紧迫的问题是，我们如何能够重新扩展人类实践，特别是政治实践的空间？英美世界这几年盛行的新亚里士多德主义的重要代表（如麦金泰尔、泰勒、纳思邦等）试图从亚里士多德目的论式的德行伦理学来修正现代性的若干弊病；虽然我们的世界观早已不符合当时亚里士多德的自然观，但这显然不会危及亚里士多德的实践哲学以及政治哲学。今日在中国流行的"新保守主义"，不仅说明传统不绝如缕，同时也能够提供许多珍贵的理论洞见：只要我们不盲目地用施特劳斯来巩固中国传统，而是将传统的内涵透过哲学反思与批判转化成一种强有力的哲学叙事，我们就能拓展一个新颖的哲学视野。

施特劳斯的政治哲学概念在中国找到共鸣，这是不可否认的事实。我们不能不进一步探索：施特劳斯式的"思想行动"与中国语境中的传统思想结构究竟有什么样的精神同质性呢？施特劳斯的哲学视野迫使我们进一步检验当代西方哲学所提出的政治主张的普遍性。更甚者，我们至今仍然缺乏一种十分完整的学说可以说明启蒙方案在中国哲学背景下的正当性。[1] 虽

---

[1] 牟宗三所建构的中国哲学式的主体哲学也涉及到现代性问题，但恐怕不是一种完整的现代性谱系学论述。关于西方现代性的起源，可以参考布卢门贝格（Hans Blumenberg），《近代的正当性》(*Die Legitimität der Neuzeit*)，Frankfurt：Suhrkamp（erneuerte Ausgabe），1996。

然施特劳斯或许不赞成,但阅读施特劳斯很可能使我们更深入地探讨启蒙方案在中国的正面意义。

施特劳斯与中国,中国与施特劳斯

对于施特劳斯而言,最伟大的哲学家当然是苏格拉底。不过,如上所述,施特劳斯对于苏格拉底在西方哲学史的地位的态度十分暧昧:他虽然不认同尼采对于苏格拉底的猛烈批评,却对于苏格拉底在公共领域里所发挥的批评与不服从再三提出质疑。对他来说,苏格拉底首先是"老师"(teacher),而不是"公民哲学家"(citizen-philosopher)。[1]

毫无疑问,施特劳斯思想最关键的问题就是"现代性"(modernity):现代化为人类带来前所未有的能力与自由,却同时也危及到人之所以为人的最基本条件。启蒙方案的承诺就是将人彻底地解放,完全发挥人的自主性,完成人对自然以及自身的征服和支配。可是,启蒙方案对于科学理性的依赖让人成为科学理性的附庸,沦为大众社会的工具,到最后导致韦伯一百年前所预言的"铁笼"。因此,施特劳斯对于启蒙方案的批评的真正目的,就是肯定人之所以为人的基本条件,同时也肯定传统作为人类的精神资源的合理性,强调自然的永恒存在以及人类能力的有限性。

如上所述,施特劳斯的出发点就是启蒙方案与犹太教的关系,亦即所谓"犹太人问题"。刘小枫等学者或许认为:施特劳斯之所以能"传递"给中国,乃是由于犹太人的精神处境。中国人

---

[1]　参 Dana Villa, *Socratic Citizenship*. Princeton: Princeton University Press, 2001, p. 285。

的传统世界观在西方启蒙方案的影响之下似乎不能不退缩，却也因此不能不激烈反击，就像施特劳斯的前例所证明的那样。冷静地看，我们必须排除"救中国"等外缘因素，细心检讨施特劳斯与汉语思想相遇的理论意义。毫无疑问，施特劳斯这个名字代表理性政治的局限，因此也代表"哲学活动"本身的局限。现代性的正当性在世界各地重新受到质疑，中国也并非例外：如果我们想完成中国哲学传统的使命，就不能不就此问题进行反省。不可否认，随着西方现代理性与自由主义渐渐改造东方的生活世界，"圣人"、"仁义礼智"、"无为而治"、"三纲五伦"等传统信念皆失去正当性；不过，若我们放弃这些概念的使用，中国哲学还有何种意义？中国哲学传统的文献仍能包含何种真理性？儒、道、佛家传统缺少"哲学"这个字眼，也缺乏对于"哲学活动"的明确定义，却始终提倡"圣人"的精神世界。彻底地看，施特劳斯对于这个困境能够提出最尖锐的答案：即便中国哲学传统退缩到精神的内在性，这种内在性仍然能与政治领域保持莫大张力。根据施特劳斯、列维纳斯以及柯亨，这种内在性或"内在生命"(inner life)是历史的最终目的，也决定历史的时间性和超时间性的终极真理。[1]　或许，我们可以将儒家传统的"内圣"领域理解为这种"内在生命"的表现：它是一个超越历史的精神境界，是比历史视野绝对更广阔的视野，也是我们判断历史得失的真正标准。我们可以用哲学的方法来探究这个精神境界，可是最终无法将它全面转换成哲学意识。

　　从以上问题来看，施特劳斯为中国语境带来十分强烈的反现代性的哲学视野。顺此脉络，哲学与政治的关系当然也重新

---

[1]　参 Leora Batnitzky, *Leo Strauss and Emmanuel Levinas: Philosophy and the Politics of Revelation*, p. 77—80, 95—104.

引起注意：哲学家与政治领域的关系将符合传统"内圣外王"的架构，这意味着赋予哲学家一种"隐秘王权"（secret kingship），抑或要超越这个架构的局限，重新尝试影响政治领域呢？我们不要忽略，在基督教的近代历史上，政治神学至今仍是一种捍卫社会正义、批评强权的强有力的社会运动，而儒家传统最好也不要匆忙扬弃其"政治神学"成分，反而应该积极成为一种深具活力和批判力的思想。我们有理由期盼，"中国的施特劳斯"、"施特劳斯的中国"将迂回曲折地展开更具批判力的哲学视野，因此也能够对于我们如何构思全球性这个问题提供理论洞见。这样，我们才会知道，中国哲学针对现代理性的不断扩展是否应该继续"保持沉默"，或者必须将沉默转化成另一种力量。

施特劳斯与中国

——古典心性的相逢

刘小枫

献给友人刘苏里荣开五秩

[题记] 本文原为 2007 年年底提交给英国伯明翰大学举办的一个学术研讨会的论文,标题前半截"施特劳斯与中国"是研讨会主办者给笔者拟定的,系命题作文。今年(2008)年初,一部将在巴黎出版的法文版中法学术对话文集的主编也以此题向笔者索文,同一中文稿被译成法文前,笔者对文本有所增补,这里初次发表的中文稿亦略有增删(原刊《思想战线》2009 年第 1 期)。

从严复 1898 年刊印《天演论》译本并于同年着手翻译《群学肄言》算起,我国学界已经三次引人注目地引介西方学术思想,规模一次比一次大。"五四"运动之后到 1966 年,算第二次引介时期,最高成就是我国翻译西方"政法诸书"的第一个汉译全集——汉译马恩列斯全集基本竣工,按马克思主义观点拟定的西方历代名著汉译计划亦见雏形。20 世纪 80 年代兴起的引介热潮算第三次,迄今仍在持续。严复挑选的西方学术名著,大多属于现代西方自由主义一脉,"五四"运动以来的西学翻译并没有更改严复的基本着眼点,而是扩展了中国知识人接受西方现代启蒙主义的视野。

　　回瞥过去,不难看到,每次引介西方"政法诸书"都难免引发学界争议。这似乎表明,中国学人在引介西方学术思想时有所选择。"五四"时期的中国学人努力译介西方现代各类"政法诸书",其中最重要、也最见政治效力的,无疑是马克思主义"政法诸书",尽管一直也有中国学人(比如某些新儒家)主张不引介为好。据说日本学界就不同,凡西方的学术思想,一律引进——严复曾经私下批评梁启超引介卢梭,在他看来,这种思想不引介为妙。为何引介西方学术思想时有所选择,原因也许不难解释:引介西方"政法诸书"时,中国学人心里想的无不是形塑什么样的新中国这一重大现实问题。

　　晚近20年的第三次引介西方学术思想没有能够避免译介之争,并不奇怪,奇怪的也许是,争议出现得较晚——即便有人质疑甚至批评本人引介基督教神学,也并未引发明显的争议。2000年前后,笔者相续引介施米特的"政治法学"和施特劳斯的"古典政治哲学",随即引发争议——对此笔者并不感到吃惊,让笔者吃惊的倒是:欧美学者也关注我们引介施米特、尤其施特劳斯的"政治哲学"。从来没谁问过我:为什么你们要引介海德格尔、为什么要引介韦伯、为什么要引介巴特(Karl Barth)。如今,不断有欧美学界人士问我:你们为什么引介施特劳斯?从前,西方的汉学家或中国问题专家才关注中国学界发生的事情,绝大多数西方学者并不关心,相反,绝大多数中国学者(即便不是研究西学的)都关心西方学界发生的事情。如今,问我为什么引介施特劳斯的西方学者,已经不再仅是西方的汉学家或中国问题专家:施特劳斯进入中国已经引起从来不关心中国、仅关心自己(欧美)的事情的西方学者关注。

　　这让我好奇:关心施特劳斯进入中国的欧美学者是谁,他们为什么关注我们引介施特劳斯?

一

　　还是先回到西方学者们的询问：为什么要引介施特劳斯？

　　请让我从自己也感到困惑的地方说起——在欧美学界和大学中，施特劳斯并非显学，但在中国学界和大学的确已经受到较多关注，同时也有一些教授和学生对施特劳斯抱持怀疑甚至激烈的拒斥态度。这本来都是自然而然的事情，让人费解的是，我们曾相续引进西方当今学界的各家显学（福柯、罗尔斯、哈贝马斯、哈耶克、德里达），从来未见有西方学者问，为什么引介这些人的书，也未见有中国学人出来表示抱持怀疑或者激烈拒斥的态度，为什么偏偏引介并非显学的施特劳斯会引发内外惊诧？

　　施特劳斯的学问被命名为"政治哲学"，但在我国学界已成为显学的福柯、罗尔斯、哈贝马斯、哈耶克、德里达的学问，也都是一种"政治哲学"，为什么偏偏施特劳斯的"政治哲学"会引发学界争纷？这个问题看起来不难回答：因为施特劳斯提倡的"政治哲学"有"古典的"（classical）规定，更明确地说，有"柏拉图式"（Platonic）的规定。因此，回答这一问题的真正困难在于：为什么"政治哲学"有"古典的"或"柏拉图式"的规定会引发震荡。

　　如今，人们说起"政治哲学"，首先指的是哲学中的一个"门类"，诸如伦理学、宗教学、美学、社会理论之类。大学中的政治学系有别于比如说经济学系、社会学系，就是这种划分的结果或反映。我们知道，这是西方现代以后出现的新式学问体系划分，无论在中国古代还是在西方古代，学问本来都不这样分类。早在上个世纪30年代，中国学界就有人谈论比如孔子或庄子的

"政治哲学",这意味着孔子或庄子还有经济思想、伦理思想等等——朗擎霄1934年出版的《庄子学案》一书在考论《庄子》的篇目和真伪后,先分论庄子的"本体论"、"自然论"、"进化论",然后分论庄子的"人生哲学"、"政治哲学"、"经济思想"、"心理学"、"辩证法"、"文学"①。由此可见,现代式的西方学问已经切割了中国的古典学问(如今的推进是,把《庄子》读作自由主义的经典),正如它已经切割了西方的古典学问。

早已成为显学的福柯、罗尔斯、哈贝马斯、德里达的学问显然不是这种次级"学科门类"意义上的"政治哲学",严格来讲,它们属于另类"政治哲学",这类"政治哲学"的实际名称或许当是政治论说或"主义"论说——比如自由主义、保守主义、新—新左派、结构主义、女性主义、后殖民主义等等等等。这些另类"政治哲学"不是"学科门类"意义上的,不能按现代学科给它们划分领域,因为它们实际体现在诸如伦理学、宗教学、美学、社会理论等等建制性的学科领域,以至于显得与古典政治哲学没差别。翻开当代政治哲学的教科书,便会看到一堆这样的"主义"——我们都清楚,这些"主义"首先在欧美学界、然后在中国学界逐一成为"显学"。

然而,这些"主义"论说仅仅在形式上显得与古典政治哲学没差别。如果从"古典的"政治哲学观点来看,所有这些另类的"政治哲学"都只能称为"主义"论说,不能称为"政治哲学"。因为,就"哲学"这个西方传统语词的本义来说,其含义当首先是静观的反思,即便是反思"政治"的"政治哲学",也首先得是一种哲学,而非政治实践性的论说。无论各种"主义"论说背后有何等精致的哲学,它们首先是一种政治实践性的论说,无不显得热烈

① 朗擎霄,《庄子学案》,天津:天津古籍出版社,1990年影印重版。

而有现实斗争性——面对这些"政治论说",我想起尼采在《朝霞》(*Morgenröte*)序言中曾说:"康德如此热心向善,不过是他那比任何其他世纪都更盲目而热烈的世纪的儿子"——"盲目而热烈的世纪"指欧洲启蒙运动的18世纪,按尼采的说法,从卢梭、康德到罗伯斯庇尔有一条内在的精神线索。19世纪以来迄今的各种"主义"论说,无不是这种精神的延续——即便有的"主义"以启蒙的批判精神来对待旧的启蒙批判精神也罢(比如德里达)。

施特劳斯倡导的政治哲学突出"古典"的规定,首先意味着从根本上质疑现代"盲目而热烈的""主义"(无论保守、左倾还是自由主义)——回答为什么我们要引进施特劳斯,第一个理由就是:我们由此得以摆脱百年来对西方现代的种种"主义""盲目而热烈的"追逐。

有人马上会问:为什么要"摆脱"? 追求现代的"主义"有何不对? 在面对这一问题之前,还得面对一个问题,有人会说:施特劳斯的"政治哲学"难道不也是一种"主义"论说?

没可能把施特劳斯的"政治哲学"称之为"施特劳斯主义",因为,所谓"主义"指带有明确的积极政治实践性诉求的论说,施特劳斯的古典"政治哲学"却把求学者的高远志向引向古典经书(俗话说"钻故纸堆")。即便有人从故纸堆中出来后从事政治实践,至少也懂得了人不能胜天的古训,不大可能再是个政治实践上的愣头青。与此相反,现代的"主义"大多基于人定胜天的信念,容易让人热切而盲目。在西方学界(尤其美国),施特劳斯被一些人视为保守主义的代表。施特劳斯自己很可能已经预见到会有这样的结果,因为,在《关于马基雅维利的思考》①一书最

---

① 施特劳斯,《关于马基雅维利的思考》,申彤译,南京:译林出版社.2003。

后,施特劳斯专门谈到:对于几乎所有的实践目的而言,古典兴许就是如今被称为保守派的东西(The classics were for almost all practical purposes what now are called conservatives)。非常有意思的是,施特劳斯这里直接针对 for almost all practical purposes[几乎所有的实践目的]提出异议:不可忽视"古典"与"保守"之间针锋相对的根本区别(contradistinction)。① 说到底,"古典的"规定首先针对的是所有现代的"主义"论说,包括保守主义,这意味着,"古典的""政治哲学"要求:1,通盘重新检审近代以来的"政治哲学"(从卢梭、康德到罗伯斯庇尔直到当今的德里达),这必然要求 2,用古人的自我理解来理解古典,进而用古典的眼光来衡量现代的政治论说。施特劳斯的"古典政治哲学"在西方学界还不是显学,恰恰因为,现代的种种"主义"论说在如今的西方大学已经占据主导地位,就此而言,倘若欧美学者嘲笑中国的大学仍然受马克思主义支配,本身就可笑。反过来看,施特劳斯的古典主张如果让一些中国新锐学人不舒服,乃因为我们同样是在罗伯斯庇尔的如下政治理想指引下被培养出来的:"在地上建立智慧、正义和美德的大厦",这可称之为伟大的"现代性构想"。为了实现这一构想,得有与此相匹配的"在地上"建立起来的教育制度。不同的是,如今,这种教育制度在欧洲和美国已经发展得非常完备,在我们中国,则还处于追求实现这种教育制度的进程之中——90 年代以来,中国的教育制度以飞快的速度努力要与这种制度"接轨"。由此似乎也可以解释,施特劳斯的古典政治哲学在中国的实际意义可能比在欧美要大得多。

---

① 施特劳斯,《关于马基雅维利的思考》,前揭,页 477。

二

　　如何"在地上"建立现代化的教育制度？20世纪发展最为强劲的学科——社会科学完整地体现了"在地上建立智慧、正义和美德的大厦"这一现代性理想。按照在当今教育制度中占据支配地位的人类学原则（注意不等于人类学这个学科本身），高等教育不应该教学生们把目光投注在历史上的伟大作家（伟大灵魂）身上，而是应该教学生们把目光投注在自己的欲望和想像上——学生们无需再念古典的经书，而是现实地探究人的各种欲望、记忆、想象，就可以把自己培育成有德的人，进而评说现存制度的各种利弊。经过现代化的大学教育，大学生已经会自发地质疑：凭什么说古典的就是好的？这岂不是先入之见？那么多近代以来的思想大家难道都错了？他们的头脑难道都不如施特劳斯清醒？这个问题问得蛮有道理，与前面我还没有回答的问题——追求现代的"主义"有何不对——性质相同。严格来讲，这样的问题是向施特劳斯本人提出的严肃问题，如果我们要获得对此问题的回答，最好亲自去细读施特劳斯的著述，我相信，施特劳斯在自己的著述中以比提问者严肃得多的态度回答了这样的质疑。

　　如果欧美学者中间对施特劳斯抱有如此疑虑或拒斥态度的读书人稍微严肃认真地读过施特劳斯的著述，起码会看到一个明显而又简厄的答复——就在《关于马基雅维利的思考》的前言中，施特劳斯一开始就用特别清晰的语调说：按照关于马基雅维利的老派而简朴的看法（the old-fashioned and simple opinion），马基雅维利是个"邪恶的教诲师"（a teacher of evil），因为他公然教诲公的和私的歹徒行径的基本准则（to teach maxims of public and private gangsterism)。施特劳斯还说,按老派的简朴看法,马基雅维利简直是个"邪恶的人"(an evil man)。我们不难设想,从古至今,恶人都在自然而然地产生出来,但大自然似乎不会产生出"邪恶的教诲师"。马基雅维利兴许是"绝无仅有的一个哲学家"(the only philosopher),其唯一性就在于:此人的邪恶品性与极高才学恰巧结合得很好,成了"邪恶的教诲师"。施特劳斯在陈述关于马基雅维利的老派简朴看法时,依次用了三个语词:"邪恶的教诲师"、"恶人"、"绝无仅有的一位哲学家"(中译本,页2)。"恶人"无异于个人品质的描述,夹在中间,"教诲师"与"哲学家"其实是同义词,因为,按照某种对哲学的理解,哲人是最高的教诲师——智术师。当我们读到,一个恶人成了"绝无仅有的一位哲学家"时,难免会觉得有些夸张吧?

施特劳斯接下来说,这种老派的简朴观点尽管不够周全,毕竟抓住了马基雅维利的要害:他传授的学问不道德。然而,20世纪的社会哲学家们却以老派的简朴观点不够学术为由,提出了在施特劳斯看来"更为智术化的观点"(more sophisticated views)为马基雅维利的不道德辩护:马基雅维利绝非"传授邪恶的邪恶教诲师"(an evil teacher of evil),他是"热诚的爱国者",而且还是"以科学方式研究社会"的先驱——亦即现代社会科学、尤其政治学的先驱。施特劳斯让我们看到这样一种对立:简朴的道德观点与智术化(学术化)的非道德观点的对立。不仅如此,施特劳斯还毫不含糊地表明了自己的立场:即便简朴的道德观点不够周全、表述不够准确,他自己仍然要站在这种观点一边,因为这种观点坚持基本的善恶、对错、是非的区分——施特劳斯说,即便认可马基雅维利是个爱国者,也没法否认他同时是个"邪恶的教诲师",因为,马基雅维利的爱国主义恰恰基于"无视对与错的区分"(the indifference to the distinction between right and wrong,中译本页 3）；① 把马基雅维利式的爱国主义视为美德，结果便是对高于爱国主义的东西视而不见（blind to that which is higher than patriotism）。至于说马基雅维利是个研究社会的"科学家"，不过意味着研究社会的"科学方法"当抽离作为公民和作为人应当承担的"道德区分"，这意味着"道德麻木"（moral obtuseness）当成为所谓社会"科学分析"的基本前提。鉴于马基雅维利是个哲人，这种"道德麻木"无从开释。

　　施特劳斯写下这些话的时候，社会科学在西方学界和大学的发展势头正如日中天。《关于马基雅维利的思考》一书的这段开场白无异于在谴责整个西方现代社会科学和文教制度：如今的大学堂而皇之地传授不讲是非、对错、好坏、善恶的学术，以致于受过高等教育的人在道德良知方面比普通常人还不如，他们可以学术地不讲道德良知。明知道自己这样说难免招来学人谩骂，施特劳斯仍然大无畏地指出：现代的社会哲学家们之所以会对马基雅维利作出无关道德品质的评价，恰恰因为他们是"马基雅维利的小学生"（pupils of Machiavelli），或者他们的老师的老师已经是马基雅维利传统的继承者。正是在这里，施特劳斯提出：除非复活西方文明"前现代的遗产，包括圣经的和古典的遗产"（the pre-modern heritage, both Biblical and classical），当今西方学人没法看清马基雅维利思想的邪恶品质。②

　　施特劳斯果然招来学人谩骂——在学界维护简朴的道德观会招来谩骂，已经不是怪事，反倒是自然而然、甚至理所当然的事情，可见施特劳斯关于马基雅维利及其学生的说法没错。其实，至少在《关于马基雅维利的思考》这本书里，施特劳斯还没有

————————

① 施特劳斯，《关于马基雅维利的思考》，前揭，页 3，倒 2 行。
② 同上，页 5。

事先假定古典的观点就是好的,而是反对事先假定古典的观点是不好的、落后的。古典的观点好不好,首先需要我们不带现代偏见地去看古典的观点,马基雅维利的问题首先在于,给我们带来了现代偏见,制造出现代迷信。如果说现代的观点让我们摆脱了对古典的迷信,那么,如今我们首先需要摆脱对现代的迷信——由此可以理解,施特劳斯为何要重新开启古今之争。如果施特劳斯是在"盲目而热烈"地鼓吹"复古"或保守主义式地"复古",他就不会花那么大的力气去辨析马基雅维利处心积虑背叛古典却要装出回到古典的样子,也不会提请我们注意,现代性的三次大浪头恰恰体现为回到古代的姿态——说到底,施特劳斯从来没有简单地主张复古。

在施特劳斯的众多研究中,他的马基雅维利研究显得非常独特。首先,这部著述是施特劳斯生前刊行的篇幅最长的专著,引发的争议也最大;其次,据说施特劳斯的思想在这里透露得最充分——的确,在我看来,这部著述至少将施特劳斯一生所关注的问题体现得最为尖锐。一般而言,人们会说,施特劳斯的根本关注是:哲学与神学政治的关系问题,或者启示与理性的关系问题,或者古今之争。这些表述都没错,但仍然不及下面这个表述透彻:施特劳斯的根本关注是哲人的道德政治品质或哲人的败坏问题——施特劳斯丝毫没有否认马基雅维利的才学:思想无畏、目光大器、言辞雅致,但施特劳斯要我们记住一条"深刻的神学真理:魔鬼是堕落的天使",由此才能认识到,在马基雅维利的思想中有"一种品第极高却败坏了的高贵"(a perverted nobility of a very high order)。① 通过解析马基雅维利的书,施特劳斯让我们看到了这一点。这让我想到一个问题:什么是施特劳斯式的"阅

---

① 施特劳斯,《关于马基雅维利的思考》,前揭,页6。

读方法"？细读文本不是施特劳斯独有的方法，关注两种说辞也不是，古代学人大都这样读，现代人尼采也强调这样读。如果从宗教与哲学或理性与启示的关系来看思想史上的要著是施特劳斯"阅读方式"的特色，那么，宗教与哲学、理性与启示的关系其实向来是西方思想史的基本问题，施特劳斯不说我们也知道。在我看来，所谓施特劳斯"阅读方法"的独特性在于，尖起眼睛看哲人的道德政治品德问题或者说哲学的道德—政治问题——这个问题就是政治哲学的首要问题。"蕴涵在事物表面的问题，而且只有蕴涵在事物表面的问题，才是事物的核心"①——这是施特劳斯关于阅读古代经典的名言，它出现在重新告发马基雅维利有道德政治问题的起诉书末尾，绝非偶然。

　　恰恰在这一问题上，我们可以理解，为何"古典的"政治哲学被施特劳斯进一步明确为"柏拉图式"的政治哲学，因为，这种政治哲学以"苏格拉底问题"为出发点。苏格拉底问题的要害无异于哲人的道德政治问题，或者说哲人与自己所处的社会的政治关系问题。苏格拉底当年被指控的是道德—政治罪：1，不信城邦的神；2，败坏青年——自苏格拉底审判以来，哲人是否败坏青年便成了一个恒在的道德政治问题。然而，自马基雅维利以后，哲人逐渐变成了社会科学家或知识分子，当年雅典人民指控苏格拉底的道德—政治罪的正当权利也随之被取消了，"科学地研究社会"享有道德政治上的治外法权。施特劳斯看得非常清楚，马基雅维利力图单纯从政治的角度来看政治，删除了道德—宗教的基准；与此相反，柏拉图式的哲人主张从道德—宗教的角度来看政治，原因之一正是"苏格拉底问题"带来的启示：从道德—政治的角度看，雅典人民指控苏格拉底犯了罪，从道德—宗教上

━━━━━━━━━━

① 施特劳斯，《关于马基雅维利的思考》，前揭，页 6。

讲完全正确。就此而言,柏拉图式的政治哲学无异于一种启蒙哲学——针对少数求智者的道德—政治教育,而非对普通民众的哲学启蒙,从而与由马基雅维利肇端的现代启蒙哲学判若云泥。[①] 施特劳斯的政治哲学以及他大力倡导的"自由教育"力图恢复的恰恰是柏拉图式的启蒙哲学——这种哲学在西方思想史上不绝若线,施特劳斯提到过的现代榜样就有斯威夫特和莱辛。这与保守主义或者"极右派"有何相干? 斯威夫特是保守主义? 莱辛是个"极右派"? 施特劳斯 30 岁出头时就已然明确了自己超越自由主义与保守主义的思想立场,在 1931 年作的一次学术报告《柯亨与迈蒙尼德》结尾时他宣告:

> 我们获得了一个视域,这个视域超然于(jenseits)进步与保守主义、左派与右派、启蒙运动与浪漫派的对立——或者无论人们怎样称谓这种对立;……我们摆脱了所有对进步或者退步的考虑,重新理解永恒的好、永恒的秩序的思想。[②]

与此相关,施特劳斯在自己唯一的一篇带自传性质的前言中一开始就说:希特勒一类现代僭主成功的原因恰恰在于,那些灵魂鄙俗但意志最为坚定、顽强,性格最为粗犷、无畏,对实际政治有最佳判断力的人成了杂众领袖。[③] 意志顽强、性格无畏、判断力敏锐不都是政治实践需要的能干品质? 不幸的是,这一

---

① 参见施特劳斯,《关于马基雅维利的思考》第三章最后一句话和第四章最后 4 个自然段,前揭。

② 参见刘小枫编,《犹太哲人与启蒙问题》,张缨等译,北京:华夏出版社,2009。

③ 参见 Leo Strauss, *Spinoza's Critique of Religion*, 1965; Uni. of Chicago Press 1997,英译本导言,页 1。

切与无视常识道德的鄙俗灵魂结合在了一起。

我们中国的少数(读书)人面临着生死攸关的历史性抉择：要么学习西方近代启蒙从而学会败坏自己，要么接受柏拉图式的苏格拉底启蒙，以古典学问涵养自己。我们引介施特劳斯的第二个理由就在于此：对现代之后的西方文教制度的学理基础，我们应该抱持审慎的态度。施特劳斯倡导的古典教育为我们提供了契机，因为，古典教育要求我们瞩目古代的高伟灵魂，这只能见诸于古代流传下来的经典——讲是非、好坏、对错、善恶，必须基于一套道德原则，无论中国还是西方的古代文明，早就已经总结出这样的原则，现代的社会科学废除了这些原则，"在地上"另立原则，我们必须寻回古典的原则，才能挽救我们作为学人的道德—政治品质。幸好我们的大学尚处于"飞速"与西方大学接轨的阶段，而非已经完全变成了西方式的大学。倘若我们的文教制度像法国、德国的大学那样已经非常美国化，施特劳斯提倡的古典学问肯定不会引起强烈反响——反过来说，正因为我们的文教制度还没有完全与你们接上轨，我们必须乘机尽快推进古典教育。

三

在上世纪 80 年代，中国的知识人齐心想的是如何走出"统子楼"。90 年代以降，随着商品房的出现，尽管知识界逐渐走向分化，主流乃是启蒙自由主义及其现代—后现代理论，这是我们长期不得已住"统子楼"引出的自然而然的结果。当新左派出场时，自由主义论说便觉得自己可以理直气壮攻击新左派在给"统子楼"翻新搞装修；当遇到古典政治哲学时，自由主义实际感到了更大的、甚至根本性的威胁，却没法说古典政治哲学与"统子

楼"有亲缘关系。在中国引介施特劳斯会受到一些莫名怒火的
攻击，一点都不奇怪，因为这种攻击本身已经表明自己站在现代
启蒙主义立场，而施特劳斯的确质疑甚至可以说反对现代启蒙
主义——如果我自己已经是个坚定的启蒙主义者或自由主义
者，当然没什么好说。然而，如今的一些转向古典政治哲学的中
国学人曾经也是热诚的自由主义者，这就表明，问题并非在于自
己已经持有某种"主义"立场，而在于是否敢于反省自己的立场。
倘若如此，那么，我们可以看到：施特劳斯实际上力图重新开放
启蒙和民主政治的品质问题——如今，启蒙尤其民主政治和自
由理念的正当性几乎已经到了不容讨论和质疑的地步，作为哲
人，施特劳斯坚定地要求哲人有质疑的权利。通过开启古典政
治哲学的视野，施特劳斯让我们看到：与现代启蒙尤其民主政治
为敌还是为友，早在古希腊时代就是古典政治哲学中的重大问
题，从而，温习古典政治哲学，对我们学会审慎思考政治问题确
有好处。

　　施特劳斯说，马基雅维利才是真正的自由主义的真正敌人，
自由主义的领军人物伯林（Isaiah Berlin）则坚持认为，马基雅维利
是自由主义思想富有"原创性"的先驱，自由主义哲学大师斯金
纳（Quentin Skinner）甚至反倒谴责施特劳斯是"道德法官"——这
也不奇怪，因为施特劳斯并不能说服所有人。苏格拉底就没能
说服卡里克勒斯，对于色拉绪马霍斯这类人，苏格拉底也许一开
始就没指望会说服他，至多把说服别人的过程演示给他看。知
人则哲，施特劳斯一定清楚，有的人天生性情如此。不妨举个具
体例子——同样是在解析马基雅维利的书中，施特劳斯说到马
基雅维利是现代民主思想的先驱。[①]　马基雅维利怎样和为什

---

① 参见《关于马基雅维利的思考》，中译本，前揭，页186—187。

么成了这样的先驱？施特劳斯是这样解释的：马基雅维利背叛了西方古代的"所有作家"，"反对整个传统"和"普通看法"(the common opinion)。换言之，西方的古典作家持有的看法其实是常识性的看法，关于什么的看法？关于"杂众的智慧和恒定品质"(the wisdom and the constancy of the multitude)的看法。古代与现代之争的关键之一在于，现代观念与古代观念在有关"杂众的智慧和恒定品质"这一问题上有根本性的差异：古代观念基于常识性的"普通看法"，现代观念基于什么？基于某种哲学。马基雅维利认为，"杂众"比作为个人的君王更有智慧和恒定品质，进而把"杂众"的声音比作"普世的看法"(a universal opinion)、甚至比作"上帝的声音"——这里的 a universal opinion 打了引号，从而与前面打了引号的 the common opinion[普通看法]形成对照。universal这个语词透露出某种东西，这就是哲学：a universal opinion[普世的看法]等于哲学的看法，因此与"常识性"看法产生了对抗性关系。马基雅维利的观点基于某种哲学，现代反对古代，无异于以哲学反对道德常识。所以，施特劳斯紧接着说，马基雅维利是以杂众或民主制的名义挑战优良政制的偏见和前提的"第一位哲人"。这里的表述有两点值得注意：1，杂众与民主制选择性地并举，民主制就是杂众统治的政制；2，古典哲学反映了优良政制的偏见和前提（如果我们现在研究古典哲学，就是在学习优良政制的偏见和前提；中国传统儒家同样如此，但好些现当代儒生完全搞错了，以为古典儒学里面有民主思想）。

进一步问，马基雅维利为什么要这样？因为他认为，"人民的目的"(the purpose of the people)比"伟人的目的"(the purpose of the great)更为"诚实或正派"(honest or just)。如果留意的话，便可以注意到，前面的 the multitude[杂众]一词这里变成了 the people，前面的 prince 一词这里变成了 the great[伟人]，施特劳斯在随意更换语词吗？肯定不是：the multitude 这里变成了 the people 是一种还原，prince 变成了 the great 也是一种还原，王者在古人看来应该是个"伟人"——用亚里士多德的说法，治人者"必须不仅有美德，还得有践行能力"。① 第三个语词的变化是，前面对比的是 the wisdom and the constancy，这里对比的是 honest or just，哲学性的品质还原为道德性的品质。

可是，施特劳斯接下来说，马基雅维利其实并非真的"热衷于杂众的统治"，因为他自己非常清楚，"所有简单政制"（all simple regimes）都是"坏的"（bad），其结果不是无政府的乱世就是寡头制，而"每一所谓的民主政制"说到底都是"简单政制"。既然如此，马基雅维利为何要提倡民主政制？这不矛盾吗？如何解释马基雅维利明明清楚知道民主政制是"坏的"，却要背离古典智慧提倡民主政制？施特劳斯的解释是：这完全是因为马基雅维利的个人性情使然："马基雅维利热切偏爱大众，使得他不能够或者迫使自己不干脆地认同"（his bias in favor of the multitude enabled or compelled him not to identify himself simply with ... ）古典传统的优良政制。我们会觉得，这样的解释太简单、太平常。可是，反过来看，施特劳斯的思考并不寻求高深的哲理，而是诉诸常识：正如我们在日常生活中看到的那样，有的人明知道这样不好却偏要这样，不过因为性情如此，其实没多少道理可讲。

不过，施特劳斯这话有一个前提：马基雅维利是个哲人。哲人的古典含义之一是，能够掌握自己的个人性情，否则就谈不上"自由人"。② 既然马基雅维利已经不能让自己的见识支配自己的个人性情，哲人的品质已然变了——哲人心性的蜕变，恰是

---

① 亚里士多德，《政治学》，吴寿彭译，北京：商务印书馆，2007，页 356。

② 参见色诺芬，《回忆苏格拉底》卷 2 第 1 章，吴永泉译，北京：商务印书馆，1984。

现代性问题的症结所在,对此,尼采看得尤其清楚。尼采之所以激烈反对卢梭,原因就在于,他觉得卢梭在抹平"圣贤"与"小人"的区别,如此"尚同"的诉求使得政治的道德秩序无法建立,这是现代政制不断产生激进民主诉求的原因。马基雅维利带来的转变在于:不是从高处向下打量,从而以高来包容低,而是从低处往高处看,把高向下拉到等同于低——《君主论》中举到许多古代的例子,但唯有一个例子是朋友在一起思辩式地问答:斐利波门与朋友们在乡下"思辨"式地你问我答讨论问题,如此问答形式不就是苏格拉底式的哲学吗?但马基雅维利让自己笔下的人物思考的并非纯粹的真善美问题,而是实际的战略战术问题:倘若敌人上了高处该怎么办。[①]　在高处的敌人是谁?古老的圣王?还是古代的哲人?无论是谁,马基雅维利的敌人在高处,他要把他们从高处赶下来。古典政治哲学在谈到政体类型时,是与人的灵魂类型联系起来的。如果说马基雅维利完全否弃了灵魂问题,并不恰当,应该说,他否弃了古典哲人对灵魂类型的比较,单单从一种灵魂类型出发——马基雅维利把灵魂的类型先简化为两类:偏向观念的和偏向实际的,然后通过否弃偏向观念的灵魂类型,我们仅余下偏向实际的灵魂类型,这种灵魂只看重实际和时机。更重要的是,由于否弃了偏向观念的灵魂,我们已经找不到可以用来衡量偏向实际的灵魂类型的道德尺度——这就是整个现代学术的基本方向。

　　为了实现"尚同"的政治目的,现代政治哲学只能"在地上"用低的东西来重建哲学,然后再凭靠从这种新的哲学中得出的理性化原则来改造常识世界——现代的文教制度就以此为基础。在现代世界,哲学的普及或者说各种竞争的"主义",都是为

---

① 参见马基雅维利,《君主论》第14章,潘汉典译,北京:商务印书馆,2005。

了以低为起点的"尚同"——这样一来,哲学也不再是哲学。

四

　　启蒙主义的"尚同"哲学把中国带出了旧的"天下帝国"的眼界,领进了西方的普世化新世界——这是西方现代启蒙主义为新中国作出的伟大贡献。但熟悉中国 20 世纪思想发展的人都清楚,中国的马克思主义者一直面临如何将马克思主义中国化的问题。换言之,中国的启蒙主义者最终得面对这样一个问题:中国自己的伦理身份是什么? 马克思主义的中国在进入全球化时代以后如何与传统文明的中国保持血脉关系? 这个问题一直是晚清以降中国学界面临的基本处境:中国之"道"与西方之"道"的关系。我们引介施特劳斯的第三个理由就在于:施特劳斯的"古典政治哲学"让我们懂得,中国之"道"百年来面对的仅仅是西方的现代之"道",而非西方的古典之"道",使我们得以摆脱以现代西方之道来衡量中国古典之道的习惯立场,摆脱现代西方文教体系中的种种"盲目而热烈的"政治想象。

　　有人会说:用施特劳斯的学说来解释中国的古典,同样是用一种西方现代的学说来解读中国的古典。这种看法搞错了的地方在于,施特劳斯根本没有提出一种自己的学说(诸如解释学"学说"一类)来解释古典,而是主张用古典的目光来阅读古典。因此,即便我们从施特劳斯那里搬来一套"方法",那也是古人的方法,而非施特劳斯在现代构想出来的"方法"。就此而言,施特劳斯所倡导的"古典政治哲学"与中国学界百年来引介过的任何一种西方学说都不同:它既非"主义"论说,也非一种"新的方法论",而是一种学问方向,甚至更准确地说是一种古典心性。没错,我们在引介施特劳斯对政治和哲学的"理解"——这种"理解"来自美国的一位大学教授,但既然施特劳斯是古典心性的表率,而非一种学说,施特劳斯进入中国,其实是古典心性的相逢:在近三百年来的西方、近百年来的中国,这种心性流离失所,丧失了自己的家园——学堂,如今,这种心性无论在西方还是中国,都在努力从后现代的大学中寻回自身的地盘。

关心施特劳斯进入中国的欧美学者究竟是谁?我想大概不外乎两类。一类是有古典心性的西方学人——有这种心性的人无论在西方还是中国,都只会是当今已然彻底民主化的学界和大学中的少数。差别在于:中国人口众多,这样的少数相对而言多些,如此而已;我们与你们相遇,感觉就像是"有朋自远方来"。还有另外一类西方学人,他们仅仅因为中国如今的"崛起"才不得不把目光投向中国。这种目光本来是"尚同"的目光,中国的发展现实使得这样的目光陷入窘境。这并非是由于经济发展势头带来的惊惧,他们真正担心的是中国的重生在道德政治观念上将冲击"尚同"理想。对这类西方学人来说,施特劳斯的古典政治哲学进入中国恰恰是巨大的灾难,因为,这会有助于中国学人尽快摆脱"尚同"理想,使得西方的现代性观念丧失政治优势——他们原有的观念认为,现代化就是"尚同",也就是把中国文明拉低到与西方的现代性构想同样低的水平,这个前提一旦受到挑战,他们自然会感到"中国威胁"来了。西方的政治精英熟悉马克思主义,也清楚中国有自由主义志士,新左派也走进了西方的主流媒体,所有这些他们不仅都"可以理解",而且喜闻乐见,因为,凡此毕竟仍然在"尚同"观念中打转,最终方向都是现代西方普世价值的"进步",因此他们不会来问我们为什么引介这些"主义"。唯有中国一旦提出源于自身老派传统的道德政治观念,他们才会从心底感到忐忑不安,因为,他们不仅对中国古典传统的道德政治观念、甚至对西方古典传统的道德政治观念都心里没数。当今的中国学人如果把儒家重新解释为"不悖于民主"或者"新权威主义"的资源，把庄子说成伟大的自由主义志士，他们当然会喜闻乐见。但施特劳斯这个西方人却有可能教会我们，不要用西方人的现代尺度来度量我们中国的古典教诲……于是，当我们引介施特劳斯时，本来不关心中国的西方学者也关心起中国的事情来了。

启蒙：落日前的凭吊

——为"五四"九十周年而作

张志扬

请允许我先作两点声明：

一、我的发言整个是针对西方启蒙思想的，取清理立场，一直清理到西方哲学史的"阴影之谷"，因而我把它看作是我今生缘的"思想遭遇"；然后尽量用事实陈述句描述之。在这个意义上可以说，"我是唯一一个从阴影之谷逃出来向你报信的人"。

二、但这丝毫不能得出"三十年河东，三十年河西"的非此即彼的价值判断——持此判断者，对"阴影之谷"之切身性尚无意识。我的发言还根本没有触及中国问题。因此，任何引申的对比，不管是正向的还是反向的，我只能看作是他人解释的权利。

下面是我的发言。

女士们、先生们：

一、我要首先提出一个"前提命题"

启蒙主义与殖民主义是手拉着手向世界宣战的。

这无论在时间空间上，或事实上，或思想本质上，都是如此。

用不着去翻阅历史。仅从我们自身的经验中就可以看出，一百多年来，中国从来没有一个单纯的思想启蒙运动，"启蒙"从一开始就与"救亡"不离不弃。

为什么？

因为我们本来就是在被西方殖民乃至亡国灭种的灾难与恐惧中接受西方启蒙思想的。任何人都否认不了这个最起码最基本的事实，不管你做何种解释。①

前提到此为止。也就是说，我并不想在这里论证这个前提，谈论启蒙思想下的殖民事实或殖民事实上的启蒙思想。

我只想静静地面对西方启蒙理性，追踪它的根源。我想弄清楚：

（1）一个自诩大白于天下的启蒙真理为什么自始至终隐蔽地支撑着冷酷的殖民事实？尽管形态有所改变，甚至有日趋"温和"之势，如直接的"军事殖民"，到"经济殖民"，到"文化殖民"，直到"新罗马帝国梦想"，等等。②

（2）希腊"理性善"为什么一直朝着智能化、功能化的方向走到今天"强力意志"加"功利主义"的"技术王国"？所谓融合成"两希精神"的"犹太教—神教"丝毫也没有改变它的宇宙论技术走向。

---

① 我不得不补充一句：比起"否认"来，更可怕的是——"遗忘"。而且这段历史遗忘之快只能用"强迫遗忘"来解释，大概是后续的历史既伤害了秉承权力的"权力意志"自身，尤其伤害了能记忆的知识分子的"个人尊严"与"自由情怀"，以至伤害到这种程度，昔日的"侵略殖民者"可以被反证为"民主偶像"而失去其本质判断。

② 别误解了，"温和"趋势不是更迭，情急必须时照样"三管其下"的，如两次海湾战争。

（3）人类在承担它的风险同时究竟还有何种智慧出来担当自己应有的责任？

我想先回到事情本身——（2）。

二、"前提命题"基于"临界思想"

我这一代人（20 世纪 40 年代出生）是很幸运的，在中国"启蒙"的道路上，既没有先驱者"抛头颅洒热血"的悲壮，也没有开创者"经风雨见世面"的血腥，当然也没有受惠者"你唱罢我登场"的阳光豪迈。我们是前两代人的"幸存者"，又是后一代人的"警醒者"，因为我们的一生正好度量着"启蒙盛极而衰"的挽歌历程。当然，挽歌还仅仅是少数幸存者私下举行的落日前的凭吊：

凭吊难耐落日垂暮，夜行仍须破晓时分。①

此话怎讲？

仅限"凭吊难耐落日垂暮"，有三层意思：

（1）"西方启蒙"与"中国启蒙"不是因果关系

"西方启蒙"，"中国启蒙"，是两个不同的问题，尽管看起来前者像"太阳晒"后者像"石头热"的因果关系，然此因果并非一脉单传，作为果的中国启蒙，还有自身更为源远流长的文化传统命脉以及亡国灭种的现实忧患，唯有它才归根结底决定着中国文化类型成其为中国文化类型的特质，这是任何别的短时段的源头裹挟不去的。

---

① "破晓"，既是"政治"隐喻，又是"思想"隐喻。黑格尔曾把新思想看作"壮丽的日出"。

即便短时段看,作为因的西方启蒙理性及其流变,虽然一百多年来一直影响着中国启蒙思想的现代性走向,但其间,中国不是没有选择与决断没有唯我所用的造化,而这显然是受着中国文化类型自身传承的命脉主导。所以,"中国启蒙"并非"西方启蒙"如"西学东渐"一脉单传的殖民形态;乃是一个"中取西学"式的偏正合题,主位在我,任何偏废的研究或要求,都会导致灾难性后果。

(2)"启蒙"仍须"被启蒙",即"去意识形态"的正本清源

作为特殊历史时段的西方17、18世纪到20世纪的启蒙理性,不是什么"普世真理",它是希腊理性、罗马政治、基督教教义兴衰嬗变的结果,其本身也同样经历着兴衰嬗变。请别忘记:"20世纪"被历史叫做"战争世纪"、"灾难世纪"! 因而上世纪七八十年代,西方主要以"德法之争"的形式开启了反省启蒙理性的讨论:"已经破产"说、"有待完善"说、"现代性危机"说、直到"历史终结"说与"历史幽灵"说,等等,至今仍未了结,但启蒙之初的"永久的乐观主义"无疑消失殆尽。它特别表现为对"同一性"的根本置疑、对"西方中心论"的根本置疑、以及对"技术理性"的根本置疑。

(3)没有"一神","一神"亦是"诸神",唯有无形神虚位以限制

如前提命题所言:伴随西方启蒙主义兴起的是西方殖民主义,它们两者是手拉着手向世界宣战的。它们是"一个铜板的两面"。由此证实了西方意识形态的"一体两用"的典型特征:"把特殊的东西说成是普遍的东西以谋求真理性之名"("批判的武器")与"再把普遍的东西说成是统治的东西以获取权力性之实"("武器的批判")。其根本目的是"权力意志"实现,即把握主宰世界的权力。

　　奇怪的是，人们偏偏把殖民主义掩盖起来而只对启蒙理性的光辉极尽赞美之能事，或者反把殖民主义事实浪漫地轻描淡写地说成不可避免的"学费"与"代价"，就算完事。大概是攫权者韬晦自己对"权力性"的执迷，匮乏者只要他没有的东西吧。如此"以白掩黑"的双重遮蔽，才让西方"诸神"以"一神"面貌君临世界，致使西方拟或东方都无法做到"正本清源"以救治现代性危机。

　　三层意思无疑是三层深入地反省，不可偏废。既然中国马克思主义是所谓"西学东渐"的启蒙产物——在启蒙的民主思潮中，它以更激进的社会主义无产者"平等"诉求对抗着资本主义资本"自由"诉求的西方近代传统（"民主者"为何放弃了民主大多数？）——我们蒙受它的"启蒙"，理应从它开始追溯西方启蒙理性的源头，为了最终确认自己的身份与归宿。说到底，如果西方代表世界历史发展的必然规律，坚持"中国人"就没有意义，我们也应该跟着西方人成为"世界人"才是正经。当年我不就自称"青年马克思派"吗！为此付出的代价不要说年轻一代，恐怕在座的诸位都难以想象。所以，从上世纪 80 年代后期开始，我已经"同原因作战"，进入"二"、"三"清理中了。

　　没想到，我的"礼赞"渐渐成为"凭吊"——始料未及！——非我为之，其为之者也。渐次如下：

　　第一次：《悼词与葬礼——评"德法之争"》(1990)①

　　第二次：《启蒙思想中死去的与活着的》(1991)

　　第三次：《形而上学的巴比伦塔——重审形而上学的语言之维》(1992)

　　第四次：《西学中的夜行——隐匿在开端中的破裂》(2006)

―――――――――――

①　此系论著发表时间，实际进入的时间起始于 20 世纪 80 年代中后期。

　　第五次:《"唯一的"、"最好的",还是"独立互补的"?》
(2007)

　　第六次:《此行何处? 迷途问津》(2007)

　　第七次:《偶在论谱系——西方哲学史的"阴影之谷"》
(2009)

　　第八次:《希腊理性善的智能倾向及其伪善本质》(2009)

　　我之所以罗列如此频繁的凭吊过程,是想表明我对"西方启蒙理性"的悲情已经由来已久。因为,我的前辈或后辈,大都走在启蒙的光彩中,像海涅"走在威尔莫夫人的光彩中",赞美得忘乎所以,于是我只有走在它的阴影中——受老子之教行老子之礼:"知其白守其黑。"

　　请大家注意,我向来陈情的"守其黑"是与"知其白"相关生长的,人本来应该凭借智慧而临界:"知其白守其黑。"无奈人太急功近利地"取其白"而"舍其黑",以至后来造成"以白掩黑"的双重遮蔽,事情才走到今天这般地步。我的工作并非矫枉过正地颠来倒去——"两极震荡",而是力图还原到临界状态以寻求思想上制衡的中道。

三、西方启蒙理性的"轴心轨迹"及其指归的"阴影之谷"

　　三百年来,西方启蒙理性主导"世界"。所谓"世界历史"其实是按照西方的历史编制而成的:

　　　　希腊、罗马、犹太教—基督教;陆地、海洋;君主制、贵族制、民主制;工业革命、启蒙运动、殖民主义("军事的"、"经济的"、"文化的");英国式革命与政治、法国式革命与政治、美国式革命与政治,等等;两次世界大战、两大阵营冷战、苏联东欧解体、直到所谓"终结历史"的"新罗马帝国—自由精神的世界"。

这样的"世界"分明是西方启蒙理性强加给人类的一个"归属西方"的指归性概念。"指归性"表现为："凡西方皆世界性的普遍必然的现代性，凡非西方皆民族的特殊本土的传统性，因而西方领导世界，西方即世界。"如此向度及性质，在"世界性"中已成为"先验规定"。其"轴心轨迹"可简要描述如下：

"神义论"——"人义论"——"物义论"
（宇宙论）　　（功利论）　　（技术论）

细分起来，不同时期亦有不同的特征及共同的指归：

（1）希腊诸神的"类型"特征——有限即完善，一即整体，度即神即规律。

"自然法或自然正当"——"智力与强力"是安排世界秩序的决定性因素。立法者梭伦是最早的"强力意志"论者。

"技艺"的悖论性质——"伟大的知识"与"神圣的罪业"。

"希腊悲剧"——西方最早的启蒙形式，人用自身痛苦的承担从神的惩罚中让神的义理转渡为人的义理以达到自我意识的力量肯定，直到解除人神界限，使悲剧不再成为苦难的警示从而让人警惕人的有限性，反而抹去了苦难与有限性的警戒，致使人不断僭越达到狂妄。

咒符"斯芬克司之谜"——如此揭破"斯芬克司之谜—底"的人为何瞎了眼？古希腊启蒙所获得的"悲剧精神"如何向诗化方向转变而无视人的罪、恶、苦，最终导致对人之强力（意志）的盲目肯定？柏拉图本相的"静观"加上亚里士多德诗学的"净化"，事实上已经规定人为"自然人"，为宇宙论的"物义论"做了准备。人不成其为人，难道不是瞎眼！

"苏格拉底之死"与"神的智慧"关闭——"苏格拉底问题"意味着：人的知识是渺小的，"认识你自己"的"知无知"本质；尤其警醒人有"不能做"的限制；哲人职责，将民众"意见"接生出来引导到真知方向，对自诩为聪明者反讽其"真理"的伪善，由此维护人的知识的正义限度——中道或中庸。然而，"苏格拉底之死"，意味着苏格拉底指向的"神性维度"关闭而"人是万物尺度"的智能胜利。

"知识即德性"——逐渐在亚里士多德那里取向为宇宙论逻辑理性（希腊后期即希腊"理性善"完成转向"功能化"："好坏优劣与是非对错结成逻辑同盟"）。

（2）"亚里士多德上帝"即"宇宙论"上帝——中世纪，人可以用必然性逻辑证明上帝存在，因而上帝也成为必然性本身。于是有"亚里士多德的上帝与亚伯拉罕的上帝何干？"的置疑。

（3）"知识即力量"——近代启蒙时期，人借助自然科学力量使"神义论"完成转向"人义论"。知识的"德性"规定被知识的"力量—功利"规定所取代。

"殖民主义兴起与东扩"——传承雅典帝国、罗马帝国、基督教圣战的东扩趋势。

"强力意志"—— 一个公开秘密的宣示：自然本性高于神性。强力意志乃自然本性的顶点：顶点即没落、剥夺被剥夺。

"20世纪两次世界大战"——主人道德强力意志为"主宰世界"的内部争夺。

（4）"知识即功利"——现代人的"单子化"：新"三位一体"（"个人主义、工具理性主义、自由主义"）之"唯我种族中心主义"。

"技术—物欲—大众同质化"——显白的奴隶道德（民主的欲

望快乐原则)掩盖下的主人道德(扩大的贵族等级制)。

"知识即技术"——现代及现代之后，技术挟持科学走上"自我证成"的"高速公路"，从而让"人义论"完成转向"不属人"的"物义论"。

(5)"智能人时代"——人的生殖与制造、克隆共存，即人与机器人共存于智能星球("行星工厂")。事实上，如果按照"性"的纯粹自身满足，抽离生殖、抽离爱，那么，将来总有一天机器人或克隆人的性工具将是最好的性满足对象——"人是机器"的命题最后胜利了。"物义论"彻底完成。

上述五时段沿途的所谓"进化"无非是突出"强力—功利"的一面而牺牲其他文化素质、节制与关怀，如此形成共同的指归："伪真理性"服从"强力性"——剥夺者被剥夺的永恒轮回：神被人剥夺——人被人剥夺——人被物剥夺。其知识表现：知识的德性规定(人面向神性)——转变为欲望、功利规定(人面向人的本能)——转变为技术规律的自我证成规定(人面向物性)。

"只还有一个神能救渡我们。"但这个"神"已不是世界中现行的"诸神"，而是亟待显现的"无形神"，以实施对"诸神"的限制，进而实施对"技术王国"的限制。它不是来自任何人的善良愿望，而是来自人类的灾难与苦难，来自无数剥夺者被剥夺的事实。

按照西方理性，不管是启蒙理性，还是科学理性，它们只能沿着自己的"一义性僭主制"方向求解：如"科学造成的灾难只能靠科学解决"。陷入埃舍尔悖论：一条自己咬住自己尾巴的蛇。结果是留在"潘多拉瓶子"底里的最后灾难"希望"行使最后的审判——"伟大的知识"即"神圣的罪业"——同归于尽。

这里回想一下维特根斯坦对"逻辑"与"罪"的沉思,或许正是时候。例如,维特根斯坦对"摩尔论证"的批判具有指控理性逻辑僭越罪的隐喻性质。

摩尔曾举起自己的手说:"这是我的手。"以此证明经验逻辑的确实性。

维特根斯坦几乎耗尽了临死前的最后智慧指出,错不在经验的实在性,而在它背后隐含的"论证确信"——即"说出"的背后支撑说出的法则"显示"。如果,"这是我的手"代表的论证确信成立,那么,"这是我的感觉"、"这是我的思想",其背后的支撑就是"我感觉怎样就是怎样"、"我思想怎样就是怎样",法则如此。它们都如贝克莱所言:"感知即存在"。连黑格尔的"绝对精神即绝对存在"所集大成的西方形而上学,无一不是受此"论证确信"的影响。归根结底,这种论证确信来源于"上帝创世":上帝创造了人,同时也创造了万物,于是,上帝本身构成了人与万物先天同一的根据。但是,"人模仿上帝"与"人是上帝"之间有一个死亡断口。这就决定了"人模仿上帝"的逻辑隐含着"人是上帝"逻辑原罪。

与此类似,西方"启蒙主义"以来的工业革命导致(说出)"技术理性"的无限膨胀,它背后支撑的"法则"(显示)同时表现在两个方向上:(一)宇宙没有人不能认识的;(二)自然是人取之不尽的源泉。于是,人自身与外部世界都在人的僭越中失去了应有的界限。今天地球的灾难归根结底都是这两方面的"逻辑罪"僭越招致的恶果。

四、谁在说:"让死人去埋葬他的死人吧!"

据说,"西方启蒙理性"中有三位先生——"德先生(民主)"、

"赛先生（科学）"、"福先生（自由）"；他们是判断世界乃至中国现代性进程的唯一尺度，差别仅在于，"德先生"、"赛先生"、"福先生"三位先生谁是结构"中心"，以此盘算"启蒙"任务在今天完成的进度。

换句话说，"民主"、"科学"、"自由"，已经像算术题及其得数先验地摆在那里了，就看我们算了九十年最后对不对得上答案——"差的补上，错的改正"。

难怪福山先生比我们的算术算得好，他的结论已经出来：苏联东欧解体证明，"西方自由精神"最后胜利，因而"历史终结了"。

但是，比福山更地道的西方人——"两希精神结合的现代化身"德里达把他狠狠地嘲笑了一番，说他根本不懂西方历史，因为福山并不知道西方的历史上空至今仍徘徊着俄狄浦斯、哈姆雷特、马克思的"幽灵们"……

岂止这些"幽灵们"！

从"科学"中变异出来的"技术"开口说话了：

看吧，将要抬你出去的人的脚，已经站在门口。

五、西方某些人历来心照不宣

上述"轴心轨迹"，在西方思想史上乃隐蔽在形形色色真理的形而上学科学中，其近代则尤其隐蔽在显白真理的"西方启蒙理性"及其"技术科学意识形态"中。尽管形而上学科学真理像走马灯式的变换不居，但"轴心轨迹"从没有偏离"权力意志"的轮回。对此，某些哲学家尤其是政治哲学家，历来心照不宣。只有极少数临界思想家才指引到"阴影之谷"，寻求另类出路的尝试。尽管收效甚微。

换句话说，如此显隐关系实非我刻意为之，事实上西方人从来没有真正掩盖它，他们中的少数人总是用各种不同的方式强调着它，任何浪漫化的偏离都要"拨乱反正，正本清源"，致使他们内部的上乘教育从来没有在自己的"老底"上自欺欺人。只是传到非西方人的耳朵里，不知怎么变成了一片光明的"白色神话"。或许，落伍的非西方人太需要"真理"、太需要"强力"了吧！——要"强力"并不难，"做大"并不难，难的是"大而化之"的智慧早已无人问津了！

所以先生们，没有纯粹光明的"白色神话"这回事——"纯粹的光明如同纯粹的黑暗一样，什么也看不清"。一百多年来，我们就是被这"纯粹的光明"领着走的，而且还生怕自己不够自觉而被拖着走地落后挨打，故而把"救亡"喊在"启蒙"的前面，以为解决"救亡"就是为了"启蒙"。须知"救亡"就足以让我们踏上"启蒙"的技术科学之途。"科学—自由"了，西方这样那样的"民主"哪有做不成的。它们实在无关"科学—自由"的大局，就像它们一直无关"资本—自由"的大局一样。到那时，与"启蒙"相关的"救亡"，岂止是一个民族的救亡？哦，言重了，微瑕岂能掩科学自由盛世之瑜。

抱歉，打搅了！

2009 年 5 月 30 日 海甸岛

附　录

关键词界定

"智能"：与"智慧"相区分，属柏拉图"线喻"第三层即"可知世界"第一级,倾向数学—几何学("数字与图象")、音乐等形式指引的("科学与艺术")知识功能化,与"真"及其"知性真诚"相关联。

"伪善":中性,与"至善"相区分,首先取决于人为("伪")的实用目的("技艺"),如果没有更高的智慧钳制引导,最后则走上"不属人"的无主体的"技术"科学物化形态。

"宇宙论":与"神义论"或"人义论"相对,只相信主宰宇宙的是自然逻辑。如,"在一个由物质('基本粒子')、运动和相互作用构成的宇宙里,其规律皆可用数学公式表达。理性、精神、情感等等是如何可能的,在当代心灵哲学中,亦都能找到合乎规律的表达。"亦称"物义论"。

"自我证成":如图林机,能和人同时回答人设置的问题。这个事实表明,制造图林机的科学家必须先行图林机化(C),因而,以科学家为智能标志的人所设置的"人(A)& 机(B)"问答,相对于图林机原理(C)而言,实乃"自我证成"(A＝B,∴C)。进化到这一步的"物义论"正是以"人义论"牺牲为代价的。

标题说明

本文是 2009 年 7 月 29—30 日在上海社会科学院举行的第五届"中国文化论坛"上的发言稿。

事前,6 月中旬我在广州中山大学借古典学答辩的惯例在哲学系做了同样题目的讲演;对听者的各种问题做了回答。如:

有问:"你有一种潜在的倾向,它超出了'中西之争'甚至越过了西方'古今之争'的界限,而是对源自古希腊理性的整个西方思想提出了特征性的检省,还原它的'诸神'面目。"

答:"这也正是我要问的。西方思想是否把人类引向了风险?'人类在承担它的风险同时究竟还有何种智慧出来担当自己应有的责任?'我们能够重新回归人类的总体智慧,找到真正的相辅相成者吗?（我说的不是相反相成）——这是任何一种文化类型自身具有的:只有知道自己文化类型的根本限度,它才能尊重其他文化类型而相辅相成。它显然超出了西方意识形态化后即殖民化后的现行视域,但深受其影响的我们有回答它的意志与能力吗?"

　　等到参加"中国文化论坛"会议时,我却放弃了发言。意识到,"启蒙",在多数人那里还是利益与责任,只在少数人那里才成为危机与使命。这篇本来就在"弱对称"中的陈述性文字只是对可陈述者陈述一个隐蔽在明白中的事实。仅立此存照而已。

"《罗尔斯篇》"与古今之争的得失

包利民

现代性及其学术范式自从诞生以来,就一直受到古典性范式的批评。现代性的学者大多以"落伍的保守主义"和"邪恶的民主敌人"之类标签和论证加以强硬回击。然而,古典性范式从来没有因此噤声。众所周知,最近这次以"施特劳斯派"为旗帜的"古典性政治哲学"的兴起无论是从广度和深度上看,都远远超过历次保守主义,而且正在从自由主义的阵营中勾走越来越多的优秀青年的灵魂。

当然,需要在此澄清的一个事实是,"古典学界"并非都是施特劳斯派的天下。恰恰相反,西方古典学界目前依然是分析哲学的路子占据主流,相当排斥施特劳斯学派的进路①。分析学派的古典学者虽然自称没有任何价值立场,搞的是纯粹的朴学,但是骨子里主要同情的当然是自由主义。这一点,看看其主要代表人物如康福德、维尔南(早期)、弗拉斯托和纽斯邦等人背后的政治立场,就可以明白。然而施特劳斯派对于现代性尤其是

---

① 最近一些年来,形势有些松动,施特劳斯派的思想开始逐步被介绍进主流古典学界。

其主要范式——自由主义明显持批评态度。不过,施特劳斯派的基本态度应当是与搞"现代学说"的道不同不相为谋,心底里无视轻看之际,敬鬼神而远之,并不号召公开对撞。然而,在20世纪的下半叶,这一隐忍局面被打破。施特劳斯放任不羁的大弟子布鲁姆在沉默中爆发,他那本《美国心灵之封闭》(即《走向封闭的美国精神》)使古典学术直接踏入社会,对现代性范式发起挑战,从而引起社会轰动和巨大争议。我们在下面要关注的是他的一篇文章,虽然没有这本学术畅销书那么大的俗名,但是因为主题是直接对罗尔斯宣战,所以具有更为深刻的理论意义。"施特劳斯"与"罗尔斯"几乎可以说是当代古典政治哲学和现代性政治哲学的两大代表性符号。这一批评因此可以说是以戏剧化的激烈方式激起了所谓"古今之争"的硝烟,不应轻易放过,值得反思和讨论。

一、"《罗尔斯篇》"与政治哲学之争

罗尔斯的"作为公平的正义"的"正义论"在20世纪中叶的出场,突然在学术界掀起了所谓"政治哲学的复兴"的声势。这让施特劳斯阵营中一直在默默耕耘政治哲学田园却鲜为人知的学者们感到极不公平。布鲁姆撰写犀利长文,告诉人们真正的政治哲学何曾有一刻死去,哪里用得着"复活"? 相反,这本暴得大名的《正义论》连基本水准都不够,集中体现了现代性知识界的种种弊病和浅薄。布鲁姆的专门学术立足点是柏拉图,其成就包括《王制》的翻译和解读。众所周知,柏拉图经常拿他的对手智术师们作为自己的对话录的主要对话者和书名;故而我们好奇:如果柏拉图在当代复活,是否也会与布鲁姆一样看待罗尔斯? 会不会把罗尔斯看做与当年雅典最负盛名的普罗塔戈拉或

者高尔吉亚一样的当代最大智术师？如果会，那么在《普罗塔戈拉篇》和《高尔吉亚篇》等关于智术师的著名柏拉图对话录之外，会不会又多出一部"《罗尔斯篇》"？它会与布鲁姆写的檄文一样吗？下面让我们姑且先把"当代柏拉图"布鲁姆的檄文当做《罗尔斯篇》来读，再设想柏拉图本人会怎么写。

应当说，布鲁姆这部"《罗尔斯篇》"可没有柏拉图对话录那么温文尔雅，委婉曲转，与人为善。文章直截了当地断言，罗尔斯根本未能为自由主义政治提供深刻的哲学基础。如果说马克思主义和尼采主义还有坚定的思想家为之忠诚辩护的话，那么自由民主却没有同样分量的思想家出头把"自然权利"之类的教义当做真理来辩护。事实上，近代科学实证论把自然状态和自然权利"当作神话或者是统治者的意识形态扫进了历史的墓地，与国王的神圣权利比邻而居"。肤浅的东西总是容易随风摆动；根基不稳就会带来深重的危机。人们本来指望声响那么大的罗尔斯出来纠偏，拿出令人信服的硬货。可惜，盛名之下，其实难副：

　　　令人失望的是，《正义论》甚至对此不动声色，更不用说回应。尽管这是一部激进的平等主义的著作，但却并不是一部彻底的书。其视域甚至没有超出日常生活经验的深度。罗尔斯甚至没有从希特勒式的恐怖中得出独特的抑或新颖的问题。他的著作毋宁是对功利主义的一个修正。他的意识是美国式的，至多是盎格鲁—撒克逊式的。他致力的问题是已经取得自由的民族的公民自由，是已经臻至繁荣的国家财富的再分配。他的讨论充满着对民主未来的希望与憧憬，带有 19 世纪末 20 世纪初的特性，但却忘记了先于它的种种行径，也没有预期促成它

的野蛮。(布鲁姆,页272)

总之,这个正义论内容上激进,证法上平庸。一个自由主义政治理论在面对强有力地攻击自由主义价值观的敌人(激进左派和尼采)的面前,如果不能强有力地进行反击,那么它就是软弱无用的,从而无助于压制像纳粹那样的道德虚无主义。

值得注意的是,布鲁姆所提到的"基础"并不一定是形而上学的"本性"(自然)或者柏拉图的"理念",也可以是冷酷的现实。罗尔斯的论证"基础"是所谓"社会契约论",他自诩为社会契约论的当代复兴者。但是布鲁姆指出,近代霍布斯、洛克和卢梭的社会契约论是建立在扎扎实实的人性和"自然"基础之上的。人的第一"自然"就是自保,人之所以要订立社会契约进入政治社会,是因为在自然状态中生命受到真实的威胁。"人怕失去生命。怕并不是抽象、假设、臆想,而是毕生伴随着人的理由,使人忠诚于一个致力于保护他们的公民社会。"死亡是破坏契约的自然制裁。"实在法仅仅是从这种制裁中推演出来,并从自然中取得力量的。"布鲁姆的这些话让人想到施特劳斯关于霍布斯的政治哲学的经典研究。[1] 政治建立在现实生活的严酷之上,怕死才能逼得人服从利维坦。与此相比,罗尔斯的理论中与"自然状态"对应的概念"原初状态"却太抽象空洞,轻飘飘,完全不可与"自然状态"同日而语,没有任何地方与真实的人生经验相对应,所以它不具有现实力量,很难解释政治之所以出现的原因:"对死的畏惧消失,也使进入公民社会及接受其规则的动机消失了。罗尔斯对于进入公民社会的理由非常模糊。"个人与社会之间的冲突是永恒的、强有力的,如果没有足够强大的动机比如怕

---

[1]　参看施特劳斯,《霍布斯的政治哲学》,译林出版社,2001。

死,个人怎么会自愿严格地服从共同体和所有更为苛刻的自律德行?"罗尔斯是一个个人主义者,却不想接受个人主义严峻的实践和理论后果。"(布鲁姆,页277)

布鲁姆对于罗尔斯的第二个批评是针对其平等主义的。布鲁姆说罗尔斯对自由主义传统的贡献是在大家耳熟能详的自由原则之上,增加了平等原则(即第二原则);尽可能地平等分配所有的东西。然而,平等同样无法牢固地建立在"原始状态"这种抽象东西之上。比较之下,近代社会契约论的"自然"之说比罗尔斯的理论好,因为它点明了"强有力的自然激情(怕死的激情)的钳制制约着理性,不容分辩地将众人扯平"。霍布斯早已详细论证,人们是由于怕死才最终不敢沉溺于追求荣誉、优秀、出人头地的贵族虚安之中。可是罗尔斯的平等学说对这种怕死本能一字不提,只是简单地肯定人自然而然地就会选择平等。"罗尔斯在此不想步这等学说之后尘,尽管他愿坐收其中之利。"(布鲁姆,页278)更重要的是,罗尔斯的平等原则似乎会导向消灭优秀,走向平庸。"如果'生活计划'只是一种偏好,原则上是平等的,那么伟人和普通人的区别就消失了。如果自尊对每个人具有一种平等意义,就不存在优越性。"亚里士多德、托克维尔和穆勒等大思想家都意识到这里面的问题的困难,都感到如果选择民主,至少要付出沉重的代价,所以我们必须作出的抉择是极为艰难的。可是罗尔斯似乎丝毫不感到民主和多数人暴政可能是一个重大威胁。布鲁姆讽刺说,看来庸人也有庸人的幸福,丧失了对伟大和美的认知能力的美国人毫无真正思想家的痛苦。如果没有问题,又何从谈起对问题解决的关心。

布鲁姆的这一批评与他的第三个批评紧密相关,也就是对罗尔斯的价值观的批评。罗尔斯的价值理论——关于"好"(good,善)的理论——分别是《正义论》开始部分的"基本好"理论和后面的"充分好"理论。所谓"基本好"主要是财富、健康、自由等实现幸福的条件。布鲁姆说，罗尔斯所列举的"基本好"与霍布斯所说的"权力"（力量）大致一样。但是霍布斯的"权力"并非仅仅是中性的，它们依赖于目的，而非对于所有生活目的都是必不可少的好（益品）："对于某些目的或生活计划来说，罗尔斯的这些'基本好'全然都是'坏'。如果相信骆驼穿针比富人进入天堂更容易，那什么是财富呢？如果与帕斯卡尔一样相信病态是基督徒的真正状态，那什么是健康呢？自尊感而不是谦卑，又如何与那些相信自己有罪的人调和呢？"（布鲁姆，页280）早期的社会契约论在采取与古典价值观大为不同的价值观时，大多感到问题严重，设法进行论证和辩解。比如霍布斯对在政治中反对提倡古典政治哲学的高目标、主张低俗目标就进行了认真论证：伟大高尚的目的只是没有实在性的意见，相反会引起争斗和死亡。我们不会知道什么能给我们带来幸福即高目标，但是我们却知道什么会带来最低的东西即死亡，所以，让我们追求简单欲望。"正是通过霍布斯和洛克的方法，经济学才进入政治学的核心，并在罗尔斯中保留下来"，但是罗尔斯却对如此重大的价值转换的理由避而不谈，只是简单地接受现代性价值观，成了一个"霍布斯革命的不情愿的合作者"（布鲁姆，页281）。

　　至于说到罗尔斯的《正义论》第三部分的"目的篇"中所讨论的"充分好"，布鲁姆集中批评了罗尔斯在那儿所提到的价值过于低下，比如罗尔斯在讨论价值冲突时所举的例子居然是考虑"到哪里去度假"时的争论！"为什么不是理性与启示，爱与对邦国的义务，生命与献身真理"之间的矛盾冲突？行文至此，布鲁姆简直有些恨铁不成钢，他说：这不足奇怪，罗尔斯的"理性规则"既然指的是躲在原初状态背后畏惧风险的人的思考样式，那还能指望他们什么呢（布鲁姆，页288）？正是罗尔斯对平等的关注使他忘却对真正自由的重视,使他最后在讨论"社会联合体"
的善时,居然把集体看成高于个体,个体只能隐没在集体之中:

> 罗尔斯从自然状态的原子中建成一个社会有机体,我
> 们在其中同甘共苦。苏格拉底石破天惊而具讽刺意味的悖
> 论,在这里成为一滩死水。没有社会之外的善,没有超越社
> 会的善。我们整个儿就是社会的……社会建立在道德和智
> 力的劳动分工基础之上,增加了人所共乐的产品的数量和
> 种类,而不忌讳冒狭隘的专业化和劳动异化所造成的异化
> 的风险。我们从社会中得其所有,而必以忠诚相报。如果
> 人有自然,那必然是社会的。我们是局部,而社会尽善尽
> 美,我们通过社会臻至完善。我们既然认识到每个人对集
> 体成果平等地做出贡献,就不能试图变得自足,而必须承认
> 我们的弱点,参加团队,公平游戏……对亚里士多德来说,
> 不属于公民社会的人非兽即神,而对罗尔斯来说他只能是
> 野兽。对卢梭来说,孤独的人是唯一的好人,而对罗尔斯来
> 说他是唯一的坏人。社会生活的所有含混性一并取消。
> (布鲁姆,页292)

我们知道各位自由主义大师们总是以批评柏拉图的整体主
义为主要日常功课的,然而布鲁姆的这些话却令人感到,真正在
为个性和非整体性辩护的是柏拉图,古典哲人——至少在内心
深处——其实有强烈的孤独个体性一面;而自由主义者反而失
去了对个人的珍视。最后,布鲁姆下了一个看似刻薄的结论:
《正义论》的最大弱点不在于它所主张的原则或者倡导的社会乃
至它所鼓励的政治趋向,而在于它所暴露的"缺欠教养"。罗尔
斯理论的各部分都建立在对于过去的大思想家的误解之上。这

种误解是由于对待古代著作的"六经注我"的态度，其背后隐藏的信念又是古代人不如现代人，所以不值得认真了解古代人到底是怎么思想的。但是，如果我们只有今人的视野，而再也没有其他可供认真选择的视野，那就会失去思想的开放性，从而最终失去思想的自由："作为人、作为自由民主论者，我们最根本的自由即心灵自由在于我们能意识到什么是根本抉择。对这种意识的保护与任何新社会方案一样重要。"（布鲁姆，页294）

二、柏拉图的"《罗尔斯篇》"

以上是布鲁姆对现代政治哲学的公开挑战。其结论与其《美国心灵之封闭》（有中译本）的主旨完全一样，也使用了施特劳斯不少观念。用柏拉图对话录的标准来衡量这篇痛快淋漓的檄文，我们总觉得缺了什么。众所周知，柏拉图的对话录经常让对手充分阐明自己的立场，显示其强大的论证力量。事实上，在柏拉图笔下，无论是普罗塔戈拉还是色拉绪马霍斯的发言，以及格劳孔转述的智术师政治哲学的观点，都是立论深刻、很难予以反驳的，决不会像布鲁姆笔下的罗尔斯那样显得是个欺世盗名的白痴（从而使"魅惑"了整个现代社会的现代学术显得都是白痴）。让我们也来设想一下，如果是柏拉图本人复活并亲自写《罗尔斯篇》，是否有可能内容更为丰富和全面，表述包含更多的隐喻和反讽，给对手更多的陈述机会。

一日，哈佛大学教授罗尔斯在康奈尔大学参加美国哲学年会。近千名哲学家一起开会，如 zoo［动物园］一般热闹混乱，头昏脑涨。会后他步出大厅透透空气。忽然身后停下一车，车上是下山办事的康奈尔教师们，喊罗尔斯上车顺路下行（因为政治属于下行）去纽约（那地方与雅典的比埃雷夫斯港有许多类似之处，诸如靠

海、大量工商、金融、移民、民主等)转车。都说一路正好可以畅谈正
义理论消磨时光。几位熟悉诺奇克、布凯南和哈贝马斯思想的
康奈尔教师们频频向罗尔斯发问请教。车行至风景秀丽的半山
腰,坐在前排的布鲁姆终于怒气冲冲地忍不住,面红耳赤地插嘴
喊道:你们在闲聊什么正义,空谈什么"好"(利益,益品,goods)!
全是一派没文化的浅薄之说!听听我对《正义论》的看法吧。于
是他向愕然的人群滔滔不绝地倾倒出三大批判(见上一节)。最
后总结说:我们之间的分歧不是政治立场上的,而是更深刻的层
次上的。我们学派根本否认你们这些人的学术资格。直白地说
吧,这种自相矛盾的市侩玩意儿也能算学问?"新"不等于就是
"好",相反可能恰恰意味着糟糕。符号逻辑和数学工具(比如理
性选择学说等)与其说能帮助人们走出洞穴,不如说添加了锁住
人手脚的枷锁。灵知派早就看穿了这套邪灵囚魂把戏。通读你
的书,我只能怀疑你的学说身份(status)。你好好想想:《正义
论》究竟是对政治事务的自然(本性)所作的永久宣言,还是愉人
悦己的意见之集合?你是真理追求者,还是仅仅是某种历史意
识的发言人,或者只不过是一个蛊惑人心的神话制造者?

众人皆劝布鲁姆不要失去学者的风度,让愤怒控制了自
己[1]。布鲁姆分辨说:愤怒?你们自由主义者早就对柏拉图搞
大批判。二战后波普尔恶毒攻击柏拉图,胡编乱造了些什么
东西!

宛如被浇了一头水的罗尔斯从布鲁姆雄辩修辞三大浪头下
钻出来,回过神来点头道:早就听说康奈尔来了思想家。血性看
来不仅体现在战场上,而且体现在公开主张自己的观点上。我

---

[1]　参看塞涅卡,〈论愤怒〉,载于包利民主编,《强者的温柔——塞涅卡伦理文选》,
　　　中国社会科学出版社,2005,页10。

很赞赏①。但是我并没有被说服。我并不介意伊萨卡的哲学家说波士顿的意见收集者"没文化"。你说得对，我搞的本来就不是哲学，而仅仅是政治②。事实上我以为这正是现代政治思考所需要坚持的基本品性。现代自由主义政治学说已经无法提供你所需要的那种本质主义的哲学根基。我本科时修习过神学；从那个时候起我就逐渐坚信，欧洲宗教战争的历史已经判定公共理性是政治当中唯一可以使用的理性。我回去后就写《政治自由主义》详细阐明这一点。

不过，另一方面，贯穿在你的三大批判中都是"霍布斯革命"，这似乎是你们施特劳斯派对于人间政治所承认的唯一路线——现实主义路线，从生活中的野蛮事实出发证出一种作为"不得已"的民主，对此我却不能苟同。我以为，这也仅仅是一种流行颇广的意见（doxa）而已。您在注释《王制》中否认理想主义的政治哲学路线，断定柏拉图在《王制》中提出的政治乌托邦仅仅是反讽开玩笑③，是否过于悲观而轻易地被政治犬儒（cynic）们俘虏了？事实上，我在坚持理想主义上，比你更为接近柏拉图。况且，就你所攻击我的"理性选择"或现代逻辑方法论而言，我们现代学术更倾向于数学逻辑模式，你们施特劳斯派更倾向于文学评论模式；哪一种是刚性思维，哪一种是阴柔思维？别忘了你们学园门框上的诫言了。

---

① 看《高尔吉亚篇》487A 以下，苏格拉底对卡里克勒斯的评价。亦参看曼斯菲尔德，《男性气概》，译林出版社，2008。

② 参看 Rawls, "Justice as Fairness, Political not Metaphysical", in Freeman, ed., *Rawls Collected Papers*, Harvard University Press, 1999, pp. 388ff。

③ 类似的说法在施特劳斯派和非施特劳斯派中屡见不鲜。比如伽德穆尔就指出，柏拉图在《王制》中未必在提出什么"理想国"的实际工程蓝图，而是为我们批评现实世界提供一种批评性角度。参看 G. E. McCarthy, *Romancing Antiquity*, Rowman & Littlefieid, 1997, p. 214。

你不要摇头。确实,初看上去我罗尔斯与柏拉图之间截然对立。我们在两千多年的西方政治思想史上的两端讲"正义"。柏拉图的正义论以"反对民主"著称,而我则明白自称属于"自由民主派"。然而你有没有察觉,《正义论》与《王制》的基本框架其实是一样的,它们都在依次回答两个政治伦理上的重大问题:什么是正义?正义有没有益处?我们遇到的问题也是一样的,即传统神圣道义论动摇后,如何既从人出发,又不采取功利主义路线而走出新的公共伦理路线,即能否在不考虑正义对于个人和社会的"外在好"的情况下证出正义的"内在好"?正义有没有社会后果之外的价值?我希望从无知之幕后的理性选择向前论证,柏拉图希望从领导人的灵魂健康向前论证,都是从前道德走向道德,而反对"现实主义"的从非道德走向非道德。雅典智术师的强者自然正义和弱者妥协正义在当代的代表分别是尼采和高蒂耶(David Gauthier)。柏拉图不能接受"正义是强者的利益"或者"弱者的妥协"的智术师信念,我也不能接受经济学模式的"社会契约论"①。以高蒂耶为最新代表的大多数近现代社会契约论确实是一种政治现实主义,即认为人本质上或"自然地"是为一己利益奋斗的,社会契约是各方在讨价还价中的妥协和让步的结果②。但是,我的社会契约论是与此截然不同的"契约论"(罗尔斯,页288)。我用它展示的是我们道德理性的主导作用。所以,与哈贝马斯等人相比,我罗尔斯应当说甚至更接近柏拉图,或者说更相信国家中的理性部分(比如"最高法院")而不是民主(立法机构)应当统治。理性所选择决定下来的正义观,不应该因为"大多数人的民意"的公共讨论而不时修改。

---

① 有关讨论可以参看包利民主编,《当代社会契约论》,江苏人民出版社,2007。

② 参看 David Gauthier, *Morals by Agreement*, Clarendon Press, Oxford, 1986。

　　此时其他教师加入战团,或反驳罗尔斯对其他现代社会契约论者的批评,或指出罗尔斯与哈贝马斯一样都属于公民共和主义。布鲁姆却一声不响,漠然地朝着窗外。纽约渐近,高楼大厦和广告彩灯在苍茫暮色中影影绰绰连绵不断。忽然,车子大转弯,哈德逊河上落日辉煌灿烂出现在眼前,宁静宏大壮观景像一下震慑了全车人,争吵声戛然而止。

　　布鲁姆缓缓开口喃喃:至善就如太阳。它永远超越这些五光十色的影子,以及影子的影子。这怎么是庸众所能理解的![①]罗尔斯却摇了摇头,指着从地铁口涌出的大堆疲惫不堪的蓝领白领无言无名人群道:我以为至善恐怕不能在太阳中找,而应当在这些众人的灰色脸庞中寻找[②]。

　　谈话无结果。众人已到转车地点,分手后各自东西。

三、强者政治学与弱者政治学

　　在用虚拟场景摆出了双方的观点后,下面我们可以对当代最新的政治哲学两大对立范式的争论进行一些评述。

　　对此可以说很多话。我们只想说,古今之争往往被双方阵营激化为敌我之争。然而,好的政治未必是敌我斗争。如果不用谁对谁错或者谁好谁坏的口气来展开,而是用各自有其无法替代的成就的思路来进行,可能更有意思一些。毕竟柏拉图在《治邦者》中也提醒人们好的政治学是对立面的编织。古今政治哲学也许各自有其成就,而且这些成就也许正好位于不同的领域。我们尝试用一对范畴来为其初步定位:强者政治学和弱者

---

① 有关太阳比喻,参看《王制》第 6 卷 508A 以下。

② 有关脸庞之说,参看列维纳斯的哲学和庞兹的地铁诗。

政治学。

　　政治哲学可以分为两个领域。其中一个领域是"权力"（主权），另外一个是"权力的功能"（主权的行使）。权力政治学属于强者政治学，而权力任务政治学属于弱者政治学。从目标上说，强者政治学的核心概念是终极"幸福"，这是一阶的或个人自己的生活价值①；弱者政治学的核心概念是正义，这是二阶的或人际道德价值。两种政治学的背后显然有两种本体论的支撑：强者政治学的本体论是"自足主体"，而弱者政治学的本体论是"关系与依赖"。现代政治哲学由于"民主"、"平等"、"去政治化"等启蒙观念的深刻影响和压力，把主权者仅仅规定为服务者，感到讨论"强者的幸福"有违"政治正确"，所以大多回避此种问题；同时底气十足地讨论权力任务领域中的种种目标——"正义"或者"福利"。然而，权力拥有者作为强势存在者，很自然会追求更为积极性的、舒张开展型的、美好高尚的目标即终极幸福（其内涵又与古代型政治"自由"有关）。回避这一事实只会更加使它扭曲性地展现。关键是如何正面解释和重新引导它。

　　从这个视角出发，我们将能看到，罗尔斯关心的是弱者政治学，用罗尔斯自己的话说就是，正义的环境是物资中度匮乏和对促进他人利益不感兴趣的一般人②。所以他讲的正义是真正的"正义"。而他的成就也在这里。相反，柏拉图关心的是强者政治学，他希望教导的是好人或希望成为美好优秀人的青年。

　　之所以说以罗尔斯的正义论为代表的现代政治哲学有真正收获，是因为这种正义论蕴涵的价值立场是对他人的人格的真

---

① 需要注意的是，这里的"幸福"是希腊的 eudimonia，即完满存在（well being）或者繁盛顶峰（flourishing）；用亚里士多德的话说就是"至善"（the Good）。参看亚里士多德，《尼各马可伦理学》第1卷的讨论。

② 参看《正义论》，页 121 以下。

正尊重。罗尔斯所依据的理性其实是"合情理性"(reasonable-ness)。广义地说,这也是现代性及其学术(包括此前的基督教)中的有意义部分。Scanlon 和弗里曼最近在继续推进这一方向的"理性"及其证明方式的模式。或许有人认为罗尔斯的正义论只是在谈简单的物质利益分配,而没有提升到高级的东西上,但是高级的东西比如人格的尊严其实离不开物质利益的一定的分配模式。作为犹太人的布鲁姆,能够在康奈尔大学自由讨论学术而不必遭受人格侮辱,实在是因为沐浴在罗尔斯正义二原则之第一原则的日光之下。而且,康奈尔大学尊重人格自由,并非一定是出于霍布斯所谓的"怕死"而采取的不得已(modus vivandi)措施①。

当然,罗尔斯正义论也有欠缺之处,而这又正是柏拉图所擅长的,即:对最终目的的政治关心②。这属于强者政治学,是不能轻易放弃的一个政治学维度,否则,被压抑的"强者"必然会恶性反弹,德国学者在反思二战的起源时已经察觉到了这一点③。

在《王制》第 2—4 卷中,"苏格拉底"提出了"各自干好自己的事情"的所谓"内在正义"。柏拉图说这是比日常所理解的正义更为深刻、更为正确的正义。在这样的"正义新解"的背景下,柏拉图就很自然地推论出正义的人最幸福,因为正义就是自己的灵魂的有序、和谐与健康。而不正义就是不幸福——灵魂的

---

① 参看罗尔斯,《政治自由主义》中对从 modus vivandi 到正义感的过渡。

② 当然,罗尔斯有自己的考虑。如果说罗尔斯早年讲对"好"要宽容,只是就其多样性不应当受到压制而论的话,那么晚年讲对"高级价值"的系统理论体系要宽容,则更多的是讲不同的"好"对于人生的重要。政治自由主义对信仰问题不研究。"悬搁"并不等于就是主张怀疑论,否定信仰,贬低它的重要性,反而是表明信仰问题十分重要。以至于不能由政治来强行解决。

③ 参看梅尼克:《德国的浩劫》,三联书店,1991。

无序、不和谐与疾病是对自己的最大伤害。一旦明白了这个道理,人们就会积极追求正义——追求自己的真正幸福。一切邪恶之人都是因为不知道这一道理。没有人会自愿犯罪,因为谁会自愿使自己的灵魂遭受最大的伤害呢? 我们对于专制领导人的自然反应不应该是愤怒和复仇(当然,更不应该是艳羡不已),而应该是怜悯与治疗,因为他受到的伤害远远高于我们一般人。将其绳之以法正是治疗他。所以司法正义的本质不是惩罚报复,而是治疗教育。可见,柏拉图使用的理性属于 rationality,是一阶生活理性(明智);他的正义观的收获是强者政治学上的,是内向的,是一个人对自己的人格的真正尊重,是对终极性(ends)的关注。当领导人在锁定历史路径的时刻思考如何决策时,这样的强者政治学也许对他们更具有说服力。

　　然而,柏拉图路线的阿基里斯之踵可能恰恰也在于此:这一路线其实并不关心弱者,不关心他人,不关心一般意义上的正义,从而在其极端可以不关心政治。柏拉图所关心的那个"正义"最多可以称为正义之"原因"。可是,从逻辑上说,正义的原因并不就是正义;内在正义也不就是外在正义。外在正义才是本来意义上的正义,它指的是人与人之间的一种事态、关系。道义论伦理学强调的正义感所反映的正是人性中对这一关系和事态的重视:侵犯破坏这一关系和事态的不义行为是犯罪、是不能容忍的;它激起的反应是愤怒和打击。而"正义因"或"内义"虽然被柏拉图说成"真正的正义",实际上却并不是我们日常生活中所理解的正义,因为它更加是一种德行,是单个的个人的内部品性。关注这样的内在正义的哲学属于幸福论,它聚焦于前道德的个人健康问题而不是他人的实际被伤害。

　　正因为各有所得和所失,可以预见,古典性政治哲学与现代性政治哲学的争论还会继续下去。有人或许认为施特劳斯派毕竟过于精英化,只能吸引小众,不可能真正与主流范式抗衡。但是,随着现代性范式释放出来的弊病以反常的加速度迅猛放纵展开,保守主义或许能从中汲取相当的力量挑战现代政治哲学范式。

参考文献

布鲁姆,〈正义——罗尔斯与政治哲学传统〉,《巨人与侏儒》,北京:华夏出版社,2003。

罗尔斯,《政治自由主义》,南京:译林出版社,2000。

《求是学刊》2009 年第 1 期

张皇失措的哲学

陈建洪

> 以此种种，哲学家为世所奚落，一则因其形似玩世不恭，再则因其不晓目前俗事俗物、处处张皇失措。
>
> ——柏拉图：《泰阿泰德》175b

哲学对我们中国人的心灵意味着什么？

乍看起来，这个问题也许有些奇怪，甚至有点莫名其妙。

也许，应该从对哲学的最普通、最日常的理解开始。

在一个偶然的机会，碰到一所知名大学的校长先生。握手介绍的时候，我自报家门，说是哲学系教师。校长先生干脆利落地回应道："哦，学哲学的，马列主义者。"很多学哲学的人也许会对这个回答嗤之以鼻。不过，这个回答起码体现了某个时代对哲学的特有理解：哲学等于马列主义。毕竟，共和国历史的一段时期之中，谈哲学基本上就等于谈马列主义。换句话说，马列主义是唯一可以高声谈论的哲学。校长先生的回答也表明了，在一定程度上和一定范围内，这种理解仍然具有相当的影响力。这种理解体现了，哲学和现实世界的无限贴近，哲学可以从属于意识形态。

另一起偶然事件：我去银行取钱的时候，柜台服务员趁机向我推销信用卡。考虑了一下，我说那就申请一张吧。申请，就得填单子。填单子，就暴露了工作单位。人家一看，说：您是学哲学的呀？我说是啊，有什么特别的吗？她说，我特别佩服学哲学的。我说,学哲学有什么值得佩服的? 她说,我觉得学哲学的人看什么事情都能举重若轻、不落俗套,有点不食人间烟火的感觉。听了这话,我觉得挺惶恐。因为她的语气听起来确实是在真诚地夸奖我们哲学。毕竟,这种说法有时候也可以用来挖苦哲学。这种日常理解又体现了,哲学和现实世界的无限距离。这种距离可以通过不同的方式得到表达:哲学要么愤世嫉俗,要么遗世独立。

这两个小故事说明了,哲学和现实世界既可能很亲密也可能很生疏。哲学究竟离现实世界有多近? 或者说,究竟有多远? 也许,根本都在于如何理解哲学,如何理解哲学和人生的关系。

哲学与现实世界之间剪不断理还乱的关系,多少体现了哲学在这个时代的尴尬地位。一方面,在我们的研究生招生目录里边,哲学经常排在第一位,编号0101,是各大学科里边的No. 1。这暗示了哲学曾经拥有过的在特定时代中的主宰和辉煌地位,也合乎哲学这门学科的本色。哲学本身就是一门大学里才有的学问,也是一门大学问。但是另一方面,哲学毕竟已经逐渐远离了我们的时代意识。比如说,哲学系录取的大多是其他院系淘汰下来的学生。这些学生因为服从调剂而被命运发配到了哲学系。来到哲学系之后,无论家长还是学生,心中都充满了说不出来的慨叹、无奈和伤感。从这种表面现象来看,哲学都确实已经深深地落后于我们的时代意识。20世纪80年代,我们还时兴讲黑格尔,作为马克思主义的思想来源。在黑格尔那里,哲学最起码还是时代精神的体现。再早一点,我们讲究理论指导实践,那就意味着哲学领先于时代,引领时代前进。现在的尴尬情况是哲学已经彻底被时代精神忘记甚至抛弃了。

不过,我们还是没有搞清楚,究竟什么是哲学。

不妨转变一下思路,从日常闲谈转到字面定义,我们可以从最笨的字面定义开始。

通常来说，我们不认识什么字，什么词，都会查字典。《现代汉语词典》（第五版）里边就可以查到哲学的定义。它是这么定义哲学的：

> 关于世界观、价值观、方法论的学说。是在具体各门科学知识的基础上形成的，具有抽象性、反思性、普遍性的特点。哲学的根本问题是思维和存在、精神和物质的关系问题，根据对这个问题的不同回答而形成唯心主义哲学和唯物主义哲学两大对立派别。人和世界的关系问题已成为当代哲学研究的重大问题。

这个定义方方正正，简短而且全面，对哲学的内容、基础、特点、根本问题和派别都做了非常简要的说明。但是，总感觉这个定义里边缺点什么东西，没有直接触及哲学的本质精神。

查过中文词典之后，也应该查查洋文词典。比如说，商务出版社的洋文词典《牛津高阶英汉双解词典》里边也可以查到关于哲学的定义。它是这么解释哲学的：search for knowledge and understanding of the nature and meaning of the universe and of human life. 虽然是双解词典，但是并没有对应的汉语译文。翻译出来差不多就是：追求关于宇宙和人生的本质和意义的知识和理解。这个定义有点意思了，因为它触及到了哲学活动本身的特性。它说明了，哲学是一种追求，一种人生追求。

人生在世，有很多追求；富贵荣华、声色犬马，都是追求。哲学追求的是知识，是对宇宙和人生本质和意义的理解。哲学为什么要追求这方面的知识和理解？因为还缺乏这方面的知识和理解。如果我们已经拥有了关于宇宙和人生本质和意义的真正知识,那么哲学就是多余的。在哲学之前或者除了哲学之外,我们难道没有关于宇宙和人生本质和意义的知识和理解吗? 当然有,比如说宗教的和神话的理解。但是,哲学知识肯定不同于对于世界和人生的宗教和神话理解。哲学追求不是诉诸奇迹或者故事,而是诉诸理性,它追求关于世界和人生的理性知识。

这种追求说明了两方面的问题,一方面追求哲学的人不满于对于世界和人生的一般理解,因此要寻求真正的知识和理解。另一方面,哲学追求的存在说明了我们的世界和人生还不够完满,要不然我们就不再需要哲学了。古往今来,很多深刻的头脑都在寻找种种办法,建立一个完美的世界。但是,到目前为止,这样的世界看起来依然是一个遥不可及的梦想。所以,哲学仍然有它的根本意义。

我们的人生可以逃避很多东西,但是有两样东西不可以逃避。一样是死亡,另一样就是爱。我们必然会以不同的方式成为死神和爱神的俘虏。没有爱,生命是不可能的。没有爱,哲学也是不可爱的。哲学是一种生活追求,是一种对理论生活的热爱。这也是哲学的原本意义:爱智慧。不过,我们通常只强调这个原本意义的一半意思,也就是智慧。其实,对于哲学来说,爱和智慧同样重要。我们为什么要学哲学? 因为我们还不够智慧。但是,并不是所有不够智慧的人都爱智慧。只有认识到我们还不够智慧而且热爱智慧的人才会自觉地步入哲学的殿堂。所以,对哲学生活的追求本身就是一种爱的表现。哲学既然源于爱,这门学问也就充满爱。苏格拉底是西方哲学的鼻祖。他从来没有说自己很智慧,恰恰相反,他坚持说自己一无所知。然而,苏格拉底却毫不谦虚地说自己精通爱的知识。[1] 所以,学习

---

① 柏拉图,《柏拉图的〈会饮〉》,刘小枫译,北京:华夏出版社,2003,177d。

哲学,要学会爱,要懂得爱。这一点说明,哲学本身就是一种根本追求,这种追求的在场揭示了,我们对于人生中最为重要的问题还缺乏真正和完满的知识。

那么,哲学这门学问对我们中国人来说究竟意味着什么?

自现代以降,我们的大学都设有哲学系。当然,哲学系教师基本上都很难称得上哲学家,就好像艺术系的老师不一定都是艺术家。有一段时间,从事哲学研究的学者曾经比较恰当地自称为哲学工作者。这种说法一直蕴含了一种对哲学的敬畏感。随着对外交流日益增加,我们的哲学工作者却发现国外的同行经常面不改色地自称 we philosophers,开会的时候也把我们的哲学工作者一起成为哲学家。于是,我们哲学工作者逐渐困惑起来,开始反思我们是不是过分谦虚了,是不是过于自缚手脚了,也慢慢学会并且放心地自称哲学家了。我们哲学工作者就这样欢天喜地给自己戴上了哲学家的帽子。这样,开会的时候可以跟国际同行对等了,飘飘然的感觉也有了。但是,这都当不得真,要不然就有伤大雅了。其实,无论国内还是国外,哲学系教师绝大部分都很难当得起哲学家这个名字。

中国传统典籍构成的学问中,也没有哲学这门学问。在章太炎《国学讲演录》的目录中,就找不到哲学这门大学问。小学、经学、史学、诸子、文学皆有其源流,然而未见哲学这门学问。①中国传统并没有明确哲学这门学科,所以"中国哲学"这个词总显得有些尴尬。现在所谓"中国哲学"这门学科,大抵是对诸子和经学文本的现代组合和分析。作为一门学问和学科,哲学在中国的出现是颇为现代的事情。

无论承认与否,作为一门学问,"中国哲学"乃是"中国哲学

① 章太炎,《国学讲演录》,上海:华东师范大学出版社,1996。

史"写作的一项重大发明。"中国哲学史"的写作才真正开始挖掘出或者建立了"中国哲学"这门原本没有的学问。西洋哲学讲论形而上学、逻辑学、道德哲学、政治哲学等等,其探讨的内容逃不出宇宙人生、伦常制度和思想形式这些问题。中国传统文本自然也有对这些问题的精到思考。所以,怎么可以说中国没有哲学呢? 退一步讲,也许中国本身没有哲学这门学问,但怎么可以说中国没有哲学思想呢? 于是,中国哲学史家爬疏、整理传统文本对宇宙人生、伦常制度和思想形式等等这些问题的讨论,"中国哲学"这门学科从而逐渐发展起来。如今,中国哲学史早已经名正言顺了。质疑"中国哲学"这个说法本身是否有问题,就显得有些奇奇怪怪。

对于最初的中国哲学史家来说,"中国没有哲学"这个说法可能令偌大中国很没面子。当然,建立中国哲学史的目的不是为了面子,而是要辩争哲学思想在中国并不贫乏。要认识其丰富性,便要重新审视中国的思想和学问。既然是重新审视,便不再是依循传统的审视方式。中国哲学史的审视方式既然是哲学方式,便要讨论形而上学、逻辑学、道德哲学、政治哲学的问题,或者说便要讨论本体论、宇宙论、人生论等等问题。一旦开始谈论"中国哲学",那么意味着谈论传统学问的角度完全改变了。构成"中国哲学"的文本依据主要是部分经学文本和大多诸子文本。这两部分文本在传统中国世界中界线分明,经学是经学,子学是子学,尽管可以互相发明。皮锡瑞写作《经学通论》之时,五经经文还是作为"圣经"来谈论的。① 如今,看到"圣经"这两个中国字,大概绝大多少人脑子里首先想的不是我国传统的五经经文,而是旧约新约的经文。这可能也是"中国哲学史"的功劳

---

① 皮锡瑞,《经学通论》,北京:中华书局,1954。

之一,因为中国哲学史不再视传统经文为"圣经"。如今,诸子文本在中国哲学史写作中的地位,如果不是高于至少也不低于经学文本的地位。举个例子来说,孔子在中国哲学史写作中不再是圣人,而通常被归为诸子之一来考虑。中国哲学史对传统学问的重建同时亦是一种解构,这种解构类似于西方圣经研究中的高级批判(higher criticism)。这种批判研究秉承了启蒙理性精神,不再把新旧约作为圣经来看待,而是作为和其他世俗文献一样的文本同等处理。

"中国哲学史"的目标是要重新考虑中国思想,尤其是要"客观"地考虑。"客观"标准首先针对的是传统"崇经"的"主观片面"角度。无论胡著、冯著还是后来者所著中国哲学史,"客观"尺度从来就是一个不言自明的前提。中国哲学史写作的另一个立足点是历史角度。具体来说,哲学是时代的哲学,一种哲学思想体现那个时代的精神,同时也难免那个时代的局限性。中国哲学史家有幸生在一个讲求科学客观的时代,从而能够"不带偏见"地平等对待种种思想,也能够更冷静地看到传统作者的主观性。最后一个王朝的儒家士大夫还抱着美好的愿望,认为"泰西人既知读中国书,他日必将有聪慧之人,翻然弃其所学,而思从尧舜禹汤、文武周孔之道"。[①] 传统经学家还认定五经奥义,垂教万世;如朱子之言孔子作春秋,"致治之法垂于万世"。如此,圣人之教,不为世易,不随时移。然而这个原本永不过时的观念在少年中国时代过时了,失效了。客观和历史精神成了新尺度。依此尺度写就的中国哲学史辩称,中国传统对宇宙人生种种问题的思考,丝毫不逊色于西方的哲学传统。但是,辩护的方法和

---

① 梁廷枏,《海国四说》,骆驿、刘骁点校,北京:中华书局,1997 年(1993 版),
   页 46。

尺度来自西方,尤其是西方现代哲学传统;依照客观和历史精神的尺度,建立起了中国传统思想的本体论、逻辑学(名学)、道德论等等。

毫无疑问,中国哲学史已经成功建立起来了。但是,对"中国哲学"的辩护本身从一开始就已经"屈从"于欧洲现代的哲学问题和方法。中国哲学史家的目的在于为"中国的哲学"做辩护。然而,无论怎么强调"中国",这个"中国"仍然是哲学的修饰词。哲学对中国传统来说,却是一门陌生的学问。海德格尔说"西方哲学"这个组合词是"同语反复"。这就是说西方精神的根本在于哲学。这无疑就是说,哲学在精神源头上根本就是西方的。在我们中国人听来,这个相当刺耳的说法便等于"中国没有哲学"。但是,如果哲学生活确实不是中国古久先生的生活方式,而且"中国没有哲学"对我们中国人来说如果并不算坏事呢?尽管辩护"中国哲学"的起因在于促进中国思想传统的可理解性,但是否也可能就此丧失了古久先生的心意?也许,"从中国哲学的角度来看",海德格尔的说法是片面的,是欧洲中心主义的表现。但是,如果"中国哲学"本身还是一个问题,如何可以从"中国哲学"的角度看问题?海德格尔的说法中蕴含着一层意思:哲学是西方的精神根本。如果认真对待这个意思,或许可以反思:我们中国人赖以安身立命的精神柱石究竟是什么?自从中国没有了古久先生,这个问题似乎也就没有了答案。

为什么非要强调,中国传统学问体系中没有哲学的位置?究竟该如何认识哲学和时代之间的关系?哲学在我们这个时代的尴尬处境究竟意味着什么?是否意味着:哲学这门学问是时候退出人类生活的历史舞台了,也就是说,我们已经进入了不再需要哲学的历史时代?归根结底的问题是:哲学对于人类政治生活究竟意味着什么?思考这些大问题意味着,哲学不是一门小学问,而是大学问,是一门事关人间秩序的大学问。

犹太人施特劳斯是一位德裔美籍学者,据说还是一个舍不得说大白话的政治哲学家。我们见识过不少非凡的犹太人,也听说过许多知名德裔美籍学者。不过,舍不得说大白话的政治哲学家却相当罕见。人性中也许隐藏着对秘密的天然兴趣。不然,施特劳斯关于微言大义的论调也不会一方面吹起了众多青年才俊的无尽遐思,另一方面也唤起了不少正直知识分子的无边愤怒。

施特劳斯努力揭示,哲学并非雕虫小技,也非陶冶情操之学,而是一门事关人间秩序的大学问。他也竭力证明,哲学之为大学问,必须有勇有谋。所谓有勇,就是有勇气在思想上一以贯之,即便抵达荒谬的境地也在所不惜。所谓有谋,就是意识到勇敢的思想可能是一种鲁莽,需要谨慎的美德来节制这种鲁莽。如果完全一以贯之,哲学可能体现了政治鲁莽,或者说体现了政治的幼稚病。这是施特劳斯带给我们的哲学启迪。这种启迪促使我们进一步思考:哲学在什么意义上是一种鲁莽和幼稚,在什么意义上才当得上是一门大学问的高贵品质。其思想中的耶路撒冷和雅典之争、古今政治哲学之争以及诗歌和哲学之争,全都围绕着哲学那危险而高贵的品质这么一个中心而展开。

作为一门高贵的学问,哲学首先是一门危险的学问。施特劳斯从来没有停止过强调哲学的危险性。但是,哲学并非从一开始就是一门自我反思的哲学。也就是说,哲学在一开始对自身的危险性并不在意。如苏格拉底所描述,典型的哲学家"专注迢迢河汉之间,而忘却近在脚旁之物"。哲学家于俗事俗物无所住心,故常因不通人事而狼狈不堪,处处张皇失措。① 哲学家

_____

① 柏拉图,《泰阿泰德》,严群译,北京:商务印书馆,1963,174a—175b。

的这种张皇失措其实就是其危险性的一个方面,因为他漠不关心常人都习以为常的人间常情。喜剧诗人阿里斯托芬就曾以喜剧的笔调揭示了哲学的危险性。没有一个当代政治哲学家比施特劳斯更为重视阿里斯托芬喜剧的哲学意义。他专门写了一本书,讨论阿里斯托芬喜剧和苏格拉底问题。[①] 阿里斯托芬喜剧作品中,《云》具有最为典型的哲学意义。这篇喜剧,罗念生先生很早就翻译过来了。[②] 因为它是一部喜剧作品,哲学系基本没有人拿它当真。其实哲学工作者应该认真阅读《云》,有助于理解和反思始终伴随着哲学的危险性。

《云》这篇喜剧讲的是一个勤俭持家的农民斯瑞西阿德斯,因为娶了讲究生活享受的城里姑娘为妻,生了一个做梦也沉迷于赛马的败家子。这个农民因为给儿子买马,欠了一屁股债。还债的日子到了,却又还不起。怎么办呢? 这个农民想出了一个办法。他希望他儿子菲狄庇得斯能够洗心革面,不再沉迷于赛马,而是去上学。上学的目的地是苏格拉底的"思想研究所"(phrontesterion),只要交钱就能上学。学习的目的在于:第一,改变认识世界的方式;第二,掌握辩论技巧,从而能够打赢债务官司达到赖账的目的。

所谓改变认识世界的方式,就是不再固守传统观念和信仰,要从自然科学的角度看待世界。希腊的一般公民都相信天体是神灵,思想研究所里的人则认为天体只不过是一个自然物体。一般人以为的神异现象,思想研究所里的人认为那些只是自然现象。一般人所崇拜的诸神,思想研究所里的人并不信仰。从

---

① Leo Strauss, *Socrates and Aristophanes*, Chicago: The University of Chicago Press, 1996.

② 罗念生,《阿里斯托芬喜剧六种》(《罗念生全集》第四卷),上海:上海人民出版社,2007。

这个角度来看,苏格拉底的思想研究所其实就是一所自然科学研究所,是一所微型理工科大学。

斯瑞西阿德斯知道苏格拉底会两种论辩方法,也就是会两种逻辑。一种是正直的逻辑,另一种是歪曲的逻辑。一种是正道,另一种是歪理。他也知道思想研究所里的人主要传授歪理,也就是用强词夺理赢得辩论,从而赢得官司。由于这个农民的主要目的在于打赢官司好赖账,所以从一开始他所关注的就是歪理,就是要强词夺理的技巧。当然,这里所说的强词夺理,不是指硬是把黑的说成白的,而是指不理会语言所蕴含的习俗和道德力量,将语言本身的逻辑和证据贯彻到底。正直逻辑和歪曲逻辑之间的演示辩论就体现了这一点。歪曲逻辑以其纯粹的逻辑和雄辩驳倒了正直逻辑,并且让正直逻辑自动认输并且加入歪曲逻辑的阵营。从这点来看,苏格拉底的思想研究所其实又是一所微型法学院,一所培养律师的大本营。

苏格拉底的思想研究所是两大领域的权威研究机构:一是自然科学,二是诉讼法学。从现在的学科分类来看,这两门学科完全风马牛不相及。但是,在阿里斯托芬笔下,苏格拉底确实既研究天文地理,又教授法庭辩论术。如果从正面的角度来理解,苏格拉底其实是一位文理兼通的学术大师。

斯瑞西阿得斯其实只关心辩论技巧的学问,为什么阿里斯托芬在这个剧本里要花那么多笔墨描述苏格拉底的自然科学研究,还把苏格拉底的自然科学研究态度放到他教授辩论技巧过程的前面呢?其实,这说明了,自然科学研究态度是前提。只有先从自然科学的洗礼,并从这个角度来理解世界,才能够开始理解并真正贯彻语言逻辑本身的纯粹力量。

由于喜好赛马的斐狄庇得斯看不起思想研究所的白面书生,年迈的斯瑞西阿得斯只好自己到研究所学习。可是,毕竟年纪不饶人，这位老农民还是没能掌握苏格拉底那严格的语言和思维训练，只能再要求他儿子来学。儿子虽然不爱学那些文绉绉的东西，但是毕竟还得靠老子养活，还是答应了去思想所学习。斐狄庇得斯没有辜负他父亲的期望，顺利学会了苏格拉底那舌吐莲花般的辩论技巧，轻松地赢得了辩论，并且因此合乎逻辑地赖掉了债务。

然而，老农民斯瑞西阿得斯如愿以偿的时候，也就是他开始倒霉的时候。债务了了，纯粹逻辑的魅力还在继续。领略过纯粹逻辑的美妙之后，斐狄庇得斯开始贯彻逻辑的彻底性。他揍了他父亲，而且还能从逻辑上无可挑剔地辩论：他殴打父亲完全是合情合理的。纯粹逻辑的力量也怂恿了年轻的斐狄庇得斯胸中的肆意之情。依据纯粹的语言技巧和美妙的逻辑力量，能够胜过既定的法律，这是多么痛快的事情。这说明，法律的权威经不住纯粹的语言分析。放肆的年轻人既然认识到法律皆由凡人制定，于是自然地意识到，制定新法以代替旧法便是合情合理的事情。古法要子女孝敬父母，斐狄庇得斯的新法则要推翻古法，以鞭打回敬曾经惩罚过子女的父母。

老农民斯瑞西阿得斯最终领略了纯粹语言和逻辑的强大力量，认识到了纯粹语言的逻辑力量可以帮助他免除债务的束缚，但是同时也可以免除道德和法律对语言逻辑的束缚。他可以为了苏格拉底而抛弃神灵，他也就因此丧失了神灵在人类生活中的道德作用。但是，当他领悟到这个道理的时候，却已悔之晚矣。神灵已经失去，去法庭告苏格拉底又是以卵击石。所以，他只有一条路，那就是暴力摧毁。他一把火愤怒地点燃了苏格拉底的思想研究所，苏格拉底和他的门徒于是葬身火海，思想研究所灰飞烟灭。

阿里斯托芬的喜剧明确表明，正直逻辑和歪曲逻辑之间的辩论就是旧教育和新教育之间的较量、是守旧传统和维新思想之间的争夺。阿里斯托芬的这个故事虽然有点荒诞不经,但是给了哲学家很大的面子。苏格拉底是哲学中的哲学家,他的思想研究所其实是一个学术研究所,主要研究天文地理并传授语言辩论技巧。但是,这个思想所的学术研究不仅能够帮人赢得官司,还能引发社会秩序及其道德观念的崩溃。这样看来,哲学这门学问就不是修身养性的点缀性学问,也不是时代精神的反应,更不是实践的理论指导。阿里斯托芬的这部喜剧说明了:哲学是一门危险的学问,是一门洗心革面的学问。

在《苏格拉底的申辩》①里边,柏拉图也承认,苏格拉底被人告到法庭,主要有两条罪状:第一,不信城邦所信奉的神灵;第二,败坏青年。这两条罪状和阿里斯托芬喜剧中苏格拉底所教授的两门学问密切相关。苏格拉底研究自然科学的前提是否认城邦所信奉的希腊诸神,因此否定了诸神所维护的法律和道德秩序。秉承科学的研究态度,苏格拉底教导年青人领略语言本身的力量,寻找语言本身的摧毁力量。他的传授使得年青的斯瑞西阿得斯蔑视法律的力量,尊崇语言本身的逻辑力量。在这个意义上,苏格拉底确实败坏了年青人。由于年青人是城邦的未来,苏格拉底也就因此断送了城邦的未来。阿里斯托芬以喜剧的形式解释了,哲学是日常道德秩序最为根本、危险和永恒的敌人。柏拉图的哲学对话则要说明,正因为哲学是城邦道德秩序的威胁,它才是追问人间正义者的永恒朋友。

施特劳斯从喜剧诗人阿里斯托芬那里学习到,如无危险性,哲学便无超凡脱俗的气质;如不反思自身的危险性,哲学在人世

---

① 柏拉图,《苏格拉底的申辩》,严群译,北京:商务印书馆,1983。同参《苏格拉底的申辩》,吴飞译疏,北京:华夏出版社,2007。

间将无立锥之地。有意识地转变成为政治学,哲学方显其高贵品质。一百年来,我们哲学工作者一直都在不假思索地为哲学做辩护。但是,这种辩护一直没有充分注意哲学自身的危险性。中国传统思想中,哲学并没有实际的名份,我们以此为耻。于是,我们的现代哲学史家煞费苦心,重建中国哲学传统,甚至试图汇合中国古学和西方新学"产生一种中国的新哲学"①。整个重建传统的过程没有认真反思哲学这门学问的危险性。所以,这种重构的中国哲学思想要么只是实践的理论指导、要么只是时代精神的反映,要么等而下之沦落为展示博学多识的点缀。所有这些都没能说明中国思想传统的伟大之处究竟在哪里。

　　这个时代的哲学狼狈相,兴许是因为已经没有了那种张皇失措的感觉?

---

① 胡适,《中国哲学史大纲》(卷上),北京:商务印书馆,1919 年初版,1987 年影印版,页 9—10。

施特劳斯、古典学与中国问题[①]

张文涛

　　眼下,国内学界已悄然兴起一股细读西学经典、尤其古典西学经典的风气,且明显有愈见升温的势头。这一趋势表明,汉语学界的西学研究正在暗中发生着一场虽说不上剧烈但却十分深刻的转变。毋庸置疑,这股风气的兴起与施特劳斯的思想与著述进入汉语学界直接相关。可以说,恰切地理解这一转变,对于思考中国的西学研究乃至整个中国学术研究的未来走向都很有必要,甚至极为重要。

　　为什么施特劳斯让中国学人越来越意识到细读古典西学经典的重要性? 理解这一问题,还得从中国的西学研究本身说起。

---

① 按:本文原以"古典学与思想史:关于未来西学研究之意识和方法的思考"为题发表于《中国图书评论》2007 年第 9 期,其原初论述背景正是施特劳斯进入中国后中国西学研究发生的变化,以及中国学人对中国问题的思考如何可能从施特劳斯那里得到借鉴。最初发表的版本出于某些考虑,没有直接论涉施特劳斯。这里发表的版本用了更为醒豁的题目,并对原文作了较大幅度修订——结构有所改动、论述亦多有增补(并对笔者另一短文〈奠立西学的根基:再议西学研究中的古典学问题〉[原载《中国图书评论》2008 年第 4 期]中的相关论述进行了整合),以便突显原文的问题意识——施特劳斯进入中国对中国学术研究带来的深远影响。

一、西学研究与中国问题

西学进入汉语学界已有百余年历史。近年来,人们对西学研究的百年历程所做的回顾性审视和总结已经不少,不过,这种总结和反思多是从学科视野着眼的,往往用诸如(西方)哲学、史学、文学、社会学、政治学等等专业眼光来进行相关文献的汇编和清理。这种整理是必要的,不过,一个更重要、更值得考量和反思的问题是,我们究竟为什么要研究西学? 换言之,(现当代)中国西学研究的起源、动力、目的究竟是什么?

最近,张旭东在回顾上世纪 80 年代"文化热"中的西学研究时,说了这么一番话:"(文化热中)谈的是西学,生产出来的是当代中国文化材料;谈的话题是西学,但不管谈什么,谈出来的东西都要归中国意识。关键要看中国人谈西学在谈什么? 为什么要谈这样的西学不谈那样的西学? 为什么要这个时候谈那个部分而不谈这个部分? 所有一切反映的都是'当代中国文化意识'。"① 其实,在笔者看来,这番话不仅适用于 80 年代,也适用于百余年来的整个西学研究传统,可以说,它实际上简要地道出了中国西学研究的起源、动力及目的——"中国意识"、"当代中国文化意识",用笔者更愿选择的说法,就是中国的现代性问题,或者说,中国问题。

什么叫中国的现代性问题或中国问题? 百余年前中国人所面临的"三千年未有之大变局"一直延续到了今天,如今这一变局的含义可以看得十分清楚了——整个中国旧(古代)的生活世界建制被全面打破,重建一个新(现代)的生活世界的要求成为现当代中国人的不二选择。这种重建不是局部的,而是全面的:既然古

---

① 张旭东,《全球化时代的文化认同》,北京大学出版社,2006,页 360。

代中国生活世界作为一种整全性建制,是一个由个体与群体共同
构成的政治共同体,这个共同体拥有从生活意义到制度建构,即
从道德价值观念到政治制度安排、社会秩序组织的连贯整一性,
是一种个体(家庭)与国家、理念与制度均融贯一致的整体,那么,
在"古代中国生活世界"坍塌以后要建立起来的"现代中国生活世
界",必然而且必须具有这种融贯一致的整体性。

由此,所谓中国的现代性问题,或者说,中国问题,就是指中
国生活世界的整体性断裂与重建问题。可以说,一切现代性的
中国思想或学问,都在、也应当在这一问题意识下得到展开,而
中国西学研究的起源、动力、目的,终究都内在于这一中国生活
世界的整体性断裂与重建之中。晚清以来,中国的西学研究者
们一直将西方的思想学问、道德制度作为一面镜子,借以认识自
我(包括当下、现代的中国和传统的中国);不仅如此,更重要的是,诸
多西学研究者们还进一步将西方的思想与制度视为重建自我、
即建设"现代中国生活世界"的重要、乃至唯一的依托。

可以说,借认识西方以认识自我乃至重建自我,一开始便是
中国西学研究者们的自觉意识。对今天的西学研究者而言,这
一自觉意识不仅不能抛掉,而且必须进一步强化——恰如张志
扬所说,今天,中国的西学研究应该"归根结底地为我所用,'西
学'必须与中国问题相关,必须与'取'西学的中国人的'能在'
相关"。①

---

① 张志扬,〈中国现代性思潮中的"存在"漂移?——"西学中取"的四次重述〉,见
萌萌主编,《"古今之争"背后的"诸神之争"》,上海三联,2006,页5。张志扬此
文以及相关的〈"唯一的"、"最好的",还是"独立互补的"?——"西学东渐"再检
讨〉(见《现代哲学》2007年第2期)一文,值得重视。在西学大规模进入中土百
余年后,当阅读、接受西学在很多中国学人那里已经成为一种习惯、一种自然而
然的行为、甚至一种全然盲目的骛新时尚时,通过将"西学东渐"重命名为"西学
中取"这一"正名"行动,张志扬力图重新唤醒中国学人对西学研究之源初动力
的自觉意识——对中国问题的理解和解决。

二、施特劳斯与西学中的古今之争

既然认识西方的目的是认识自我,那么,我们的西学研究除了要牢牢记住这一内在动力和目的之外,更要时刻注意反思我们对西方的认识是否准确、全面、深入,反思我们西学研究中存在的问题。尤其是,由于如今我们对西学的取舍已不用再面对西学进入之初时那种"救国保种"的逼人情势,我们更应该在当下这个相对从容的历史时刻,仔细反省我们百余年来的西学研究,是否存在着或存在着怎样的局限。

稍微回顾一下百余年来西学研究的历程和范围,就不难发现一个明显的事实:百余年来,在汉语学界所接触、引入、研究、论争的西学思想、著作及论题中,无论就数量还是质量、广度抑或深度而言,属于现代西学范围者都明显占据了绝对优势。西方古代的思想和著作受到的重视、获得的引介和研究程度,远远没法与现代西学相比,从学科视野看,西方的古典研究或古典学在汉语学界的视野中更是一直付诸阙如。那么,我们接受西学的这一"特点",是否也折射出我们西学研究中存在的一个问题呢?

是的,正是施特劳斯进入中国,让我们看到了自身西学研究存在的一个重大问题、根本局限:百余年来我们其实只认识了一个局部的西方、现代的西方。而且,由于我们对古代的西方缺乏认知,我们对现代西方的理解终究也是半知半解。施特劳斯彻底改变了中国学人认识西方的视野,他让我们看到,在我们自认还算熟悉的"现代"西方背后,还有一个我们并不熟知的"古代"西方,古典的希腊—罗马世界。

其实,诱发"中国问题"或中国现代性问题的西方,本身更存

在其"西方问题",或者说西方的现代性问题——西方生活世界
的断裂与重建。这里涉及到的正是西方内部的古今之争问题,
而施特劳斯的重要性正在于此。无论对西方的自我理解还是对
我们之于西方的理解来说,施特劳斯的重要意义都在于通过清
楚揭示西方内部的"古今之争",呈现了一个与现代西方全然不
同的古典西方。从现代西方哲学、社会科学偏见的重重遮蔽之
下,施特劳斯复活了一个被西方人自己遗忘已久的古典世界。

西方思想史内部的古今之争,原指从文艺复兴到启蒙时代
以来发生在几个主要欧洲国家的文艺思想争论,这一争论的焦
点是文艺创作的源泉应该来自对古人(古代经典)的学习和模仿,
还是今人自己突破古人羁绊的自由创造。但施特劳斯是在整个
西方思想史的视野中重提古今之争的,在这里,古今之争实际上
可以等同于西方问题或西方现代性问题:西方现代生活世界与
西方古代生活世界的断裂到底是什么、这一断裂发生的根本原
因是什么;在关于生活与世界的最重大、最根本的问题上,是古
人的意见正确还是今人的意见正确;西方现代生活世界的重建,
是应该无限地去自由创造,还是应该向古代生活世界回返。

施特劳斯对"古今之争"视域的重新开启让我们看到,西方
自身绝非铁板一块,而是有着复杂的内在冲突。存在着一个古
代、古典的西方,这个西方对人性秩序和政治制度的理解与想像
与现代西方大异其趣。上述这一点似乎不难理解,但施特劳斯
还特别表明了的一点是,如果从现代学术视野、即现代哲学、社
会科学的种种偏见出发,从今人可以比古人更好地理解古人这
种傲慢的现代解释学心态出发,古典西方不可能得到真正理
解——从现代视野出发理解的古典思想,不过是现代人强塞到
古典中去的现代思想而已。

当代思考、谈论现代性问题的西方思想家、学问家可谓众

矣,西方现代思想史中从卢梭以来的倡导回归古代的声音我们也一直有所听闻,而尤其是在尼采、海德格尔那里,中国学人更是获悉了现代西方哲人试图通过向古典、古希腊回归来克服现代性危机的重大思想提案——可是,只有施特劳斯让我们看明白了,卢梭也好,尼采、海德格尔也好,都还是在西方现代性内部打转,通过用现代的方式阐释古代、通过向这种阐释出来的古代回归,他们实际上反而越来越将现代性推到极端。[1]　通过重提西方思想史中的"古今之争",施特劳斯试图像尼采所谓重新绷紧弓弦的两端那样,真正拉开古代与现代的距离,从而力图真正恢复西方古典思想的本然面貌,恢复理解古典西方思想的正当方法:用古人自己的方式来理解古人。

三、从中西之争到古今之争:
中国问题与古典西学的相遇

　　施特劳斯让我们获知了一个古典西方世界的存在,那么,现在的问题是,我们的西学研究有必要展开对古典西学的引介和借鉴吗? 汉语学界有必要开始大规模地译介和解读西方古典文本、理解西方古典思想的深广面貌吗? 回答是肯定的。

　　中国生活世界的整体性断裂应当如何理解? 现代中国生活世界的重建应当如何进行? 从一开始,关于中国问题的思考就呈现出非常复杂的面貌,这一面貌可以从中西之争与古今之争的交织来理解:"由于现代化过程在中国是植入型而非原生型,现代性裂痕就显为双重性的:不仅是传统与现代之冲突,亦是中

---

① 参施特劳斯,〈现代性的三次浪潮〉,见刘小枫编,《苏格拉底与现代性问题——施特劳斯讲演与论文集:卷二》,华夏出版社,2008,页32—46。

西之冲突。"① 问题是,百年来学界对这种两重性的理解并不充分,其表现在于,中西之争的一面得到了强调,而古今之争的一面被忽略乃至遗忘了,很长时间内,中西二元对立式话语成了学人入思中国问题、研究西学(和国学)的主流语式,甚或唯一语式。

但是,中国问题的关键到底是中西之争还是古今之争?"如何来理解百年来汉语学界持续至今的中西冲突论?汉语思想家中已有论者(梁启超、冯友兰)识察到,中西文化的价值理念之争(体用之争)实质为古今之争,即传统与现代之争。"② 比如,冯友兰当年已看得很清楚,"东西文化问题……不是一个东西的问题,而是一个古今的问题,一般人所说的东西之分,其实不过是古今之异……现代的欧洲是封建欧洲的转化和发展,美国是欧洲的延长和发展。欧洲的封建时代,跟过去的中国有很多地方是相同的,或者大同小异。至于一般人所说的西洋文化,实际上是近代文化。所谓西化,应该说是近代化"。③ 而甘阳在其新刊的旧文中说说,对中国问题的古今之争的实质认识不清,产生的"一个关键问题就在于:中国文化与西方文化之间的地域文化差异常常被无限突出,从而掩盖了中国文化本身必须从传统文化形态走向现代文化形态这一更为实质、更为根本的古今文化差异的问题"。④

到底为什么说中西之争的实质在于古今之争呢?现代中国人感受到的中西之争中的"中"是指传统或古代中国,"西"是指西方,而问题的关键在于,对于我们现代中国人而言,西方并非

① 刘小枫,《现代性社会理论绪论》,上海三联,1998,页2。
② 同上。
③ 冯友兰,《三松堂自序》,三联书店,1984,页256。
④ 甘阳,《古今中西之争》,三联书店,2006,页35。

在地域上远离我们千里万里之外,而是通过强力突入或被主动植入了现代中国人的生活当中(从价值观念、政治制度到社会风习)。这种突入或植入使得中国不再是完整的古代中国,而是在其本土逐渐出现了一个全新的、实实在在的现代中国。就是说,异地的西方成了本土的现代中国,传统中国与西方的冲突在我们自己的本土上成了传统中国与现代中国的冲突。正是在这个意义上说,中西之争的实质是我们本土的传统与现代之争、古今之争。所以,中国问题或中国现代性问题的实质,就是中国的古今之争。

中国问题的古今之争实质,与西学中的古今之争或古典西学,有着怎样的必然联系?

由于西方侵入了我们文明的肌体,因此,要认识现在这个自我(其出现、发展及现状),我们必须认识西方。前面我们说,认识西方是为了认识自我,这里的关键推进在于:为了认识自我,必须认识西方,认识西方不仅以认识自我为目的,更是认识自我的非此不可的前提。无论我们把这个成了我们自身(一部分)的西方视若催发生机的酵素,还是判为败坏肌体的毒瘤,问题的关键都在于首先要认清这个西方。

由此一来,关怀中国命运、深入思考中国问题的中国学人不得不面临一个艰难的处境,一个无法摆脱、也不应该摆脱的认识论宿命或解释学宿命:只有理解了西方,才能反过来理解中国。从根本上说,胸怀中国问题这一宏大抱负的汉语学人,如果不通西学、不了解西方,就不可能对中国问题获得深入的理解,遑论寻求中国现代性问题的解决之道。

施特劳斯所开启的古今之争的西学视野,真正让我们认识到,侵入我们文明肌体的西方其实是现代的西方,而要真正看清这个西方的面貌,必须借助古典西学的目光——只有看清了古典西方,才能在实质上看清现代西方,看清这个西方是如何在对古典西方的逐步、彻底背离中生长出来的。只有理解了西方才能理解中国,而施特劳斯对此带来的一个重大推进是:只有理解了古典的西方,才能全面、彻底地理解西方,从而真正理解中国。对古典西方的认识由此成为我们自我认识的必不可少的前提。

所以现在可以清楚了,之所以古典西学必须成为我们西学研究的必修课,古典西学必须真正纳入汉语学界的视野,其原因是环环相扣的:只有通过古典西学才能理解西方的古今之争,只有从古今之争出发才能理解现代西方,只有理解了现代西方才能真正弄懂中国问题的症结,从而寻求其可能的解决路径。

四、古典学及其学问样式

施特劳斯的思想与著述进入中国,实乃一历史性的契机,在这一契机的推动下,怀揣中国问题的西学研究者,第一次带着主动、系统认识古典西方的愿望以及用古典自身来理解古典的意识,将目光投向了古典西学,投向了古希腊—罗马(乃至中古)世界。从学术上讲,汉语学界第一次开始有意识、并越来越成规模地关注西方学问体系中的"古典学"这一学问建制。

西人对其古典思想文化的研究,除了文、史、哲、政、经、社诸人文、社会科学都会不同程度地涉入以外,还有一个专门的学科或领域在倾力从事:这便是古典学(Classics)。

古典学可谓西学之根。作为西学的一个老牌学科,古典学(古典语文学)的历史非常悠久,其源流可以直接追溯至希腊化甚至古典希腊时期,不过,古典学蔚为大观是在文艺复兴之后,尤其(德国)启蒙运动以来,而特别在 19 世纪以来的二百年间得到了迅猛发展,积累丰厚。关于古典学的历史和传统,西方古典学界自然已有很多梳理,比较简明扼要的是古典学大家维拉莫威茨的《古典学的历史》;[①] 卷帙颇大、材料丰富的则推桑兹的三卷本名著《古典学术史》;[②] 而后来古典语文学名家普斐弗尔的两卷本《古典学术史》[③] 则更致力于探索语文学之不变传统(*philologia perennis*),部头也不小。从这些著作中,可以看到一代又一代的古典学家倾力认识自己古典传统的巨大热情。

　　作为西学之根,古典学专门致力于考察西方文明的源头地之一,研究西方古典(古希腊至止于公元 6 世纪的古罗马)世界的生活方式——即思想观念、政治制度、社会风习、史地名物——的整体面貌。古典学很难说是个单一的学科,在根本上,古典学是认识西方古典文明传统这一宏大任务的总称,是一种带有整全性视野的学问建制,意味着一套特定的学术方法。从古典学内部可以分出很多小的学科,诸如(古典)考古学、(古典)历史学、碑铭学、纸草学等,不过,古典语文学(Philology 或 Classical Philology)才是古典学的基础和核心,是古典学首要、也是最重要的部分。古典语文学是对古典思想大家的作品(古典文本)及其思想的研究,其切实落脚点在于对古典文本的考订校勘和注释疏解,以及结合西方思想的古今大传统对这些文本和思想进行深度阅读和阐释。

　　对汉语学界的西学研究者来说,尤为值得注意的是古典学

---

① 维拉莫威茨(U. von Wilamowitz-Moellendorff),《古典学的历史》(*History of Classical Scholarship*),Duckworth,1982(出版于 1921 年的德文原版名为《(古典)语文学史》[*Geschichte der Philologie*])。此书已有陈恒中译本,《古典学的历史》,三联,2008。

② 桑兹(John E. Sandys),《古典学术史》(*A history of classical scholarship*),Cambridge,3 Vols.,1903—1908。

③ 普斐弗尔(Rudolph Pfeiffer),《古典学术史》(*History of classical scholarship*),Oxford,2 Vols.,1968—1976。

的一套特定的学术方法或学问样式。由于古典学的基础和核心部分是古典语文学,古典学的学问样式就典型体现在古典语文学上。古典语文学的工作围绕古典文本这个中心,从校勘考订、词句注释、古文今译、义理解释等方面具体展开。考订、注释、今译到释义这一系列环环相扣的程序,构成了古典语文学一套特定的学问样式。

这里不妨以西方古典语文学界治柏拉图《王制》(*Republic*)的方法为例做个简要说明(因所涉文献较多,略去文献的版本信息)。以地道的古典语文学"家法"治这部古典文本,首先就是进行文本考订——从16世纪初《王制》的希腊原文校勘整理本首次出版以来到现在的近五个世纪中,西方古典学界总共出现过十多位学者的近20种版次的考订本,其中权威的是20世纪初伯内特(J. Burnet)的牛津版(OCT)文本,但晚近《王制》文本考订有了新进展,成果即为2003年史林斯(S. R. Slings)主持出版的牛津新版文本。与校勘考订同时或稍后进行的,是对文本的希腊原文进行详细的注释,提供语词训诂、异文考辨、典故释义、文献互证等等性质的全面性笺注(典型的笺注本不带今译)。古典作品的笺注难度很大,非有广博而厚实的古典学养者不能为之。因此,针对某部作品的功力深厚、内容宏博、毕其全功的笺注作品往往不可多得。对《王制》做了全部笺注的有几家,19世纪末、20世纪初英国学者亚当(J. Adam)完成的两大卷本是上品。然后是今译。用现代西语(英、德、法、意、西)对《王制》进行今译是研究工作从考订和注释进一步扩展的必须要步骤。《王制》的现代西语译本非常多,仅就英译本而言就有肖里(P. Shorey、1930—1935)、布鲁姆(A. Bloom、1968)、格里菲思(T. Griffith、2000)等多种高质量译本,而从2004到2007年,英语学界更是以每年一本的速度接连出了四个新译本(译者分别为 C. D. C. Reeve、A. Tschemplik、R.

E. Allen、J. Sachs,大都为学界名家),相互比拼对希腊原作的理解能力和转化为现代语言的翻译能力。

　　在考订、注释、今译之后,就是释义了。严格的古典语文学的义理解释体例是义疏或疏解(commentary),即严格按照文本的先后、卷序来进行的义理疏通或解释。稍作了解即可发现,随原文顺序进行通篇疏解是古典学解释文本时运用得极为广泛的体例,古典学者们除了在校勘、注释和今译上比小学功夫外,往往就是通过这一体例在义理解释上拼思想功夫。值得注意的是,义疏并非古典学家进行义理解释时使用的唯一体例,但它是最能体现古典学家法的体例。那些打乱文本顺序、脱离文本语境,以抽绎主题、搜寻"学说"为方式进行的研究(注意,这些研究通常都借助种种现代西方人文、社会科学的"理论"视野或"方法"来进行),从体例上讲,则已非古典语文学特定的学问样式、属于现代学术的学问样式之列了。《王制》的义疏文献非常多,不过这里就不做进一步介绍了。需要指出的是,上述四个方面可能相互独立,也可能相互结合——或考订加注释,或今译加注释,或今译加义疏,或注释加义疏,或四个方面一网打尽,形式灵活,不一而足。

　　显然,与我们过去熟悉的西学研究方法相比,古典(语文)学的学问样式迥然不同。不过,对这套看似陌生的学问样式,我们又有似曾相识之感——古典语文学与我们的传统经学多有相似之处。的确,无论就学问样式还是就精神实质而言,古典语文学都堪称西学中的"经学"。

　　稍微知晓中国传统经学的学问样式,就不难对古典语文学这一学问样式产生某种程度上的熟悉感乃至亲近感(当然,可以和中国经学相比的还有神学、尤其基督教神学和犹太教神学中的解经学,不过由于古典学时段部分涵盖西方犹太教—基督教文明时段,所以这两种神学性的解经学可以部分纳入古典学的范畴)。中国的经学在乾嘉时代得到了极大发展,经学文本的考订、注疏成就斐然;与此相似,西方的"经学"、古典语文学也在 18、19 世纪获得了长足进展,古典文本的校勘、笺注也是硕果累累(前面提到的 16 世纪以来《王制》近 20 种版次的考订本中,三分之二都是 19 世纪的成果)。而且与中国经学中有"古文"与"今文"之争一样,西方的"经学"也存在类似学术、思想进路上的分歧。如今,我们作为"意识形态"的经学中断已久,作为学问样式的经学即便没有完全消失,也早已式微——在对历代典籍的研究中,现代学问样式久已占据主要地位,只是在古代文献整理领域,经学的学问样式传统还在某种程度上有所保存。反观西学中的"经学",一方面这一特殊的学问样式在西方现代性处境中一样危机四伏,但同时其旺盛的生命力似乎并不畏惧来自现代学术的挤压和演变——可以说自 20 世纪中叶以来,西人的"经学"还得到了重大推进。

值得重视的是,古典语文学这种以考订注疏为体的学问样式,体现着一种沉着谨严的学问态度和扎实稳靠的思想方法。与种种先入为主的现代学问方法不同,通过"经学"方式对古典文本进行的细读和思考,必须以文本中出现的言辞为依据,并紧贴文本的上下文来进行思考和理解。也就是说,思路要在言路中行进,对文本局部的把握必须以前后及通篇的整体语境为依托。一切随意脱离文本语境、急欲灌注自己主观意见的高谈阔论、空疏思想,都与这种以"文本细读"为尚的学问样式无缘。在当下这个中西皆然的学风浮躁、急功近利、崇尚学术快餐的时代,古典语文学的学问样式显得具有一种极为独特的品格。对这一品格,古典语文学家出身的尼采曾有过极好的描述:

　　　　语文学是一门让人尊敬的艺术,要求其崇拜者最重要的是：走到一边，闲下来，静下来和慢下来——语文学是词的金器制作术和金器鉴赏术，需要小心翼翼和一丝不苟地工作；如果不能缓慢地取得什么东西，语文学就不能取得任何东西。但也正因为如此，语文学在今天比在任何其他时候都更为不可或缺；在一个"工作"的时代，在一个匆忙琐碎和让人喘不过气来的时代，在一个想要一下子"干掉一件事情"、干掉每一本新的和旧的著作的时代，这样一种艺术对我们来说不啻沙漠中的清泉，甘美异常——这种艺术并不在任何事情上立竿见影，但它教我们以正确的阅读，即，缓缓地、深入地、有保留地和小心地，带着各种敞开大门的隐秘思想，指头放慢一点，眼睛放尖一点地阅读……（《朝霞·前言》第 5 小节，刘小枫译文）

尼采这里所说的"正确的阅读"、"缓慢的"阅读，正可用作对古典语文学以文本细读为中心的学问样式的最好形容。作为古典语文学家，"尼采对抗自己时代的精神，呼吁人们集中注意那些具有永恒价值的经典"，[①] 而无论是在尼采当时还是在我们今天的时代，古典语文学这一专注于古代伟大经典的学问样式，都是医治浮泛的学风、培养现代学人良好的阅读习惯和思考"德性"的一剂良药。

五、古典学与思想史

对古典学这一西学中历史悠久、传统深厚的老牌"学科"，我

[①] 罗伊德—琼斯（H. Lloyd-Jones），〈尼采和古代世界研究〉，见 J. C. O'Flaherty 等编，《尼采与古典传统》，田立年译，华东师范大学出版社，2007，页 17。

们汉语学界基本上还处于无知状态。

上世纪 90 年代末辽宁教育出版社曾经出过一本叫《当代学术入门·古典学》的书（译者还是令人敬仰的董乐山先生），但这本《古典学》基本算是通俗读物，关键是，你能期望通过一本宣称"古典学的核心是旅游"的书来入古典学的门吗？[①] 学界还零星引介过一些算是古典学领域的书，[②] 大都是一些关于古希腊罗马思想文化的通论、概论书籍（作者也不是什么古典学大家）。也有人可能会说，我们关于古典西方已有的知识难道还算少吗？的确，在这样那样的教科书、概论和通论中，确可见到不少关于古希腊、古罗马的论述，但是，倘若以为靠这些抄来抄去、浅薄庸俗、浮泛不确的文字，就可以拥有关于西方古典传统的"知识"，只能说是无知者无畏了。

严格算得上积累的，只能在我们的古希腊哲学研究、古希腊罗马文学翻译，以及世界古代史研究等领域，找到一点点（现在是该把这些存货全面清点一下的时候了）。问题的关键还不在于数量远远不够（特别是对西方重要古典文本的规模性翻译完全没有、翻译品质精良的古典文本更是少之又少），而在于学术方法和价值立场。

----

① 比尔德等，《当代学术入门·古典学》，辽宁教育出版社，1998，页 31。

② 比如汉密尔顿的《希腊方式》（浙江人民出版社 1988 年版，后来 2003 年辽宁教育出版社还出了个叫《希腊精神》的新译本），欧文的《古典思想》（辽宁教育出版社 1998 年版），基托的《希腊人》及巴洛的《罗马人》（分别为上海人民出版社 1998、2000 年版）。由于缺乏意识，学界本来有的一些了解古典学基础知识的机会也给白白丢掉了，举个小例子：《不列颠百科全书》第 14 版中收有当代著名古典学者罗伊德—琼斯撰写的近两万字长的条目"古典学术"（"Classical Scholarship"，见 *Encyclopaedia Britannica*，14th Edition，2003），简洁地介绍了从古希腊一直到 20 世纪的西方古典学的历史概况，实为了解古典学为何物的一个虽小但实实在在的"入门"之处。惜乎国人在将 80 年代的十一卷本中文版《简明不列颠百科全书》扩展为二十卷的《不列颠百科全书》国际中文版时，挑选、增补了数千条目之后，最终还是把这条忽略了。

我们对西方古典思想的已有认识,几乎都是以现代立场及其方法为基础的。表现就在于,通过种种分化性的"学科视野"来对古典思想进行知识切割,其结果就是产生出诸如古希腊哲学史、文学史、史学史、政治思想史、宗教思想史等等现代学科视角下的历史知识叙述,而这些知识叙述又往往都被"历史主义"的价值立场统领着。学科视野、历史主义其实还只是表象,最终的问题在于是用今人的眼光来理解古人,而非用古人自己的眼光来理解古人。由这种视野出发,我们获得的对西方"古典"的理解最终不过是对西方"今典"的理解的延伸或确证,而非对"古典"自身的理解。

出现这种问题的原因在于没有注意到古典学上述那种特定的"经学"性学问样式,而更根本的原因在于前面所说的,严格来讲,在施特劳斯进入中国以前,我们还缺乏主动、全面、深入接纳古典西学或古典学的必要性意识。"为何"有必要接纳古典学(深入认识西方以认识自我)的问题都尚未解决,自然就谈不上"如何"接纳古典学的问题了(用古人自己的方式来理解古人),当然也就不会注意到古典学自身那套特有的学术方法。

其实,学科视野、历史主义、用今人的方式而非古人的方式来理解古人,都是西方古典学自身存在的问题,是西方现代思想学术对古典学不良影响的结果。由于不加反思或出于对现代西方学术方法与立场的习惯性追随,少数有意无意走向古典西学的汉语学人便引入了这种成问题的古典学。

用一位当代著名古典学者的话说,从文艺复兴到18世纪末、19世纪初,古典学在西方的两次复兴都是"渴望用古代人来照亮现代人的一种运动",但是,受19世纪以来地位日益强大的自然科学与历史意识的影响,古典学逐渐陷入了遗忘自己源初意图的危机,"学者们日益癖好那些因其本身的缘故而被收集的事实,并为'生产'的日益增加而沾沾自喜"。① 结果,专业化被推进到了极端,② 古典学被深深打上了现代科学主义、实证主义的烙印,历史主义的立场和方法在古典学的研究中极为盛行。③ 受实证主义、历史主义影响的古典学,往往专注于历史事实及知识的搜集和考证,而不问古典思想对于现代生活的价值和意义。

但另一方面,西方古典学内部对其科学实证主义、历史主义倾向的反思和批评,对古典学研究之于现代生活的价值和意义的关注和强调,也有悠久深厚的传统。可以德国为例。尽管德国古典学界的历史实证主义风气极浓,但同时,强调古典学研究的当下意义,强调应通过发掘和传扬古典精神来救治当下生活疾病的这种呼声,恰恰也在德国古典学界极为高昂。最重要的一个例子,就是德国两位著名古典学家、尼采与维拉莫威兹之争。④ 作

---

① 参罗伊德—琼斯,〈尼采和古代世界研究〉,前揭,页8、9。

② 不妨从"美国国会图书馆图书分类法"来看看如今古典知识"散落"到了多少大大小小的学科门类当中:B165—626(希腊罗马哲学),BL 700—820(古典神话和宗教),DE(希腊罗马世界),DF 10—289(希腊史),DG 11—365(罗马史),HC 37(希腊经济史),HC 39(罗马经济史),HF 373—376(希腊商贸),HF 377—378(罗马商贸),JC 71—75(希腊政治理论和建制),JC 81—90(罗马政治理论和建制),KE 40(希腊法律),KE 100(罗马法律),PA 1—199(古典语文学一般),PA 201—899(希腊语文学和语言),PA 2001—2915(拉丁语文学和语言),PA 3050—4505(希腊文学),PA 6001—6971(拉丁文学)。在其他如"体育"(GV)、"妇女和社会"(HQ)、"艺术"(N)、"军事和海事"(U、V)等等门类中都可以找到相应的希腊罗马知识的位置。

③ 关于历史主义,可参王晴佳,《西方的历史观》,华东师范大学出版社,2002,页129以下;当然,历史主义的实际情况可能要更复杂一些,如参伊格尔斯,《德国的历史观》,译林出版社,2006;对历史主义的批评,可参施特劳斯,《自然权利与历史》,三联书店,2003,页10—36。

④ 关于这场争论的情况这里不作细述,汉语文献可参黄洋的两篇文章:〈古典学家尼采〉,载《万象》第10、11期合刊,辽宁教育出版社,2003;〈尼采与古典学研究〉,载陈恒等编,《新史学》(第一辑),大象出版社,2003。另外可参伊德—琼斯为维拉莫威兹《古典学的历史》一书英译本所写的〈导言〉(见中译本,前揭);以及此书中译者陈恒的〈译后记:维拉莫威兹与古典学术研究〉;另可特别看看罗伊德—琼斯的〈尼采和古代世界研究〉(前揭)一文。

为古典学中的历史主义的代表,① 维氏批评尼采的《悲剧的诞生》完全不恪守古典学的（科学主义、实证主义、历史主义）考据家法,可是在尼采看来,（古典）历史研究如果不"服务于生活",而是一味强调历史知识的不断增长,那么,"在历史学的某种过剩中,生活将支离破碎,将退化,并且又由于这种退化,甚至历史学亦复如是了"。② 尼采写于维氏批评《悲剧的诞生》两年之后的长文《历史学对于生活的利与弊》,不仅可视为对维氏的反驳,也是他对古典学与历史研究中的实证主义、历史主义取向的全面攻击。③ 尼采的攻击的意图,正在于坚定捍卫古典研究关怀当下生活的价值正当性,持守古典学之于现代性问题的价值担负。

　　或许可以说尼采后来离开了古典语文学界,但他对历史主义的批判在古典学界的影响非常大,尤具讽刺性的是,后来维拉莫威兹的一大帮名震古典学界的弟子们,反而大都受了尼采的影响。比如,后来成为著名古典学家的莱因哈特（K. Reinhardt）就是在尼采的影响下成长起来的,而亦为著名古典学者的佛兰克尔（E. F. Fraenkel）则说,他们这代人在见解上之所以与其师维拉莫威兹有差别,最大原因就在于他们接受了尼采的影响。④ 上世纪 30 年代,亦为维氏弟子的著名古典学家耶格尔（W. Jager）领衔发动了一场批判其师的古典学"新人文主义"或"第三

---

① 伽达默尔说,"在维拉莫威兹那里,历史主义的古典学研究达到了高潮,这个学派是在解构人文主义中的古典主义和解构赋历史以意义的过程中成长起来的。"见氏著,《哲学生涯》,陈春文译,商务印书馆,2003,页 142。

② 尼采,《不合时宜的沉思》,李秋零译,华东师范大学出版社,2006,页 149。

③ 面对主流古典语文学界的批评,尼采显得极为自信:"当代语文学家已经证明他们自己不配与我和我的著作为伍。几乎用不着说明,即使在这种情况下,学还是不学一点东西还是全在他们自己。然而,不管怎么说,我还是觉得一点也不愿意迁就他们。"见氏著,《哲学与真理:尼采 1872－1876 年笔记选》,田立年译,上海社会科学院出版社,1993,页 83。

④ 参罗伊德－琼斯,〈尼采和古代世界研究〉,前揭,页 1－2。

次人文主义"运动,可以说就是在某种意义上继续了尼采的批判。对古典学研究、古典人文精神之于现代生活世界的积极意义的强调,一直是德国自温克尔曼以降的启蒙古典主义和启蒙浪漫主义(歌德,赫尔德,席勒,洪堡,施莱格尔,荷尔德林等)的一个思想传统,这一思想传统一直将古典理想、古希腊的人文精神和教化理念视为救治现代性精神困境的一剂良药,而尼采、耶格尔显然都深置于这一传统之中。①

　　知识分化、实证主义、历史主义对古典学的威胁,不仅仅在于令古典学遗忘其现代性问题担负,更在于令古典学失去认识古典世界的能力。如果说古典学意欲为现代人提供疗治文明疾病的手段,那么尽最大可能地恢复、认识古典世界和古典思想的本来面貌,就是古典学应当遵循的基本原则。也就是说,古典学必须在最大程度上用古人自己的方式来理解古人,而不能从现代人自己的立场出发去理解古人。但古典学最大的危险和问题,恰恰就在这里。

　　在面临古代经典时,古典学的一个基本问题就是,如何才能真正回到古典文本。可以说,古典语文学的前述"经学"式学问方法,就在全面致力于解决这一问题。这个问题可以从两个方面来看,一是语言与文献的障碍,二是释读经典的指导观念。两个方面的关系可以理解为"考据"与"义理"的关系,或者说,文献考证与思想史解释的关系。古典语文学家的文本考订、注释工作,可以在相当程度上把我们领回到古典文本:一是提供校勘精

---

① 可以说,古典学研究应当具有指向当下生活的价值担负,已经成为 20 世纪许多古典学家的一种共识,而且,此一共识也为古典学专门家圈子之外的众多秉持新人文主义精神的英美诗人、文人、学者们所广泛认同,如阿诺德、白璧德、理查兹、艾略特、奥登等等(可注意这些新人文主义者对现代中国思想界如学衡派的影响,以及这一影响对考察中国现代性问题的重要性)。

良的原文文本,二是进行文字的训诂释义,三是指示思想和历史
的背景,建构古典文本的互文性、历史性释读语境。这三点总体
上可谓"考据"的含义。

　　但是,在接下来进行"义理"解释时,古典学家极易失手。
正是在义理解释这个环节,古典学家往往难以真正回归古人,
因为他们往往采用现代人的方式、而不是古人自己的方式来
理解古人。究其原因,古典学家的释义进路除了容易受其语
文学(小学)训练的限制,关键是极易受到各种狭隘的现代学科
视野、思想"方法"的影响和困扰,[①] 而源于现代哲学观念的种
种现代、后现代解释学"理论",更是给了古典学家自由运用自
己解释权力的最大诱惑——不仅要、而且应当用现代人的方
式去理解古人,因为,现代人可以比古人自己更好地理解
古人。

　　在为何要阅读古典的问题上,尼采强调必须以解决现代
性问题为目的,同样,在如何理解古人的问题上,尼采也反对
从现代人自己的视野来理解古人。尼采与温克尔曼等现代古
典学者一样主张向希腊精神的回复,但是,尼采看到,温克尔
曼、歌德等人恰恰全然误解了希腊人,误解了希腊精神的本质
(参《偶像的黄昏·我感谢古人什么》第3、4节)。尼采坚信,"希腊人
比他当时的学者们所相信的要离我们远得多",尽管尼采最后

---

① 著名的例子,比如心理分析学、人类学对英国著名古典学家 E. R. Dodds 的影
　响,人类学、结构主义对法国著名古典学家 Jean-Pierre Vernant 的影响,参 H.
　Lloyd-Jones(罗伊德－琼斯),"Psychoanalysis and the Study of the Ancient
　World"(《心理分析与古代世界研究》),见氏著 *Greek Comedy, Hellenistic Lit-*
　erature, Greek Religion and Miscellanea(《希腊喜剧、希腊化文学、希腊宗教以
　及其他杂著》),Oxford,1990,页 281－305。在神话、悲剧等古典学研究领域,
　人类学、心理分析、结构主义等现代新潮思想对 20 世纪古典学界的恶劣影
　响,可谓致命。

对古人的理解仍然未能完全回到古人，但尼采确实"避免像他的同时代人那样，动辄将自己与古希腊人等同起来"①，至少于尼采的意图是非常清楚的，并且也就此做了最大努力——重新拉开现代人与古代人的距离，重新绷紧古今之争这一弓弦的两端。

看清西方古典学的这些既存问题和危险，有助于我们在引入古典学时保持清醒的头脑，晓得应当在什么样的前提下引入什么样的古典学。一方面，我们要在思想史的整体视野——亦即现代性问题、古今之争的视野——中来引入西方的古典学，并将上述具有"经学"性学问样式、以解读古典文本为要务的古典语文学作为核心来引入；另一方面，要抛弃现代人可以比古人更好地理解古人这一傲慢的心态，坚持以古人自己的方式来理解古人这一并不合宜于时代精神的解释学原则。

面对一部伟大的古代思想经典，仅仅依赖古典语文学家的工作，常常是不够的，不仅不够，还容易走岔了路。理解伟大的思想文本，我们还需要大家的眼光。如果说，古典语文学家的工作是我们的拐杖，那么，思想史大家的眼光就是我们的路标。要想在西方思想史自身的问题脉络中来真正理解古典思想，②我们必须跟随西方那些作为思想史家的古典学大家或解经大家。尼采、尤其施特劳斯，正是这样的大家。

---

① 罗伊德－琼斯，《尼采和古代世界研究》，前揭，页23。

② 按照西方思想史自身的脉络来理解古典（以及现代）西学是什么意思？诚如甘阳所言，这就是要懂得，比如，"柏拉图哲学要治的是古希腊民主的病，奥古斯丁神学要治的是古罗马公民的病，而马基雅维利史学要治的是基督教的病，罗尔斯的正义论要治的是英美功利主义的病，尼采海德格尔要治的是欧洲形而上学的病，唯有按照这种西方本身的脉络去阅读西方，方能真正了解西方思想学术所为何事"。参甘阳，《"西学源流丛书"总序》，见《从黑格尔到尼采》，洛维特著，三联书店，2006。

六、施特劳斯与古典学和中国问题

　　尽管施特劳斯认为,试图通过返回古典来克服现代性的尼采最终却极大地推动了现代性,但是,施特劳斯的古典研究可以说在相当程度上继承、发扬了尼采的路子——无论是通过返回古典来克服现代性,还是强调重新绷紧古今之间的张力。

　　当然,施特劳斯不是严格意义上的古典学家或古典语文学家,没有尼采那样的古典学科班出身。施特劳斯自始至终是一个西方思想史家,而作为一个思想史大家,他的特殊之处即在于,其晚年几乎完全献给了古典学问——倾力疏解一系列具有重大思想史意义的古典文本。

　　施特劳斯的思想起点是"我们时代的危机",即对西方现代性问题的思考和批判。所以,施特劳斯不是从古典学问开始其学术生涯的,他的学术研究始于对现代西方思想史的考察(斯宾诺莎、霍布斯),然后明显呈现出一个从现代向古代逐步上溯、回归的轨迹。施特劳斯对古典文本的阅读和思考非常早,但他直接与古典文本相关的写作却开始得很晚,如一位受施特劳斯影响的当代古典学家克雷所注意到的,"施特劳斯充满戏剧性、但也是长期酝酿的转向——从犹太、阿拉伯文本研究和现代欧洲政治哲学起源研究,转向以古典为中心的研究,始于 1962 年。这一年,他在弗吉尼亚大学发表了 Page-Barbour 演讲,1964 年这一演讲以《城邦与人》为题出版"①。施特劳斯的全部古典研究,均以他对西方现代性危机的诊断和寻求治疗手段为出发点,

---

① 克雷(D. Clay),〈一种被遗忘的阅读〉,见刘小枫、陈少明主编,《经典与解释》(第 5 辑),华夏出版社,2005,页 39。

在施特劳斯看来,只有向古代回归,严格来说向柏拉图意义上的古典政治哲学所阐明的政治制度或共同体生活方式回归,危机中的现代西方文明才有救。

在从现代向古代回溯的过程中,施特劳斯逐步勘定了现代与古代的真正分界点,同时真正拉开了现代与古代的距离。分界点的勘定和距离的确立,意味着施特劳斯必须要用古人自己的方式来理解古人。现代思想、尤其是德国思想不断声称要向古代世界回返,但施特劳斯看得很清楚,"不管在什么水准上返转,前现代理想都不是真实的前现代理想,而是德国观念论所解释的前现代理想(这种解释带着针对 17、18 世纪哲学的争辩意图),因而是个被歪曲了的理想"。① 施特劳斯解读的古典文本遍及哲学、史学、文学领域——如果用今天的学科视野来看的话,但是,施特劳斯的解读完全无法用这些学科中的任何一个的视野来衡量,施特劳斯如此做的根本合理性在于,比如,修昔底德和阿里斯托芬绝非我们今天意义上的史学家和文学家,从而根本不能用 19 世纪以来形成的狭隘的历史、文学观念来理解。施特劳斯真正做到用古人自己的方式来理解古人的最关键一点是,他发现了古人特有的思想表达方式或写作方式,即隐微写作的技艺。正是通过发现古人这一"被遗忘的写作方式",② 施特劳斯寻获了用以正确理解古人的"被遗忘的阅读方式"。③ 古人怎么写我们就应该怎么读。施特劳斯坚信,古代作家的写作总是要表达一种意图,尤其是像柏拉图这样旷世不遇的大思想家,其写作

---

① 施特劳斯,〈德意志虚无主义〉,见刘小枫主编,《施特劳斯与古典政治哲学》,上海三联,2002,页 764。

② 参施特劳斯,〈注意一种被遗忘的写作艺术〉,见刘小枫编,《苏格拉底与现代性问题——施特劳斯讲演与论文集:卷二》,前揭,页 156—167。

③ 参克雷,〈一种被遗忘的阅读〉,前揭。

更是绝对经过了深思熟虑的，他绝不会在其作品中轻易写下一个字，绝不会在其文本中随意运用某种笔法、随意安排某个细节、随意留下某种特征。所以，施特劳斯的著名做法就是，在解读古典文本的时候，特别注意文本的整体结构，死死盯住比如柏拉图对话作品的"文学形式"，随时留意文本在书名、章节、结构、矛盾等等细节上遗留的种种特征。简单地说，施特劳斯的解读原则就是，表面即中心，只有从文本的表面才能探达文本的中心：作者的意图。

通过对古典文本的这种贴近古人的阅读，施特劳斯发现了一个被现代人掩盖、遗忘已久的古典思想世界。问题的关键不在于古今西方思想的差异比我们想像的巨大，而在于理解这一差异的视角，已被此前的现代西方思想学术几乎遮蔽殆尽了。施特劳斯将对"我们时代的危机"或西方现代性危机的诊断定位于现代社会科学、政治科学，进而定位于现代政治哲学，由此，施特劳斯所提倡的向西方古典的回归有一个极为特定的含义：向"古典政治哲学"或"柏拉图路向的政治哲学"回归。施特劳斯解读了为数不少的古典作家的众多文本——阿里斯托芬、修昔底德、柏拉图、色诺芬、亚里士多德、卢克莱修，但位于施特劳斯古典研究之核心位置、也对于他从现代、中古到古典的整个西方思想史研究具有决定性意义的，始终是"苏格拉底问题"。这一问题的另一表述方式，就是哲人与社会（政治）的关系问题，或者说哲学与宗教（神学—政治）的关系问题（这也差不多可以等同于哲学与诗、乃至雅典与耶路撒冷的关系问题）。从这一视角看去，今人与古人的区别正在于对苏格拉底问题的理解和解决存在着根本差异，而这一差异的背后乃是古今（政治）哲人在"人性"理解上的根本分歧。在以柏拉图为代表的古典政治哲人看来，由于人类社会中少数人（哲人）与多数人（民众）的人性的自然差异永远不会改变，因此，一个好的社会或政治共同体必须与人性的这种自然秩序相适应。所以,一种差序性的政治制度是必要的,这一制度不仅基于对人性差异和秩序的自然正当的理解,同时以维持和保护这种自然正当的人性秩序为鹄的——尤为重要的一点是,必须要用相应的宗教来为这一差序性的政治制度提供最根本的保障。以维护人性自然秩序为目的的宗教及其政治制度,就为一个同时容纳少数人和多数人的政治共同体提供了赖以持续生存的根基:习俗和法律——礼法(Nomos)。现代启蒙哲人对中古、古代世界的背离所造成的后果,就是在根本上破坏了西方自古以来的礼法传统,从而破坏了少数人和多数人、尤其是多数人的生存根基。从这个角度来看,施特劳斯通过其古典研究所提倡的向古代世界的回返,就是要竭力恢复西方自己的礼法传统,由此来救治危机中的现代西方文明。

　　施特劳斯古典研究的路子显得非常独特。尽管施特劳斯"塔木德式的对希腊文本的阅读"其实遵循着是古典学的古老传统,但"有人可能会抱怨,古典学家早已不用这种阅读方式了"。比如关于施特劳斯对色诺芬《希耶罗》的解读,"在众多评论中,对于施特劳斯的古典文本义疏体论著最常见的评论就是:施特劳斯的许多义疏读起来就像是章句或情节总结。施特劳斯把一种质询强加给了清清白白的《希耶罗》,这种质询显得武断、甚至专横。施特劳斯似乎硬要……赋予色诺芬根本就不曾拥有的才智,还说这才智是被咱们低估了。"① 对于阅读趣味、思想立场已然败坏了的当代西方古典学者来说,施特劳斯对古典文本的阅读方式"并不具有启发",所以,令施特劳斯的古典研究显得"独特"的根本原因,与其说在于施特劳斯,不如说在于现代古典学界自己。

---

① 　克雷,〈一种被遗忘的阅读〉,前揭,页45。

　　施特劳斯与当今西方古典学界的关系,有如尼采当年的情形。"在尼采开始其职业生涯的时候,古典语文学正经历一个困难时期:灵感勃发的一波已经消退,而接下来的一波还没有汇聚足够的力量。"① 尼采一生的思考某种意义上正是在为古典学的复兴提供灵感和力量,尽管后来的古典学界从总体上看并未对此予以足够的承认和接纳。如今,西方的古典学并未渡过、甚至愈加陷入其"困难时期",而施特劳斯的古典研究可以说也是在替古典学"接下来的一波"汇聚力量。可是,古典学界并不这样看。像古典学者克雷那样,觉得施特劳斯"由一个作家到另一个作家,从一个文本到另一个文本的阅读方式极具诱惑力",并且"一直在想从施特劳斯这里……一个古典学者应该学到什么"②的,并不多见,排斥施特劳斯的古典学者甚至将其古典研究视为对古典学的"一种威胁"。尽管在芝大呆了近 20 年,但芝大古典系从未排过施特劳斯的课,③ 这个小例子颇能说明施特劳斯与主流古典学界的关系。为什么古典学仍然难以从施特劳斯这里吸取"灵感"和"力量"? 克雷的分析恰如其分:"种种障碍实在太大。一涉及语言,古典学者就是、且仍愿是'语文学家'(philologoi),他们对另一种阅读文本的思维方式很隔膜,在这方面,他们是 misologoi[厌辩者](参《斐多》89d)。再说,只要他们没有全面地了解施特劳斯有关政治哲学的想法,他们就无法理解施特劳斯在注疏古典文本时提出的论题。"④ 不过,作为古典学的业内人士,克雷也认为,"或许,评论施特劳斯对古典学术的影

---

① 罗伊德－琼斯,《尼采和古代世界研究》,前揭,页 19。

② 克雷,《一种被遗忘的阅读》,前揭,页 45。

③ 安阿斯托普罗,《施特劳斯在芝加哥大学》,黄薇薇译,见刘小枫、陈少明主编,《经典与解释》(第 5 辑),华夏出版社,2005,页 62。

④ 克雷,《一种被遗忘的阅读》,前揭,页 54。

响,还为时过早。因为种种迹象表明,施特劳斯正冲击着好些古典学家的意识——确切地说是良知。"①

反过来说,倘若施特劳斯终难被西方主流古典学界认同,原因就肯定在于,能够真正理解施特劳斯关怀西方文明的历史命运这一伟大抱负的古典式"良知"太少。西方的命运倒也用不着我们来操心,可问题是,西方的命运并非与我们无关,因为我们早已身陷由西方引发出来的现代性世界历史大潮。关怀中国历史命运的思考者由此不得不关怀西方的命运,特别是关注尼采、海德格尔、尤其施特劳斯这样的西方命运的伟大思考者,反思他们的思想道路,有助于我们复苏恰切理解自己命运的古典式"良知"。

深思西方命运的海德格尔认为,西方有可能从东方、特别是中国(当然指古代中国)这里找到一条道路,来走出源于希腊理性主义哲学的现代性危机。不过,施特劳斯不太同意这一点,"施特劳斯坚持认为,必须做出一种基本区分,而海德格尔并未做出这一区分,即现代理性主义与古典(苏格拉底—柏拉图式的)理性主义的区分,尤其在政治哲学方面,海德格尔完全、始终无视这一方面……正是在苏格拉底式的政治哲学之中,正是通过这种政治哲学,古典理性主义才体现出,它完全真正意识到了自己的'各种根本局限'——关于这些局限,如今海德格尔并不感同身受。作为苏格拉底式政治哲学的直接结果,古典理性主义并不导致或指向现代技术,更重要的是,它提供理智方面的资源,帮助保全现代的人性,使之免遭我们的技术加诸于人类精神的毁灭性威胁。"② 因此,在施特劳斯看来,引领西方走出现代技术

① 克雷,《一种被遗忘的阅读》,前揭,页53。
② 潘戈(T. Pangle),《〈古典政治理性主义的重生〉·中译本前言》,见施特劳斯,《古典政治理性主义的重生》,郭振华等译,华夏出版社,2009。

危机的道路,其实早已蕴藏在自己的古典传统中了,问题是这一传统必须得到重新理解。不过,施特劳斯并非不懂得、也并非全然拒绝海德格尔"朝向东方的转向"可能具有的重要意义。①在《海德格尔存在主义导论》一文中,施特劳斯对此说的一长段话,非常值得我们深思:

> 海德格尔是唯一对世界社会的问题之维略有所知的人。我们亟需东西方的交会(meeting)。西方必须对克服技术作出它自己的贡献。西方必须首先在自身之内寻回使这种交会得以可能的东西:它本己的至深根源,这根源先于其理性主义,也以某种方式先于东西方之分。在当今思想的水准上,不可能有东西方之间的真正交会;也就是说,当今思想是在东西方最浮躁浅薄的时期,在最夸夸其谈、最浮躁浅薄的代表者之间进行交会。东西方之间的交会只能是二者最深根源的交会。西方思想家可以沉潜到西方的最深根源来准备那个交会。在西方之内总是可通过圣经传统来察看理性主义的界限……但对这一点必须准确地理解。圣经思想是东方思想的一个形式。把圣经绝对化,就堵塞了通向其他形式的东方思想的道路。然而圣经是我们西方人之内的东方。②

施特劳斯真的是在说东西方需要一场"交会"(meeting)吗?要说"交会",中国和西方早已经"交会"了,中国和西方的命运在

---

① 潘戈,《〈古典政治理性主义的重生〉·中译本前言》,见施特劳斯,《古典政治理性主义的重生》,前揭,2009。

② 施特劳斯,《海德格尔存在主义导论》,丁耘译,见贺照田主编,《西方现代性的曲折与展开》,吉林人民出版社,2002,页131。

眼下这个历史时刻已经扭结在一起，现代性危机成了中西共同的全球性危机。但施特劳斯说的交会显然不是这个意思。施特劳斯说的是未来的交会。其实，"交会"的说法可能仅仅出自叙述和评价海德格尔"朝向东方的转向"的行文需要，或不过是一种适合时宜的修辞，因为施特劳斯在这里阐明的关键与其说是"交会"，毋宁说是"寻回""根源"——寻回东西方各自的最深根源。未来或许有交会，但对现在的中国和西方来说，重要的恰恰是要懂得如何在通晓各自古今之变的基础上，拆开扭在一起的结，向各自的最深根源回归——向各自的礼法传统回归。不过，施特劳斯说的"交会"也可能不仅是行文需要或修辞，而是指一种可能性：沉潜到各自最深根源的西方和中国，可能会发现他们在最深处的相同或相通。恰恰在这一最深之处，东西方可能会走向一种真正的交会。

施特劳斯的思想洞见，他所倡导的西方向自己礼法传统的回归，显然马上就让我们想到自己的礼法传统，尤其是让我们思考在今天应当如何、或者说从什么样的角度，去重新理解自己的礼法传统。甚至，以治柏拉图《礼法》闻名、深谙施特劳斯思想精髓的施门弟子潘戈，都在向我们做如是的提醒：

> 你们告诉我们，施特劳斯的引领和典范如何能够照亮东方最深的根源，明确地说，这既是一种对西方的挑战，又是一种同西方乃至西方最深根源的对话。这可能会刺激并砥砺我们分别把自己份内的事情做得更好，以担当施特劳斯所含蓄地向我们所有人指出的全球性历史使命（楷题重点为引者所加）。①

____

① 潘戈，《〈古典政治理性主义的重生〉·中译本前言》，前揭。

施特劳斯对西方古典政治哲学或礼法传统的发现，最根本处是对"人性"的古典式理解的发现。因此，施特劳斯对我们的启发就在于，今天，我们必须从人性的角度去重新理解中国古代的礼法传统，只有重新获得中国古人理解人性的自然视野，我们才可能不带偏见地获得对传统的宗法制度、等级秩序、道德风习、宗教信仰的自然理解，由此才可能真正认识我们伟大的古代文明。施特劳斯说的东西方的最深根源，可能正是指东西方对人性的古典理解——人同此心、心同此理，正是在对人性的古典式理解上，东西方可能具有"先于东西之分"的相同或相通之处。

上世纪初以来，众多汉语学人都将回归华夏古典精神作为解决中国问题的一个重大提议。如今看来，反思这种提议的正当性与有效性如何，关键在于搞清楚：华夏古典精神的实质是否获得了恰切的理解。施特劳斯及其古典研究、以及我们通过他的视野所接纳的西方古典学，可能会为我们对自己古典传统的重新理解带来重要的参照和启示。"百年来，西方的现代性文教制度冲击、更替了中国的文教传统，以至于已然形成新的传统。……在如此处境中，简单地提倡回到中国的古典传统，并不能使得我们面对真正的问题。换言之，了解古典的西方，对于重新认识古典的中国进而反观现代性中的中国问题，意义重大。"①

让我们转向西学之根的施特劳斯，最终令我们懂得应该、以及如何转向中学之根。在这个意义上可以说，施特劳斯使我们得到的最大收益在于，他使我们意识到，百余年来我们对西学的不断跟随、追踪，终于可能有了尽头。施特劳斯让我们懂得如何

---

① 刘小枫,〈前言〉,见吴雅凌编译,《俄尔甫斯教祷歌》,华夏出版社,2006,页2。

摆脱对西方的盲目追随,如何获得对西方的解释权,或更准确地说,对西方的主动取舍权。犹如色诺芬笔下长途跋涉回乡的远征者们终于望见了大海,我们也终于望见了西学海洋的边际。只不过,对色诺芬笔下的返乡者来说,看到大海就看到了故乡,而对我们来说,看到大海的边际,才是真正还乡的开始。

天人之际·古今之变·中西之会
——施特劳斯西来意

韩 潮

[题记]不过十年,学界已然有"如何是施特劳斯西来意"之问。

　　西学东渐百余年,未见有人问道来意。何以今日的施特劳斯偏偏成了问题?老安国师说,"何不问自家意旨?"——道理说来很简单,但凡问道来意,其实已有疑情。

　　此种疑情,若纯属智识层面的事情,倒也好办,但麻烦的是,阅读的趣味、审美的节制以至于道德中的冷峻意识的有无,都可能影响到我们的智识判断。在我看来,学界的疑情,根底里是因为我们生活在现代的积习里,这一积习的产物是我们的政治观点、道德立场、审美趣味,或者最终,是我们阅读的感受力。丹纳曾这么形容现代人阅读希腊的经验:"我们的味觉早已迟钝、麻木,喝惯烈酒,开头几乎要认为希腊的饮料淡而无味;但是尝过几个月,我们就只愿意喝这种新鲜纯净的清水,而觉得别的文学都是辣椒、红焖肉,或者竟是有毒的了。"① 丹纳到底还是乐观。很难想象,仅仅几个月就能够将阅读的趣味扭转,毕竟,迟钝麻木、缺乏辨识力的积因是那些由辣椒、烈酒带来的心灵上的持续

---

① 丹纳,《艺术哲学》,傅雷译,天津社会科学出版社 2007,页 221。

的、夸张的刺激。施特劳斯说过一段与丹纳类似的话，"我们这个时代的读者是在最近五代人残酷的、情绪化的文学中成长起来的。我们需要再教育，以便让我们的眼睛适应古人的高贵的矜持和静谧的庄严。"① 他还曾不止一次提到，天性偏爱简・奥斯丁而不是陀思妥耶夫斯基的人或许更容易一窥古典文化的堂奥，因为，在他们的灵魂中，对智慧的爱与对于节制的偏好有一种奇妙的混合。在我看来，施特劳斯式的古典教育，其目的或许就在于重建这种灵魂中的奇妙混合——不过，很不幸，爱欲和节制的混合，总是比我们想象的要困难得多。我并不相信，仅仅通过智性的说服就能够改变一个人的趣味。

尽管如此，我还是预备在智识层面做一次尝试。部分的原因在于，我有欠于施特劳斯。整整十年，从最初接触施特劳斯开始，去除的非止是"理障"而已，竟或还有关乎生存的"事障"。对我个人来说，施特劳斯并不是某种意义上的哲学家，他更近乎于另一种身份，未得身受其教而宗仰其人。应该承认，施特劳斯的思想确实易受误解，但我并不认为，施特劳斯需要申辩——尤其是，大多数误解不过起源于近视的积习，就像维特根斯坦所说，"为近视者指引道路总是很费力的，因为你不能对他说：'看着十里外教堂的塔尖，顺着那个方向走。'"唯一需要说明的是，施特劳斯曲折、绵密、繁复的表述方式。有一次施特劳斯曾对科耶夫说，"除了你和克莱因，没有人会懂我在追求什么"，紧接着，他似乎以一种自嘲的口气说道，"我是这样的一种人，如果可以从锁眼里钻过去，我决不会通过开着的门进去"②——毫不夸张地说，这就是施特劳斯，任何一个仔细通读《思索马基雅维利》的读

---

① 《信仰与政治哲学——施特劳斯与沃格林通信集》，谢华育、张新樟译，华东师范大学出版社，2007，页 80。

② 施特劳斯、科耶夫，《论僭政》，何地译，华夏出版社，2007，页 264。

者都会感到施特劳斯的话并非只是自嘲。施特劳斯的文本的确有一种极为独特的曲折形相,他的行文往往在推演至最为尖锐的地方,却不动声色地予以保留,仿佛此前的绵密论证只是为了最终证明这些论证自身的局限①。如果不能体察这种施特劳斯式的曲折形相,施特劳斯的魅力也将失色不少。但如果我们并不想体察施特劳斯之所以然,只想了解其人的基本立场,那么,不妨直接推门而入。在我看来,撇开那些枝蔓曲折的环节不论,施特劳斯思想中最为核心的成分即便不是一目了然的,至少也没有多少隐微的成分。

　　施特劳斯有三组最为重要的概念:雅典与耶路撒冷、古代与现代、哲学与政治。在我看来,这三组概念分别处理的三个不同层面的问题:一为文明论,即东方西方交会与恪守的问题;二为古今论,即古代现代的接续与断裂的问题;三为天人论,即自然与人为的疏通与分离的问题——文明论、古今论、天人论,是为施特劳斯的三论。

一、中国与西方,雅典与耶路撒冷

　　任何一个当代的思想家,倘全然漠视文明差异,非是傲慢即为无知。

　　但如何处理文明论问题,怎样避免落入肤浅的普世主义和同样肤浅的地方性,却是一个难题。施特劳斯那个时代,还远没有中世纪徽章学式的"文明冲突论",文明差异还远不是一种学

---

① 后文将表明,这并非是刻意求险的修辞,而是施特劳斯内部的不废一言的思想张力所在。

术界的政治正确,但施特劳斯是敏感的,他的处理方式极为深刻、迥异于时下学界的俗见。在〈海德格尔存在主义导论〉一文中,施特劳斯曾有意识地把海德格尔的思想归结为文明论的反思:技术、理性主义以至于希腊哲学的存在锁链共同构成了西方的命运,而与之相对的则是神秘的、难以把捉的、东方式的存在领悟。施特劳斯最初似乎赞同海德格尔的文明论,他以一种赞允的口气提道:"东方并无主宰意志。仅当我们变得能够向东方特别是向中国学习,我们才能超越技术性世界社会;我们才能希望一个真正的世界社会……海德格尔是唯一对世界社会问题略有所知的人。"① 不过,继而他话头为之一转,转而批评海德格尔在这条东西方交会的路上走得太快了,太急切了。在他看来,我们固然亟需东西方的交会,可在当今的思想水准上,不可能有东西方之间的真正交会,因为这个时代是东西方最浮躁浅薄的时期,这个时代所谓东西方交会的思想无一不是夸夸其谈、浮躁浅薄之辞。

施特劳斯并非不赞同海德格尔对希腊乃至西方理性主义的检视,但是他的思路要比海德格尔曲折得多,在他看来,"西方必须对克服技术作出自己的贡献。西方必须首先在自身之内寻回使这种交会得以可能的东西:它本己的至深根源,这根源先于其理性主义,也以某种方式先于东西方之分",这段话切不可误解为回到前苏格拉底的立场,因为,施特劳斯随即指出,"在西方之内总是可以通过圣经传统来查看理性主义的界限……圣经是我们西方之内的东方"②。

在我看来,此处施特劳斯或者已交待了治学的根本旨趣,他一生念兹在兹的雅典与耶路撒冷问题,实际上从属于更为宏大

---

① 施特劳斯,〈海德格尔存在主义导论〉,丁耘译,见贺照田主编,《西方现代性的曲折与展开》,吉林人民出版社,2002,页131。

② 同上,页131。

的东西方问题、亦即真正的世界历史问题。雅典和耶路撒冷是东方与西方的一个面相、一个中介；对雅典和耶路撒冷之间张力的考察，是西方与东方、以至于中国之间的张力关系的预备性考察。事实上，施特劳斯曾经明确警示，切勿使圣经绝对化，因为"把圣经绝对化就堵塞了通向其他形式的东方思想的道路……能够帮助我们克服希腊理性主义的不是作为圣经的圣经，而是作为东方之书的圣经"①。

在西方内部发现东方——这是海德格尔未曾明察的一面，也是时下的文明论思考远未触及的一面。如果我们把雅典（西方中的西方）与耶路撒冷（西方中的东方）之争视为线索，那么，我们即将面对的世界历史问题似乎是一次重演。东方与西方、中国与西方之间的文明论问题，将依赖于我们对雅典与耶路撒冷问题的理解。

更令我们感同身受的是，施特劳斯的犹太人处境。雅典与耶路撒冷这个问题在施特劳斯那里最初是以犹太人问题的形式出现的。犹太人在现代世界面临的两种选择：归化或犹太复国主义，仿佛是当下天真的普世主义与老于世故的地方主义的序幕。虽然施特劳斯在治学的初年曾短暂地成为一位犹太复国主义者，但是很快他便认识到政治上的犹太复国主义必将导致犹太信仰的沦落，因为犹太复国主义把犹太人问题处理为单纯的民族问题，它不过是让犹太民族在不信（unbelief）的基础上组织起来②。就此而言，复国主义不过是另一种形式的同化。犹太人问题的实质是，犹太人独特的犹太性是否不容于现代世界——从斯宾诺莎到罗森茨维格的现代犹太思想，皆是这一问

---

① 施特劳斯，《海德格尔存在主义导论》，前揭，页131。

② David Janssens, *Between Athens and Jerusalem: Philosophy, Prophecy, and Politics in Leo Strauss's Early Thought*, State University of New York Press, 2008, p. 12.

题的回应。不过,施特劳斯对现代犹太哲学的回应并不满意,在他看来,"从门德尔松到罗森茨维格的现代犹太哲学与整个现代哲学的基本假设几乎是一荣俱荣、一损俱损"[1]。值得注意的是,在这些思想家中,既有试图调和犹太教与现代哲学的柯亨,也有试图批评现代理性主义的罗森茨维格,施特劳斯固然不同意柯亨的调和倾向,但是他更不能赞同的是陷入非理性主义的罗森茨维格。在他看来,罗森茨维格看似拉开与现代理性主义的距离,其实落入现代历史主义的陷阱,并且不得不将自身奠基于个人主义的经验之上,他的非理性主义仍然是现代理性主义的变种。众所周知,施特劳斯真正属意的是迈门尼德的中世纪理性主义。

问题是,既然不赞同柯亨调和犹太教与理性主义的努力,既然要强调圣经传统对理性主义的限制,为什么施特劳斯不站在理性主义的反面?为什么施特劳斯并没有追随最大限度地拉开与希腊理性主义距离的罗森茨维格、甚至在犹太思想之外的海德格尔?为什么施特劳斯回到的是迈门尼德的中世纪理性主义,而不是站在他的终生挚友肖勒姆支持的反迈门尼德的犹太神秘主义一边[2]?为什么在肖勒姆所指出的两种犹太传统即弥赛亚传统和律法传统之间,施特劳斯很明显选择了律法传统?

很显然,要回答这些问题,必须承认,施特劳斯的视野不止于纯粹的犹太人问题。

相反,当代犹太思想的主流从罗森茨维格、本雅明、列维纳斯

[1] 施特劳斯,〈如何研究中世纪哲学〉,见刘小枫编《经典与解释的张力》,上海三联书店,2003,页309。
[2] 参见 Steven B. Smith, *Reading Leo Strauss: Politics, Philosophy, Judaism*, The University of Chicago Press, 2006, p. 16, p. 43－p. 65 (Gershom Scholem and Leo Strauss)。

以至于德里达等人，倒是有某种刻意拉开与希腊理性主义距离的一致倾向①。甚至在当今中国学界，在处理中西问题时也出现了一种极为类似的潜流——虽然更多是追随海德格尔。与海德格尔相近的是，他们认为，现代理性主义与古典理性主义并无区别，二者皆是西方文明的自我拟构。现代西方的迷思未破，古代西方的迷思又起；何必如此麻烦，屠刀放下，立地成佛，岂不爽快。

考虑到前文提到的施特劳斯对海德格尔的暗讽，他面对类似的困境做出的选择不得不值得我们深思。要完全理解施特劳斯的动因，严格说来需要回到施特劳斯思想的另一个出发点，即"神学—政治问题"②——后文我们会处理这个问题，此处按下不表，不妨先来看施特劳斯对犹太人问题扩展为雅典和耶路撒冷问题的处理方式。为避免头绪纷乱，我将施特劳斯笔下的雅典与耶路撒冷问题简化为三个主要层面的论述：首先，怎样看待雅典和耶路撒冷的对立；其次，雅典与耶路撒冷对立的基本内容为何；再次，雅典与耶路撒冷对立的有效性范围何在。

（一）不可调和、不应调和的对立

施特劳斯关于雅典和耶路撒冷问题最为明确的态度是，他拒绝任何形式对两种文明的综合。施特劳斯认为，西方文明有

---

① Leora Faye Batnitzky, *Leo Strauss and Emmanuel Levinas: Philosophy and the Politics of Revelation*，另见德里达《书写与差异》三联书店，2003，页274："我们是希腊人？还是犹太人？可是谁是'我们'？我们首先是希腊人还是犹太人？"；虽然这本书对施特劳斯的理解有很大问题，但对研究施特劳斯在20世纪犹太思想流变中的轨迹亦有参考价值。

② David Janssens, *Between Athens and Jerusalem: Philosophy, Prophecy, and Politics in Leo Strauss's Early Thought*, p.7−8，Janssens认为，施特劳斯思想有两个起点，犹太人问题与神学—政治问题，同时他也提出了一个疑问，"犹太人问题与神学—政治问题是否是一个问题？前者是不是后者的一个特例？"

两个根基上相互抵触的精神根源:雅典和耶路撒冷。但这并不表明,雅典和耶路撒冷之间的抵触、张力乃至于冲突需要调和。他拒绝在两个传统间游移、滑动、摇摆,在他看来,理性就是理性,启示就是启示,"不管 noein 的所指可能是什么意思,它绝不可能是某种意义上的 pistis"①。混淆理性与启示的区别,设想从古典传统和圣经传统的综合中得出第三条道路,是不可能的,因为,诉诸综合不过是取消另一方的诉求,"每种综合实际上都是某种选择,选择雅典或选择耶路撒冷"②。在他给沃格林的信中,施特劳斯甚至以一种讽刺的口气提到,"综合产生奇迹。黑格尔或科耶夫对古典和圣经传统的综合产生了这样的奇迹:由两种分别看来都是很严格的道德约束产生了一种令人吃惊的松弛的道德"③;与此相反,施特劳斯不止一次提到,雅典和耶路撒冷的对立是西方文明隐秘的活力所在。

在这个层面,施特劳斯与当今犹太哲学家的立场事实上是颇为近似的,施特劳斯同样主张拉开两种文明的距离。当然,如洛文萨尔所言,施特劳斯"对西方文明的两个根源的强化即圣经与希腊哲学超过了几个世纪以来的任何人"④。

(二) 三种意义上的对立:理性与启示;哲学与律法;思与行

值得注意的是,施特劳斯的视角与当今犹太思想的偏离发生在第二个层面,由此渐行渐远。没有人会否认雅典与耶路撒冷的区别首先是理性和启示的区分,但问题在于,对启示

---

① 《信仰与政治哲学——施特劳斯与沃格林通信集》,信 35,页 108。

② 同上,页 112。

③ 施特劳斯/科耶夫,《论僭政》,前揭,页 208。

④ 洛文萨尔,〈施特劳斯在柏拉图式的政治哲学史上的位置〉,见刘小枫编《施特劳斯与古典政治哲学》,上海三联书店 2002,页 660。

的理解有着很大的不同①。施特劳斯的殊异之处在于,他回到迈门尼德对启示问题的理解。施特劳斯在〈如何研究中世纪哲学〉一文中提到,对中世纪的犹太和穆斯林思想家来说,首要的不是信仰,而是律法或者说是"启示性的律法"(revealed law),"宗教是作为一种政治事实进入哲学家的视野的"②。施特劳斯揭示了一个容易被忽视的、或者说被新教化的犹太哲学压抑的一个问题,即启示首先并不是现代意义上的信仰,而是某种能够形成政制的、统摄性的神圣律法,律法构成了宗教共同体的界限。

这样的一步显然是决定性的,施特劳斯因此获得了一个相对不太激烈的立场,即避免为了取悦启示而拒斥理性,或者为张扬理性而取消启示。很显然,对施特劳斯来说,理性与启示的冲突不止是认知层面的问题,它同时也是政治层面、实践层面的问题。必须形成两种平行的视角,同时探索"哲学的律法基础"和"律法的哲学基础"——亦即,哲学是一种生活方式,而律法也是一种认知方式。

因而,施特劳斯偶尔会提到雅典和耶路撒冷对立的第三层含义,即思与行的区别。施特劳斯在〈神学与哲学的相互影响〉一文中曾提道:

> 我想,最终还得凭借人固有的二元结局来理解《圣经》与希腊哲学的冲突,回到行与言、行与思的二元格局,这一格局势必提出何者为先的问题。人们可以说,希腊哲学主

---

① 从某种角度来看,罗森茨维格、列维纳斯甚至包括海德格尔与德里达,也无非是一种对启示的理解。

② 〈如何研究中世纪哲学〉,见刘小枫编《经典与解释的张力》,页317。

张思与言的优先,《圣经》主张行优先。①

　　施特劳斯完全了解思与行、理论与实践这样的问题是极端复杂而又充满陷阱的问题,他随即说道,"这可能失之误解,但请允许我到此为止"。不过,在其他一些时候,他还是会以另一种方式提及这个区分,因为,这个区分是如此的基本,以至于它随时会影响到我们自身的选择。例如,如果我们需要在雅典和耶路撒冷之间做出选择,无论我们如何取舍,事实上只要涉及到取舍、涉及到选择,就牵涉到思与行、聆听和决定的问题。施特劳斯不无冷酷地说道,如果我们希望先聆听,再做决定,那么我们事实上就已经选择了雅典而不是耶路撒冷了②。

(三) 雅典与耶路撒冷对立的有效性范围

　　正如迈尔指出的那样,施特劳斯在 1929 年至 1930 年讲述阿维森纳的《论科学之部分》时读到阿维森纳的一句话:"在柏拉图的《法义》中,已经有对先知说和神的律法的论述",这是施特劳斯转变的一个重要契机。由此,他才逐渐发现,理性与启示、哲学与律法以至于雅典与耶路撒冷的对立并不是启示宗教与希腊哲学发生冲突之后才发生的事,即便在希腊传统内部,也早已有此种对立——若干年后,在《城邦与人》的结束之处,施特劳斯以另一种方式提醒我们注意,在哲学理解的城邦世界之前,有一个古朗士笔下的"前哲学城邦"、一个神意笼罩下的城邦③。

　　从文明论的立场来看,显然这意味着犹太人问题的扬弃,同

---

① 施特劳斯,〈神学与哲学的相互影响〉,见《启示与哲学的政治冲突》,香港道风书社,2001,页 105。

② 施特劳斯,〈雅典与耶路撒冷〉,见《启示与哲学的政治冲突》,页 65。

③ Leo Strauss, *The City and Man*, Chicago: Rand McNally, 1964, p. 240—241.

时也是对最为表面的雅典与耶路撒冷问题的扬弃。如果说施特劳斯讨论希腊内部的启示宗教、柏拉图的虔敬等问题是极为大胆的断言,那么更为令人吃惊的是,施特劳斯甚至还有意识地强调犹太教的理性主义特征,他一再引用《申命记》(4:6)一节来阐明他的观点,"犹太正统教义一开始就把它的高于其他宗教的优越性主张建立在它的更高理性基础之上"①——换言之,施特劳斯毋宁是说,希腊哲学内部就有启示性的律法宗教,而启示宗教内部也有理性主义的滥觞。

这当然不是施特劳斯前述立场的自我消解,恰恰相反,在我看来,这才是施特劳斯主张西方和东方必须回到各自的"本己的至深根源"的真正意旨所在。因为,如果雅典和耶路撒冷的对立具有某种自然的有效性,那么,站在历史角度来看,即便他们未曾实际遭遇,各自传统内部也同样会存在着这种对立。换言之,如果两种立场同时是真正普世有效的,那么它们必然相互渗透。在我看来,为什么当代思想总是徘徊在肤浅的普世主义和肤浅的地方主义之间,为什么20世纪思想总是在犹太与希腊之间游移不定,为什么中国学界产生了急于用东方思想拯救西方的潜流,都可以归结为对这种复杂文明关联的忽略——由此,产生了一个真正的任务:在拉开东西方间距的同时,在西方内部发现东方、在东方内部发现西方。

——把弓拉开,真正的世界历史问题开始了。

二、古与今,常与变

《城邦与人》开篇首句是这样的:"我们之所以带着热情、意

---

① 转引自格林,〈现代犹太思想流变中的施特劳斯〉,见《施特劳斯与古典政治哲学》,页105。

趣以及强烈的意愿回到古典政治思想,既不是因为一种忘却自我的好古主义,也不是因为一种自我陶醉的浪漫主义。只是由于我们这个时代的危机、西方的危机,我们才被迫回到古典。"①

事实上,相较于文明论问题,施特劳斯回归古典的动机和步伐或者要清晰得多。至少就《自然权利与历史》这部施特劳斯最为显白的著述而言,古今问题的立场表述得异常明确。唯一需要说明是,我们如何判断施特劳斯的回归步伐,或者说,施特劳斯式的"复古"究竟意味着什么? 它是否是现代意义上的保守主义? 古典和保守是否可以等同?

马恺之认为,施特劳斯是一种"创造性的保守主义"。② 我部分地同意他的判断,原因在于,施特劳斯与旧保守主义的确存在着极为显著的区别。按照曼海姆的看法,老式的保守主义最为重要的标志是,对自然权利学说的批判以及对历史传统的忠诚。也就是说,保守主义者往往重视历史传统,而自然这个词汇对于老式保守主义来说却经常是个极为敏感的贬义词。可是,我们知道,施特劳斯最为重要的贡献就是对现代历史主义的批评,他的柏拉图式的政治哲学主张永恒的或者说超历史的真理学说——《自然权利与历史》的最后一节落实于对现代保守主义最核心的代表人物伯克的批评,显然并不是没有深意的闲笔。沃格林曾经在一封信中透露,施特劳斯其实是对保守主义笔下留情了,沃格林不无讽刺地说道,"为了给予保守主义者以安慰,施特劳斯没有尽到他的本分"③。有趣的是,老派的美国旧保守

① *The City and Man*, p. 1.
② 马恺之,〈中国的施特劳斯思想旨趣〉,《中国图书评论》,2008 年 10 期,页 76。
③ Barry Cooper, Eric Voegelin and the foundations of modern political science, p. 129,转引自〈施特劳斯、肯德尔以及保守主义的含义〉,《跨文化对话》23 辑,江苏人民出版社,页 122,据英文本有所改正。

主义的阵营对施特劳斯同样相当不满，他们的传统刊物《人文》曾编发了一组文章，以批评施特劳斯及其学派，与其划清界限。撇开旧保守主义那些醋意十足、罔顾文本、学理不通的批评不论，施特劳斯究竟在何种意义上是个保守主义者，的确是个棘手的问题。

　　施特劳斯法文传记的作者 Daniel Tanguay 认为，施特劳斯对保守主义大体只有部分的忠实，而且要往往依情况而定（circumstantial），这不应当被误解，只能说施特劳斯的基本立场是克制的，"没有任何迹象表明，施特劳斯是那种无条件忠实于过去和传统的极端保守主义者"①。施特劳斯的弟子潘戈认为，只是从实际的影响效果来看，施特劳斯才属于保守主义之列②。施特劳斯本人在《古今自由主义》的序言里则明确指出，古典政治哲学"不能仅仅是保守的，因为它的指导意识是，人所追求的是自然的善，而不是祖先或传统的善"③。

　　鉴于施特劳斯在自然与历史的对立上完全导向了自然一边，我们其实不难理解旧保守主义对施特劳斯的责难。旧保守主义一反左翼对施特劳斯精英主义的指责，干脆认为施特劳斯骨子里是一种新雅各宾主义、一种自由民主式的雅各宾主义④，从他们的立场来看，施特劳斯非但是自由民主制的朋友，简直可

① Daniel Tanguay, *Leo Strauss: An Intellectual Biography*, translated by Christopher Nadon, New Haven, Yale University Press, 2007, p. 86.
② Pangle, *Leo Strauss An Introduction*, The Johns Hopkins University Press, 2006, p. 83.
③ Leo Strauss, *Liberalism ancient and modern*, University Of Chicago Press 1995, p. 267.
④ 其代表人物为 Paul Gottfried 与 Claes G. Ryn，参见 *The Paleoconservatives: New Voices of the Old Right* 以及 Ryn 的著作 *America the Virtuous: The Crisis of Democracy and the Quest for Empire*.

以算作美国在全球推行自由民主制的幕后推手。在这些责难中，除了那些明显的意气之争外，有一点需要辨明。旧保守主义似乎重述了伯克对法国大革命的批评，在他们看来，"在施特劳斯反历史主义的、抽象的自然权利观念与新雅各宾派对其所认为的普适原则的爱好之间"存在"清晰的关联"[①]。

应该承认，旧保守主义在某些方面比头脑混乱的自由派要敏锐得多。施特劳斯是否是一个正统意义上的保守主义，并不重要，但问题在于，如果施特劳斯不能避免古典自然权利理论与现实的实践之间的直接联系，他终将遇到类似的责难：施特劳斯是否延续了魏玛德国"保守主义革命"的思路？他是否以保守之名，行革命之实？——当然，施特劳斯并非没有看到这里的难题，对此，他曾经意味深长地反诘道："保守主义，究竟是实践的审慎原则，还是理论的神圣律法？"[②]

要真正理解施特劳斯的思路，我们还是得更深地卷入到古今之争问题中去，仅仅诉诸古典自然正当与现代自然权利的区分，还是太单薄了，不足以体察施特劳斯的根本关怀。在我看来，古今之争在施特劳斯那里，除了古典自然正当与现代自然权利的区分这样经典的表述之外，至少还有以下三种表述形式：

(1) 智慧与节制的分离、以及勇敢德行的上升
(2) 雅典与耶路撒冷之间对立的消解
(3) 理论与实践的混淆

---

① 哈弗斯，〈施特劳斯、肯德尔以及保守主义的含义〉，前揭，124 页。
② Leo strauss, *Jewish Philosophy and the Crisis of Modernity*, State University of New York Press, 1997, p. 166；施特劳斯此处留下的疑问后来在曼斯菲尔德那里得到了更为鲜明的阐述。参见韩潮，〈两种保守概念〉，《思想史研究》第七期，《五四运动与现代中国》。

　　我们可以将包含古今自然权利学说在内的以上四种观点区分为灵魂(德性)层面、政治(正义)层面、政治与哲学的关系层面、以及哲学与神学的关系层面,古今之争的各个面相依此展开①。在此,我并不想一一重述施特劳斯的所有论点。需要指出的只是,在这四种观点中,始终贯彻着一个原则,即审慎和克制。

　　当施特劳斯指出,"抛弃沉思的理想导致了智慧特性的根本改变:在马基雅维利那里,智慧和节制失去了必然联系"②,他毋宁是警示我们,智慧不可跃出沉思的、理论的界限,一旦如此,智慧就偏离了它与节制的关联,滑向了一种鲁莽、僭妄、肆无忌惮的现代理性主义;而当施特劳斯指出,"现代性的黑暗始于 17 世纪直至今日,如果我没有全部说错的话,它的根本意图就是要混淆理论和实践的不同,这种混淆会导致实践被简化为理论(这就是所谓的理性主义的含义),随后,作为报复,理论会在一种实践的名义下被抛弃,而这种实践却再也不能按照实践来理解了"③,他的态度毋宁是说,如果现代性的错误在于将理论无限制地运用于实践,那么今天把现代理论置换为古典理论(哪怕它在理论上是正确的),再次无节制地运用于实践,遵循的也还是现代性的逻辑;同样,当施特劳斯指出,"雅典与耶路撒冷之间的深刻对立,以及想要改变这种关系的企图"是现代哲学的隐秘起点,"古今之争的本质在于,前者认为哲学不能驳倒启示,后者认为哲学可

---

① 其他类型的表述在施特劳斯那里并非没有,例如机运与质料的克服、自然目的论的消解、道德与政治关系的颠倒等等,但这些表述或者并不是施特劳斯独有的观点,或者可以转化为上述四种观点之一,因此,恕不赘述。

② 《信仰与政治哲学——施特劳斯与沃格林通信集》,华东师范大学出版社,2007,页 79。

③ 同上,信 28,页 93。

以驳倒启示"①,他毋宁是提醒我们,古典理性主义仍然有其限度,如果它不想自我消解,就必须保持它一贯的谦逊和克制,承认它自身的限度。

在《城邦与人》中,施特劳斯有过一句极为谦逊克制的表述:"回归古典政治哲学既是必要的,也是尝试性的或者说试验性的(tentative or experimental)。"② 很显然,如果克制和审慎是保守的基本要素,那么施特劳斯便可以算作一个保守主义者;如果遵循古代世界的一切法则是保守主义的基本立场,那么施特劳斯便不是一个保守主义者。施特劳斯从没有丧失清明的理智——把柏拉图的理想国(city in speech)搬到现代社会的现实政治中来,这不是施特劳斯,这是疯子和傻子,或者,毋宁是疯子和傻子强加于施特劳斯的污名。古典重温是必要的,但这并不表明,把柏拉图哲学运用到现代社会的政治实践是必要的。事实上,更严格地说,施特劳斯重温的并不是纯粹的理论,也不是纯粹的政治史实践,而是理论和实践在古典世界中的分离和对立。所谓"柏拉图式的政治哲学",首先谨守的是理论和实践、可欲和可行、高贵和紧迫的分立——这是古典政治哲学的第一要义。

施特劳斯在《斯宾诺莎宗教批判》的英译本前言中曾比较了柯亨与斯宾诺莎对待传统的态度,其间留下了一段殊为精彩的话,或者可以说明施特劳斯式的保守和忠诚——"在活生生的传统中,新并不是旧的反面,而是它的深化"③……"对传

---

① Heinrich Meier, *Leo Strauss And The Theologico-political Problem*, Cambridge University Press, 2006, p. 5.
② CM 11;另见 Pangle, Leo Strauss An Introduction p. 68; *The Cambridge Companion to Leo Strauss*, edited by Steven B. Smith, Cambridge University Press, p. 5。
③ 施特劳斯,《〈斯宾诺莎宗教批判〉英译本导言》,见贺照田主编,《西方现代性的曲折与展开》,263 页。

统的真正忠诚不在于简单保留传统,而在于延续传统。作为对一种活生生的因此也是变动不居的传统的忠诚:他要求人们区分活着的与死去的,火焰与灰烬,金子与糟糠。冷酷的斯宾诺莎只看到了灰烬,没有看到火焰;只看到了糟糠,而没有看到金子"①。

三、天人,知行

最后,我想简单谈谈对施特劳斯最为核心的"神学政治问题"的理解。不过,我更愿意换一个角度审视它,我并不想把"神学政治问题"仅仅当作政治思想来对待,如果可能,不妨稍稍退远一些,从哲学或者说形而上学的角度来看,施特劳斯的"神学政治问题"究竟意味着什么?

显然,我希望讨论的是,作为哲学家而不是作为纯粹的政治哲学家身份的施特劳斯。施特劳斯自己说,哲学家发现了自然。某种意义上的确可以认为,如果对自然问题(以及由此延伸出的存在问题)缺少反思,并不能算作一个严格意义上的哲学家。但这也不尽然,维柯就是自然哲学的反对者,他曾有过一句名言,"人只能认识他创造的东西",他还曾说过,哲学家的问题在于,他们只是从物理的自然界去领会神的意旨,他们没能了解神的真正的更为宏大的意旨其实是在民族的伦常习俗之中——这句话庶几可以视作施特劳斯"神学政治问题"的另一种表达。

对维柯来说,哲学属于神意的秩序,哲学家的发现是对神意在礼俗和律法中的秩序的发现,而哲学家的怀疑主义在他看来,

---

① 施特劳斯,《斯宾诺莎宗教批判》英译本导言》,前揭,263 页。

只是文明衰败时期的某种"反思的野蛮"（barbarism of reflection）。在维柯那里，除非通过礼俗的精神，否则哲学的发现将无从谈起。维柯对纯粹哲学的贬低，近乎于说，唯有历史哲学或政治哲学才是真正的哲学。施特劳斯在《思索马基雅维利》中也有过类似的追问，他曾刻意追究过马基雅维利的身份：马基雅维利究竟是一个只通晓人类事务的政治思想家？还是以某种方式对"一切自然事物"拥有知识的人？[1]　如果说，政治事务或者说人类事务，是理解一切事物的关键[2]，那么，一切关于自然的知识，是否都必须在政治层面得到审视？

《城邦与人》的最后一句施特劳斯说道，"quid sit deus[什么是神？]，这是伴随哲学的最为重要的问题，但哲学家往往没有给出答案"。[3]　伯纳德特在他对施特劳斯《城邦与人》的评论中曾专门分析过这句话的意旨，他指出，施特劳斯的确远离哲学对城邦的理解而诉诸对城邦的常识化理解，但最为常识化的城邦理解恰恰也是最具"形而上学"性的问题[4]，因为施特劳斯发现了，普通公民的常识的习俗意见与神圣之间存在某种深刻的关联——在他看来，这甚至也是施特劳斯式的隐微书写要旨所在，"唯有事物表面的问题，才是事物的核心"，对应的恰恰是对常识和习俗的神圣化理解。

事实上，我们不妨把施特劳斯的"神学政治问题"首先视作，在最高远的神意与最切近的日常性之间建立关联的努力。施特劳斯当然认可哲学对自然的发现，而且他也承认，自然的发现必

---

① 施特劳斯，《思索马基雅维利》，申彤译，译林出版社，2005，页14。
② 同上，页15。
③ Leo Strauss, *City and man*, p. 241.
④ Seth Benardete, "Leo Strauss' 'The City and Man'", *American Political Science Reviewer* 8 (1978): 1.

定伴随着对习俗的怀疑,但同时,他指出了哲学家所发现的自然秩序的局限性,"按照古典政治哲学的看法,最佳政治秩序的建立必然依赖于不可控制、难以把握的命运或机运(chance)",而"对无从把握的机运的认识,正对应着对难以究竟的天意(providence)的认识"①。出于对自然的发现,哲学贬低了日常世界和习俗的世界,但这个无常的、被机运所控制的日常世界,其实恰恰就是不可测度的神意在习俗中的体现。这里有雅典和耶路撒冷的平衡。

而施特劳斯无异于说,此即天性的恒定与天命的无常。

古典哲学的基本看法是,对天性的认识并不意味着行动上对天命的克服。施特劳斯更新了受现代意识戕害的心灵对于自然与习俗、认知与行动、理论与实践的理解,他很可能是西方思想史上最为强调自然与习俗、认知与行动、理论与实践分立的思想家,但是他之所以如此强调两个层面的分立,并不是为了证明西方文明的天人殊途,而是为了指出,过于轻率地认可某种统一性或合题的存在,既损害了思、也损害了行;既损害了理论、也损害了实践;既损害了哲学、也损害了政治。在这种分立背后,有着某种至深的根源——天性与天命的不一。

凭此,施特劳斯称得上一个真正的哲学家。

最后,或许还要对那些没有耐心的人说上两句。恐怕他们还是急着要问,施特劳斯到底是什么政治主张?——我的回答是,施特劳斯唯一的政治立场就是,警惕你的政治立场——这原是施特劳斯揭示的政治本相,并非哲学对政治的委曲申辩。

① 施特劳斯,〈现代性的三次浪潮〉,丁耘译,见贺照田主编,《西方现代性的曲折与展开》,前揭,页88、89。

附　　录

通识教育——通俗化还是教化

施志高

我国大学推行通识教育的必要性和迫切性,关心大学教育品质的人士已经具有共识。通识教育的基本(而非全部)内容是讲读古代经典作品,这与通识教育所要达成的品德"教养"这一目的相关。刘小枫选编的长达近千页的《古典诗文绎读·西学卷·古代编》①前不久面世,体现了我国学界有识之士推进通识教育的努力。当笔者读到高峰枫的评论文〈通识教育读本之"欠通"〉②,却看到一股莫名的不满情绪,让人觉得多言夸严以得人情,意必固我贤者为羞。

高文以学术姿态评学术书,一上来却说,《绎读》编者"掷出的是一枚重磅炸弹",出言便夸诞。如果高文接下来说的言之成理,言辞欠严肃也可以在所不计。高文随之断言:《绎读》"在很多方面都未达"通识教育基础读本的要求,首要"缺陷"是"门户之见太深"。由于《绎读》选了太多施特劳斯派的文章,"《绎读》都不太像一套通识教育读本"。高文把施特劳斯的学问比作"窄

---

① 《古典诗文绎读·西学卷·古代编》华夏版出版社,2008,上下册;以下简称《绎读》。
② 〈通识教育读本之"欠通"〉,《东方早报》,2008 年 12 月 6 日。

门",所谓"窄门"指的是"某一种学说或者教义",高文认为,搞通识教育不能"灌输""某一种学说或者教义"。高文作者还不知道,施特劳斯不仅没有、而且恰恰反对"学说或者教义",说《绎读》用施特劳斯这道"窄门""灌输""某一种学说或者教义",恰恰欠妥。美国的名牌大学最早推行通识教育,做得也最成熟,施特劳斯并非通识教育的首倡者,但的确是唯一的一位大力提倡通识教育(或称"自由教育")的思想大家。他的一些优秀学生身体力行,长期在通识教育第一线从事教学,为通识教育写了不少绎读经典的文章。高文以选了太多施特劳斯派的文章为由判《绎读》为"不太像一套通识教育读本",理由反倒欠通。

高文说,《绎读》"骨子里却是一套《施特劳斯派解经汇编》"。这话刚好说反了,因为《绎读》表面上就是;要说《绎读》有什么不足,在笔者看来,恐怕首先在于"骨子里"还不全是。如果高文的意思是,"通识读本"应该"海纳"西方学界各家各派的经典解读,那么,高文作者所理解的"通"就值得商榷。"通识教育"是一种教育理念,有的学派虽解读经典,却并非为了通识教育,有的学派解读经典,目的纯粹是为了解构经典,《绎读》没有"海纳"这样的解读,完全正确。施特劳斯及其好学生在美国大学推行通识教育最卖力,主张依从古人来理解古人,首先因为,"通识教育"具体且明确针对大学教育的通俗化取向。如果《绎读》真的成了《施特劳斯派解经汇编》,反倒是在努力达成"通识教育"的教养目的。

施特劳斯关于"自由教育"的文章①早已经有中译,如果高文作者读过的话,他把施特劳斯比作"窄门"恰好表明自己可能对自由教育有"门户之见"。高文自以为是地凭自己的"窄门"之

---

① 见《经典与解释6:古典传统与自由教育》,华夏出版社,2006。

见进一步断言,《绎读》的第二大"缺陷"是"选编尺度不明"。据高文说,"编者必须广读文献,别具只眼",从"无量数的材料中"选出精萃。这样的说法似是而非,并没有说清楚具体的"编选尺度",仅"只眼"两字看起来比较具体。既然高文认为,"《绎读》的目录无异于施派成员的'封神榜'",为什么施特劳斯派的经典解读就不能算"只眼",而是"门户之见"? 谁的"只眼"不是"门户之见",高文也没有说,单单对施派的不满情绪溢于言表。在笔者看来,《绎读》编者不指望自己"别具只眼",选文依循做通识教育卓有成效的学界前辈,尽量汇集施特劳斯派解读经典的出色之作,反倒是慎重而且稳妥的做法。高文作者似乎熟悉施特劳斯派的经典解读,说"即使在施特劳斯派讨论荷马史诗的著作中"也有比《绎读》所选的更好的"A+的论文",这倒像是在提供积极的建议,但高文却吝啬地不举出具体篇名供我们比较一下,仅仅在挖苦《绎读》编者上做文章。

　　高文指《绎读》的第三大"缺陷"是"学术规范不讲",种种说法也颇似是而非。比如,高文指责《绎读》选文"或失之于过于专业,或失之于不够专业",这话恰恰说得不专业,因为即便选文如此,也不应该叫"学术规范不讲"。相反,文本细节"需要立即关注",不仅是施特劳斯派提倡的阅读经典的重要要求,也是比如解构派主张的阅读经典的重要要求,因此可以说是经典教学的学术规范,高文反倒不以为然。《绎读》中的《〈忏悔录〉的象征结构》一文伊始,便明白交代前代学者的研究,高文却指责该文对"'前人之已发'似乎还未完全掌握",因此"不够专业",无意中在拿自己开"学术规范不讲"的玩笑。该文从《忏悔录》的象征结构入手,条分缕析,梳理全书,高文却又指责这篇文章不去"发前人所未发",因此"不够专业",但反过来又说另一篇文章细究文本的拉丁文细节是"过于专业"。凡此说法表明,高文所谓的"专

业"让人觉得不知究竟指什么。如果高文了解"通识教育"这个
"专业",至少会懂得,理解"前人之已发"、尤其力图理解古典作
家本人之所发,比"发前人之未发"更重要、甚至更困难。"发前
人之未发"是现代学术风气的口头禅,与如今文科所要求的"学
术创新"别无二致,对学生来说不仅是"强人所难",而且恰恰是
学风败坏之源。

在接下来的评说中,高文越发显得自以为是。《绎读》并非
全是翻译西人学者的解读,其中有出自四位中国学者的解读文
章,虽为数不多,也许透露出《绎读》编者的如下"意图":中国学
人当逐渐尝试自己的西方经典解读,至少这个方向值得努力。
对此高文不仅没有鼓励,反倒想方设法挖苦。比如,高文说《绎
读》编者亲撰的文章把《奥德赛》这个书名无一例外都写成《奥德
修斯》,是因为"作者忽略了一个基本事实",《奥德赛》并非"奥德
修斯";倘若真的如此,就应该说是个大错,高文却说"错误本身
不大"。此文原刊《中国图书评论》(2007 年 9 期),其中《奥德赛》
这一中文书名无一例外都写成《奥德赛》,高文作者向来严谨,自
己明明事先查考过,却偏偏这样子说,似乎纯粹在拿编辑过程中
的失误寻开心。高文还故意说,想不通"出错竟会如此整齐划
一",为的不是拿电脑操作失误开玩笑,而是借机又把施特劳斯
拿来挖苦一通:"或者真得了什么秘传(esoteric teaching)不成?"

高文用了相当的笔墨评说《绎读》编者亲撰的《哲人王俄狄
甫斯》一文,与此相应的是相当别具匠心。明明看到该文开篇第
一条注释已经注明伯纳德特的《索福克勒斯的俄狄甫斯王》①
的启发,高文却以学术打假的口吻说,该文"不少的感悟似乎来

---

① 伯纳德特,《索福克勒斯的俄狄甫斯王》,广汉译文,见《经典与解释 19:索福克
勒斯与雅典启蒙》,华夏出版社,2007。

自伯纳德特"的一篇文章中关于"三岔口"和"分岔口"的分别,把作者的"我"修辞与高文自以为属于伯纳德特"只此一家、别无分号"的解读(是否真的"只此一家",尚有待高文作者自己去查证落实)连在一起,然后凭自己"别具只眼"的如此发现来"涵盖"全文,说作者"抓住"这一分别"层层分析,甚至进而讨论王权和宗法的关系",似乎整个照搬伯纳德特的文章。即便心思带有偏颇的读者都能看到,作者的"我"修辞与"三岔口"无关,而且该文着力于对索福克勒斯剧作的整体结构加以细致疏解,深入探究俄狄甫斯的"哲人王"身份问题,并没有谈什么王权和宗法的关系。高文刻意绕着弯子挖苦,已非有失厚道,亦非有失偏颇,而是比周宾正,以求尊誉。

高文的大肆挖苦让我们倒是得以看清他对通识教育的理解。高文说,《哲人王俄狄甫斯》快要结尾时"文字便变得黏稠晦涩起来了",然后引了文中一个长句挖苦说,"通识教育读本若充满太多这样读不通的句子,不仅起不到发蒙(méng)的作用,反倒会让年轻学生发蒙(mēng)"。原来,高文作者以为的"通识"教育就是"通俗"教育,所谓《绎读》"欠通",意思是欠"通俗";通识教育不是关乎教养,而是让学生"发蒙(méng)"。高文作者其实知道,所谓"读不通的句子"往往因人而异,换一个人会觉得,话说得过于"通"了。

如今的确有不少人还以为"通识"教育就是"通俗"教育,但像高文这样不仅如此认为还如此自以为是的,实在罕见。既然如此,高文把施特劳斯的通识教育观视为"窄门",也就不奇怪了。令人费解的是,高文通篇显得对施特劳斯派的通识教育非常反感。稍微留意学界动态的人都可以看到,一些人对刘小枫教授主编的"经典与解释"进展迅猛表示不满,但进展迅猛显然不是引起不满情绪的原因,勿宁说,由于反感施特劳斯才会反感

"经典与解释"进展迅猛,因为,"经典与解释"明显是在响应施特劳斯提倡的师古学风。如果谁认为这是好事,对进展迅猛只会由衷地高兴。不满文章并非独此一见,但一直不清楚的是,对施特劳斯的不满由何而来,为什么不满,因为这类文章有个共同特色,对施特劳斯提倡的师古学风在我国大学渐成风气不满,但又不直说,言辞似是而非,声东击西,专拣细小"学术硬伤"以示自己很学术、很公允。出现翻译或编辑方面的失误,不等于"学术规范不讲",与通识教育欠通俗更不相干,这是个"简单得不能再简单的"道理。只要有学术翻译,就难免"硬伤",心地纯正、笃厚的读者向来体知编译工作的繁难。纵有不同所见,认真切磋论难,诚心帮忙勘误,而非在言辞刻薄上下功夫,方见出对学问的真正热忱和心思端正。

　　高文比其他类似文章有教养的地方在于,并不掩饰自己对施特劳斯提倡的学风的强烈反感。在提到施特劳斯及其弟子时,高文使用的"学术"修辞是"披挂上阵"、"闪亮登场"、"封神榜",而且开篇就说:"《绎读》的编者近年来大张旗鼓地引进施特劳斯的思想,策划并实施了施特劳斯派著作在华的全面'空降'。"这话听起来简直莫名其妙,学界人士都看到,后现代派的译著早就在华铺天盖地,轻蔑过施特劳斯的伯林教授的书已经差不多全译成了中文,对施特劳斯学派吐过口水的斯金纳教授的大著甚至享有重译的厚待,却未见有谁出来惊呼后现代派搞"轰炸"或伯林、斯金纳在华全面"空降"。德鲁里教授以揭发施特劳斯政治不正确为己任,她的新书的中译本两年前已经"披挂上阵",未见眼尖的高文作者去数一数书中出现了多少翻译"硬伤"。高文居然说,"华夏出版社近年来翻译出版了大量书刊,仿佛空投集束炸弹一样,密集轰炸了中国的西方古典学研究领域"。这话说得实在不讲道理,如果翻译出版大量西方古典学书刊不是在为这个领域添砖加瓦,而是实施"密集轰炸","汉译世界学术名著"岂不早已经把中国的西方学术研究炸得人仰马翻了!

反感施特劳斯提倡的学风不是问题,有不满情绪也没问题,问题在于,有不满情绪没必要玩擅言矫辞。如果反感师古学风的话,严肃的学者会直接找施特劳斯在思想和学理上讲理,甚至也可以翻译大量书刊"空投集束炸弹""密集轰炸"施特劳斯"学派";高文作者外语功夫好,完全有能力不辞劳苦"策划并实施"。解构主义学人也解读西方经典,翻译解构派著作的中译者值得感谢而且敬重,他们的辛苦使得不识外文的读者有机会找他们讲理——高文作者如果对施特劳斯的学术真的了解,要是能给我们讲清楚为什么反感这一学术方向才算严肃,读者也会心存感激。

即便在通俗文化盛行的时代,学术批评也不应该变得卑论侪俗。通俗文化不仅要求通俗,甚至寻求似是而非,但学术不应该"通[同]俗";学术批评如果上了早报或者晚报,恰恰需要更注意严肃认真地维护学术风气的良好教养,不应该执空文以调民,以尖酸刻薄为能事,比如"让人哈欠连天的催眠药"、"自己的胃酸不够"等等。高文行文欠严肃一贯到底,最后甚至说:"下卷中有相当多的译文节选自华夏出版社 2009 年即将出版的新书。"高文作者怎么知道还没有出版的新书的具体内容?《绎读》从已刊的《经典与解释》丛刊中可挪用的译文不在少数,为什么没有挪用?高文所谓"相当多"的说法看来是下笔走神,不过,"编选的尺度大可斟酌,但营销战略却无懈可击"的说法就不是笔误,而是通俗文化式的哗众。

如果通俗教育在大学文科已经制度化,如果后现代学术已经占据大学,采用"轰炸"和"空降"手段推行通识教育未尝不妥。

笔者下笔此文,绝非意在与市文斗恶,见人不正,虽贵不敬,而是希翼"经典与解释"的编译者们做自己认定值得做的事情,无需理会自矜不学之辞。你们在学界开枳棘,靖噬毒,纵受累辱而无愧,"人不知而不愠,不亦君子乎"。

上海《社会科学报》2009 年 1 月 15 日

斯言之玷

——审视一个中国的施特劳斯门人

徐 戬

近几年来,大学校园渐起阅读古代经典学风,大学素质教育
纳入制度化基础课程的步伐也在加快。与这种学风和步伐相
伴,刘小枫主持的"经典与解释"丛书和辑刊五年多来出版一百
多种,子系列已规划出"柏拉图注疏集"、"色诺芬注疏集"、"卢梭
注疏集"、"莱辛注疏集"、"尼采注疏集"、"希伯来圣经历代注疏"
等,重新奠定我国文教基础的大型工程已见雏形,受到学界多方
好评。因此,当读到《世界哲学》2008 年 1 期上刊出的白彤东署
名文章,马上就引起我的关注。

白文题为"走向毁灭经典哲学之路?",全文不带一点儿学术
文章的枯乏,咄咄逼人,充满火药味,对"经典与解释"丛书鞭而
挞之。作为学术文章,其"提要"这样概括道:"本文试图指出当
下中国一些'哄抬'施特劳斯主义的学者的偏差,也希望他们对
施特劳斯主义与经典与古代哲学的捧场不导致这些哲学传统的
毁灭。"《世界哲学》是中国社科院哲学所机关刊物之一、国家核
心期刊,代表国家哲学研究所的西学水平,这样的学刊上发表的
文章不仅不可能没有扎实的学术水平,肯定还有合理有据的哲
学见解。因此,当看到白文要我们警觉当下中国学界有人在"哄

抬"一种"主义",给这种主义"与经典与古代哲学""捧场",甚至
警告有人要"毁灭"古典哲学传统,我们当然应该警觉起来。

　　文章作者一开始就特别表明,自己是施特劳斯的学生罗森
的学生,还提到自己为中国学界的施特劳斯热曾经作出过贡献。
这就表明,他的担忧和警告绝非出自对施特劳斯学派有什么不
满,反而是要保护古典学风不至被败坏。所以,文章作者说,当
他得知施特劳斯倡导的古典学风在中国一下子很"热",心里不
禁"咯噔"一下,仔细一看,"在一些领潮者的兴风作浪下,译书以
丛书、系列的形式铺天盖地地泄了出来",推动者原来是"八九十
年代的文化掮客",十足的投机家——基督徒、"偶在论"者把施
特劳斯这面旗子举在手中明显是咄咄怪事。文章作者并不讳
言,他说的"文化掮客"就是刘小枫,正是此人自八九十年代以来
在学界"投机"长达 20 余年之久。作者还坦言,"我写这篇小文
只是想给大家提个醒",老"文化掮客"如今又在以"西方传统:经
典与解释"丛书"兴风作浪",必须义正辞严地鞭挞。最后,作者
从哲学上总结道:这类情形在"历史上见多了","无能的'好人'
常常比坏人还危险"。

　　读过这篇文章的读者不免真地疑心起来:说不定刘小枫就
是个居心叵测的"文化掮客","比坏人还危险",因为,他多年来
倡导施特劳斯所倡导的古典学风,如今竟然有施特劳斯门人亲
自出来澄清。我们当然应该相信施特劳斯门人的话,而不是刘
小枫写的和做的。尽管文章没有清楚交代,刘小枫究竟出于什
么用心要干这种缺德事——中国的施特劳斯门人这一身份本身
就是强有力的学术证明。因此,不论刘小枫出于什么目的,想通
过大搞经典与解释来"毁灭"古典哲学传统,都确乎值得我们
警惕。

　　对我国的"施特劳斯热"报以冷嘲热讽的文章并不鲜见,但

施特劳斯的中国门人亲自出面正本清源,还是头回见到。去年,我在香港一家杂志的网站上看到,有个香港学人说自己是芝大克罗波西(Cropsey)教授的学生,还特别强调自己是中国唯一的"嫡传"施派门人。现在,我们又多了一个"嫡传"的中国门人出来说话:美国波士顿大学毕业的白彤东博士。

那位香港的施特劳斯中国门人给我的感觉是,他仅仅声称自己才是"唯一"的中国"嫡传",虽然带有一些莫名奇妙的得意,对中国学界出现施特劳斯热倒也显得乐见其成。《世界哲学》上这篇文章的作者姿态高得多:他在显露自己是施派门人的同时大声疾呼,要对施派保持高度警惕,不仅仅是一味自我标榜。

文章作者谈起了什么是施派学风,这正是我最想从中国的施特劳斯门人那里得知的东西。白文首先现身说法,举例说到施特劳斯派如何细读经典。我知道,施特劳斯倡导的古典学风首先讲究慢读细读经典,因此,当看到文章作者说,他在美国大学教"本科生公选的哲学入门课",专讲柏拉图《王制》,一个学期下来才讲了"150页左右"(英译本),我一点不感到惊讶。作者说他的讲解速度差点把也是施特劳斯门人的系主任"吓死",因为这位系主任一学期才讲50页笛卡尔《方法谈》,可见,系主任觉得白博士讲得太快,还没有充分掌握经典讲授之道。我觉得费解的是,如果讲得快的会把讲得慢的"吓死",那么,白博士和他的系主任双双都会把刘小枫"吓死"——我有个本科同学几年前去了广州,一直旁听刘小枫的课,他告诉我:刘小枫五年前讲柏拉图《会饮》(John M. Cooper主编全集版,共49页),两个学期下来没讲完;四年前讲《斐德若》(Cooper主编全集版,共50页),一个学期下来才讲三分之一。既然白博士知道刘小枫是个老"文化掮客",那么这些底细想必他也明了,因此,白博士现身说法的意思就不大可能是讲得快的会把讲得慢的"吓死"。这就不免让人疑

惑,白博士的意思会不会是认为读经典要慢且细没什么了不起,
只不过不便明言罢了?

　　白博士接下来的说法似乎在证实我的疑惑,因为白文说,
"对经典的用心并不是施特劳斯学派特有的东西,我们中国古人
的注疏传统也讲这个"。据我所知,施特劳斯从未说过"对经典
的用心"是自己特有的,反而经常说这是古已有之,一再提醒当
今学人,这一古老传统"被遗忘了",真正的施特劳斯门人不会不
知道这一点。如果白博士真的了解施特劳斯学派,他就不可能
这样说,既然这样说了,那么他是在打施特劳斯学派的耳光还是
打自己的耳光?

　　结论是,白博士在打施特劳斯学派的耳光,因为,白文继续
说道,美国的施派弟子"认真翻译了一些经典",算做了"一件好
事",但紧接着又说,"有的人翻译得还是很不认真","有的人不
管出于什么用心翻译的东西晦涩得根本不是英语,并且'忠实
地'硬翻原文"。幸好我读过施特劳斯及门弟子布鲁姆为自己翻
译的《王制》写的前言,[1] 不然的话,我不会知道这话是在"影
射"布鲁姆教授,因为布鲁姆在自己的《王制》译序中明确主张
"硬翻原文",他译的《王制》确乎等于"硬翻原文"。但布鲁姆如
此翻译,恰恰是他老师教的:"翻译一部哲学书所能得到的最高
奖赏,莫过于说它完全忠于原文,也即彻头彻尾照本宣科。"[2]
假若白博士读过施特劳斯这篇文章,就可以肯定他说这话是在
故意攻击施特劳斯本人。

　　读到这里我禁不住产生一个念头,白文要揪出的真正"兴风
作浪"的"文化掮客"会不会是施特劳斯?!

---

[1]　汉译见萌萌编,《理性与启示》第一辑,中国社会科学出版社,2005。
[2]　施特劳斯,〈如何着手研究中世纪哲学〉,见刘小枫主编《经典与解释》第一辑,
　　　上海三联书店,2002,页314。

　　白博士接下来的说法让我被迫得出肯定答案。在斥责有人"硬翻原文"的同一个句子里，白博士还说，"有的人硬把自己的'微言大义'塞到古人嘴里去"；如此说法非常费解，我实在想象不出，一个家伙怎样"硬翻原文"同时又往原文嘴里塞"自己的'微言大义'"。按常识来讲，"硬翻原文"没可能"硬把自己的'微言大义'塞到古人嘴里去"，唯有通过疏解才可能塞进去。我估计是白博士行文疏忽，把后面这句话放错了位置，"有的人硬把自己的……"当属于白博士随后"要再次强调一下"时说的，"施特劳斯学派的学术倾向同样有导致曲解古人的东西，他们的译本只是一般来讲要好些"。我不怀疑白博士判别译本的水平，不然谁敢如此张狂说这种话？我相信他这样说一定有自己的道理。问题是，既然白博士断言施特劳斯学派"有导致曲解古人的东西"这样的"学术倾向"，而这种倾向只会来自这个学派的宗师，那么，白文的意图难道不是要揭露施特劳斯本人这个"领潮者"曾经"兴风作浪"？毕竟，此派中人最早有这胆子敢往古人嘴里塞自己的"微言大义"者，除了施特劳斯本人，还会有谁？

　　固然，白博士说过，他对施特劳斯学派有所保留，可是，即便大起胆子说别人"翻译得还是很不认真"算是有所保留，因为这可能意味着他认为有的翻译离施特劳斯的要求还很远，但"硬把自己的'微言大义'塞到古人嘴里去"的说法无论如何不是"有所保留"。因此，这位中国的施特劳斯门人究竟对施特劳斯什么态度，实在让我困惑。

　　与这样的困惑相比，白文其他让人费解的地方其实都算不上什么。比如，白文说，施特劳斯的古典哲学在中国"热"得太快，然后他说，在美国就不是如此。可随后他又指责"一个中国号称受施特劳斯影响的老师，讲政治哲学只用施特劳斯等编的、汇集一些二手研究的《政治哲学史》的中译本"，似乎只是"号称"受到影响,水平其实很低,没能力讲解原典,只会用"二手"的东西。我感到费解的是:倘若如此,岂不证明施特劳斯提倡的古典学风在中国"热"得太慢吗? 据我所知,施特劳斯主编《政治哲学史》是为美国大学本科学生作的善功,汉译本也已经行销近十年,我想不明白,如果我国大学中有教师用这本教材给本科学生"讲政治哲学",有什么不好? 难道施特劳斯主编《政治哲学史》不是给大学生编的? 难道我们的老师应该继续用"政治学概论"或萨拜因的《政治学说史》一类的教材? 再说,"二手研究"有什么不好? 除了少数天才,没有哪个读书人求学路上能绕过"二手研究",关键在于二手研究必须是好东西,能带人更深入地领悟经典作家及其作品。除非白博士认为施特劳斯主编的《政治哲学史》质量太差或有政治问题,才有道理指责那位据说"号称"受施特劳斯影响的老师。不管怎样,白博士说《政治哲学史》不过是施特劳斯等在"汇集一些二手研究",矛头指名道姓直接指向了主编施特劳斯。

　　白文始终没有明确界定,何谓"施特劳斯主义",更没有区分施特劳斯与"施特劳斯主义"。说刘小枫"哄抬"施特劳斯"主义",这如果不是无中生有,那么这种"主义"的含义就只能从文章作者那些关于施特劳斯学派甚至施特劳斯本人的说法来归纳。所谓"施特劳斯主义"就是:带读经典要慢且细、硬翻原文、把自己的微言大义塞到古人嘴里去、汇编二手研究给本科生当教材——这样来看,白文说刘小枫"哄抬"施特劳斯"主义"倒真没错。最新的证明是,从"古典学园"网上得知,刘小枫主编的大学素质教育读本《古典诗文绎读》(三卷六册)第一卷即将问世,一百多万字全是"汇集一些二手研究"。不过,带读经典要慢且细、硬翻原文等等至多算是一种学风,若称为一种"主义",我觉得用词夸张,不合学术规范。

　　我禁不住想,白博士究竟热爱还是怀恨施特劳斯倡导的古典学风? 为了搞清这个问题,我细读了白博士要读者注意的"一个施特劳斯主义者的葬礼"一文。他的这篇"学术文章"光是题目就很奇特,因为,在白博士笔下,"施特劳斯主义"是个贬义词,伯纳德特是施特劳斯最亲密的弟子,白文把伯纳德特称为"施特劳斯主义者",等于已经认定施特劳斯倡导的古典学风是一种"主义",而非被人歪曲成了"主义"。读过这篇文章我才明白,文章作者的用意是:埋葬施特劳斯学风——该文并未借记叙伯纳德特的葬礼赞扬伯纳德特在解读西方经典方面的种种成就,而是挖苦嘲讽施特劳斯的学生。在这篇文章中自博士还说,自己曾经为施特劳斯在中国热起来作过贡献,这就是白文要我们参看的另一篇东西:他给自己的老师罗森教授作的访谈录。但我现在才明白,这也是在挖苦施特劳斯的学生,因为,在《世界哲学》上的这篇文章中,白博士说刘小枫主持的"经典与解释"丛书中选了伯纳德特的访谈录,而据白博士说,这本书"恐怕在第三档上也要排得靠后些"。既然如此,他把自己的"罗森教授访谈"说成贡献,岂不是在用"第三档上也要排得靠后些"的东西来戏弄自己的老师?

　　白文以伯纳德特谈话录①为例,想要证明刘小枫主持的"经典与解释"选题很成问题,选了"恐怕在第三档上也要排得靠后些"的谈话录,好像要让不熟悉"经典与解释"丛书的人有这样一种印象:整套丛书充斥着谈话录,因为他说,"这么多经典还没译","我不知道为什么要急着译它"。这话表明,白博士才知道什么书应该"急着译",但他明明又说,翻译经典要认真,急不

──────────

① 《走向古典诗学之路——相遇与反思:与伯纳德特聚谈》,肖涧译,华夏出版社,2007。

得……"经典与解释"丛书从疏解性的选题入手,是为理解和翻译经典多作准备。该丛书从标题看就是"经典"与"解释"并重,在翻译"经典"时,各系列都突破了汉译经典的习惯,在经典译文中尽可能配置了西方学者的注疏。这一做法深受大学师生欢迎,作这样的"经典与解释"怎么就成了"比坏人还危险"的"兴风作浪"? 我始终没看出白文说刘小枫在导致"哲学传统的毁灭"理由何在,最终让人留下的印象只是心术难测,我想起罗森的老师在一本书中谈到历史上曾有过的用心险恶的作家时写过的一句话:his character may very well appear to be even blacker than even his worst enemies have thought.

我个人认为,伯纳德特谈话录这个选题对我们后学其实很有意义,因为,伯纳德特是解读西方古典的名家,谈话录大量涉及这位解经大家的从学经历和研读诸多西方经典的体会,这样的书不仅有助于我们后学阅读经典,对我们选择自己的问学道路也大有裨益。坦率地讲,恰恰从这本伯纳德特谈话录中,我学习到不少从一般学术书中学不到的东西。比如,读过伯纳德特从学从教的经历我才得知,我以前以为学界干净清净,其实不对;学界与社会一样,各色人等都有,良莠不齐,施特劳斯的门人们也是如此,既有"无能的'好人'",也有不那么好的人,甚至偶尔出现一两个忘乎所以的也不是不可能的。

白文分为两部分,第二部分罗列了伯纳德特谈话录汉译本的若干错误和失误,文章相应用了两个作者名,似乎"肖涧秋"的任务是把译者肖涧揪出来,白博士自己的任务则是把"文化掮客"刘小枫揪出来。但白文处处以"我"说话,可见文出于一人,何况,后一个作者明眼人一看,就知道是个恶作剧的假名。最后列举的翻译错误是全文显得最有学术性质的部分,似乎只要坐实了这些错误,前面说的就都正确。在罗列之前,白文说了一番挑别人翻译硬伤吃力不讨好的话①,他显然知道沾上翻译的事儿就会沾上出错。但他说肖的译文出错非指出不可,因为这是有人"哄抬"施特劳斯"主义"的学术证明。网上已经有人指出过"经典与解释"丛书和辑刊中的某些翻译错误,指出的人无不出于善意、出于对这套丛书的呵护之心,与译者甚至形成了良好互动,相互交流,起到了共同提升翻译质量的作用。两相对照,白文挑拣译文的出错,明显不是出于善意。在檄文结束、转向陈列翻译错误之时,白文作了如下历史性总结:"近现代中国已经有太多的浪潮、太多的宗派斗争了,而读历代先贤的一个重要作用是教给有点聪明的人正确的谦卑与正确的傲慢"——白博士对施派保持如此警觉,正表明他确是"有点聪明的人"。白文也确让读者看到,他身上有怎样"正确的谦卑与正确的傲慢"。

　　白文并不因陈列翻译错误而保有学术品质,严肃的《世界哲学》刊发这种言辞并不严肃、谲诡蔽明倒"更显滑稽"的文章,实在令人费解——白圭之玷犹可磨也,斯言之玷不可为也。是编辑水平低,看不出白文的品质?断无可能。会不会是《世界哲学》以此表明与白文有相通的看法呢?物以类聚、人以群分,这一古来自然法则迄今仍然有效。如果白博士真的觉得兴起古典学风是件好事,他说刘小枫通过"铺天盖地"的丛书在"毁灭"这

---

① 原文为:我向来不太同情挑别人"硬伤"的人。因为我总觉得一些人满足于指出别人的硬伤是由于他们没能力看出深刻的、"软"的东西。而他们热衷此道往往是基于个人恩怨、或要证明自己的(不太有价值的)价值。历史上颇有伟大哲人有硬伤的,但是这并不影响他们的伟大,反而常常是那些没有硬伤的人没被历史记住,也不配被历史记住。并且,任何人的知识都有限,即使专家也难免犯初级错误。在翻译里尤其是这样。另外,同样的东西,各人的角度不同,可能会产生截然不同的理解。因此我是对翻译中的错误或不同意见倾向持宽容态度(见白彤东、肖涧秋,〈走向毁灭经典哲学之路?〉,《世界哲学》2008 年 1 期)。——编者按。

件好事就是错的。如果古典学风真好，我们应该提倡这一学问方向，那么，无论美国时不时兴都与我们没有任何干系。反过来说，就算白博士不愿给施特劳斯学派"捧场"，也没有什么不对，可以光明正大拨乱反正，没必要口是心非。白文并没有在学理上证明，"经典与解释"提倡古典学风就等于是在搞一个中国的施特劳斯学派。

几年以来，我亲眼目睹刘小枫引入古典学风在校园内引起的反响。确如网上所言，有不少同学甚至老师受到鼓舞，但也确有一些同学和老师并不以为然，觉得刘小枫越来越保守、甚至乎"反动"（反启蒙运动）。这就牵涉政治情绪了，《世界哲学》是否也这样认为呢？不管怎样，《世界哲学》刊登白文，表明自己旗帜鲜明地与白文站到了一起，把刘小枫视为"兴风作浪"的"文化掮客"。"经典与解释"来势之快，明显绝非刘小枫一人之功，而是有赖好多学界人士共同参与，就我知道或听说的，老中青译者都有。因此，《世界哲学》刊登白文就绝非仅仅把矛头指向刘小枫一人。

几年前读施米特（又是刘小枫这个"掮客"带来的），他喜欢用的一句名言我一直不懂：敌人作为形象反映的是人们自身的问题。现在具体地想：《世界哲学》看到古典学风在校园兴起很可能会毁灭世界哲学，因此刘小枫成了敌人。如果是这样的话，《世界哲学》就正好可以从这个敌人身上看清自己的形象，就好像从一面镜子中照见自己是谁；反过来，刘小枫也可以从自己的敌人这个形象中看到自己是什么样的人。无论如何，就敌对双方而言，被自己的敌人攻击都不是坏事情。

80年代时，我国学界中最强劲的学科就是现代外国哲学，当时的"领潮者"都是年轻硕士生，他们"兴风作浪"，"译书以丛书、系列的形式铺天盖地地泄了出来"。如今，当年的"一些领潮者"还在"兴风作浪",但分化已然可见：一些丛书仍然坚持 80 年代的现代外国哲学走向,另一些"领潮者"则转向回归古典政治哲学,但这些老战友们之间未见相互攻讦,倒是显得和而不同,即便交绝也不出恶声。如今现代外国哲学界的中坚力量虽然是 90 年代成长起来的新秀,但与文学界不同,新旧两代迄今未见恶言相向。《世界哲学》历来是现代外国哲学大本营,主持者虽早已改朝换代,却从未成为流言之地。谁会把转向古典学风的"领潮者"视为敌人,并不清楚,清楚的只是：有人感到了威胁——也许这意味着一场论争即将来临,即便如此也并非不可以理解,而且未尝不是好事。

甘愿心仪古典学风的后学,都应该把受到这样的攻击视为好事、甚至是光荣的事,从而更加秉持自己的信念——古典学风毕竟还是一种改革教育状况的设想,并未成为现实。何况,凡是敌人反对的,肯定有历史意义。

《中国图书评论》2008 年 6 期

图书在版编目(CIP)数据

　　古今之争与文明自觉:中国语境中的施特劳斯 / 徐戬
选编.—上海:华东师范大学出版社,2010.9
　　ISBN 978-7-5617-8066-4
　　Ⅰ. ①古… Ⅱ. ①徐… Ⅲ. ①施特劳斯,
L. (1899~1973)-哲学思想-研究　Ⅳ. ①B712.59
　　中国版本图书馆 CIP 数据核字(2010)第 174894 号

华东师范大学出版社六点分社

企划人　倪为国

六点学术

古今之争与文明自觉——中国语境中的施特劳斯
徐戬　选编

责任编辑	刘丽霞
封面设计	储　平
责任制作	肖梅兰
出版发行	华东师范大学出版社
社　　址	上海市中山北路 3663 号　邮编　200062
网　　址	www.ecnupress.com.cn
电　　话	021－60821666　行政传真　021－62572105
客服电话	021－62865537
门市(邮购)电话	021－62869887
门市地址	上海市中山北路 3663 号华东师范大学校内先锋路口
网　　店	http://ecnup.taobao.com/
印 刷 者	上海市印刷十厂有限公司
开　　本	890×1240　1/32
插　　页	1
印　　张	9.75
字　　数	200 千字
版　　次	2010 年 11 月第 1 版
印　　次	2010 年 11 月第 1 次
书　　号	ISBN 978-7-5617-8066-4/B·582
定　　价	29.80 元
出 版 人	朱杰人

(如发现本版图书有印订品质问题,请寄回本社客服中心调换或电话 021-62865537 联系)